# 师范生面试技能指导

陈 倩 主编

四川省2011年度"高等教育质量工程"西华师范大学教师职业技能训练中心——《教师职业技能实训系列教材》阶段性成果

科学出版社

北京

## 内 容 简 介

本书在深入研究、分析教师职业规划、教师资格证考试、教育创业指导、教师单独招聘面试、教师公开招聘面试、简历制作,以及公立、私立、培训学校招聘特点、面试后与签约后的注意事项等专题模块内容的基础上,紧扣教师标准,对教师岗位就业的各要素、各环节进行了详细阐述和案例剖析。

本书从最基本、最重要的模块专题入手,将教师求职面试、教育创业等领域抽丝剥茧地归纳总结出教师就业、创业领域的注意事项。本书创造性地将理论知识与案例作了有机的结合,具有极强的前瞻性和实用性。

---

**图书在版编目(CIP)数据**

师范生面试技能指导/陈倩主编. —北京:科学出版社,2018.1
ISBN 978-7-03-045766-0

Ⅰ.①师… Ⅱ.①陈… Ⅲ.①教师—职业选择—基础知识 Ⅳ.①G451

中国版本图书馆 CIP 数据核字(2015)第 220482 号

责任编辑:任俊红 李淑丽 张春贺/责任校对:蒋 萍
责任印制:霍 兵/封面设计:华路天然工作室

### 科 学 出 版 社 出版
北京东黄城根北街 16 号
邮政编码:100717
http://www.sciencep.com

**三河市骏杰印刷有限公司**印刷
科学出版社发行 各地新华书店经销

\*

2018 年 1 月第 一 版 开本:720×1000 B5
2018 年 1 月第一次印刷 印张:11 1/2
字数:238 000
**定价:39.00 元**
(如有印装质量问题,我社负责调换)

# 前　　言

　　目前，我国图书市场上已有多种关于面试技巧、简历制作等方面的书籍，这些书籍无疑给应聘者提供了很多帮助。但在师范院校的教学实践中，经常有学生提出：能否推荐一本专门针对高等院校的师范生到中小学就业面试的书？而现实情况是，面试书籍数量虽多，印刷质量虽好，但是专门针对师范生就业面试的书籍却很少，这些书中大部分是培训机构的训练材料，或者就是在概述性的面试书中偶尔涉及师范生面试方面的内容，对求职教师岗位面试帮助不大。这就是本书成书的缘起：为满足高等师范院校师范生到中小学面试应聘的要求。

　　本书具有三个鲜明特点：

　　第一，不分年级，师范生都通用。表面上看本书写的是大四师范生怎样面试，实际上是关于师范生怎样求职。对于求职，总有一个酝酿、发酵的过程，这个过程就是大学四年求学的历程。比如，简历制作，很多师范生到了大四才开始有制作简历的意识，胡乱在网上下载一个模板套上自己的内容，就作为自己的简历开始投递，简历石沉大海的结局时常发生。本书中的简历制作部分，诊断了诸多简历问题，它告诉师范生，在大一入学以后，就要树立起简历意识——养成简历素材的收集意识，用大学四年的时间打造一份真正属于自己的优秀简历。

　　第二，引导师范生专业发展，学会职业规划。当今职业规划、专业发展的讨论早已如火如荼，在这样的背景下，为了避免走入"为了面试而只写面试"的境地，本书站在教师职业规划、专业发展坐标系的层次和视角来编写。例如，教师应该具备的素养应该从大一就开始培养，而不是大四求职时才启动。师范生应该如何修炼自己的教师素养？应该为自己的教师梦想作哪些准备？本书教师素养的修炼部分可作为师范生四年专业发展、素养提升的参考。

　　第三，实用性强，指点迷津。为了让本书具有实用性，避免理论上的说教，真正贴近师范生面试实际，营造出真实的情景，全书一律采用"案例-分析"的模式。全书案例大部分由本书编者多年收集而来，其中案例不乏有编者亲自指导面试成功的案例，少部分案例引用别人成果。另外，为了保护他人隐私，某些案例中出现的重要隐私信息，有的用"××"表示，有的进行了加工改编。

　　本书是汇集编者数年来从事教师招聘、面试的心得体会，也是为了了却为师范生面试应聘贡献一本简明、实用的技巧型、参考型教程的夙愿。为此，在编写过程中，除了参照近年来出版的各种面试参考书、简历制作参考书以外，还曾多次将已有成果运用到师范生实际应聘中，听取他们的意见和建议，因此本书更适于师范生的需要。

由于编者水平有限，书中难免存在不足之处，敬请读者朋友、师范生就业指导教学界的同行不吝赐教、指正，以便再版时修正！

编　者

2015 年 7 月

# 目　录

前　言

## 第一篇　理　论　篇

### 第一章　教师求职第一关:职业生涯规划 ………………………… 3
第一节　新生入学心态的调整 …………………………………… 3
第二节　作好教师职业生涯规划 ………………………………… 7
小贴士一:我的大学成长经历 …………………………………… 10

### 第二章　教师求职第二关:职业准入条件 …………………………… 12
第一节　教师专业标准(试行)解读 ……………………………… 12
第二节　教师资格考试是入职的基础 …………………………… 16
第三节　教师职业前景分析 ……………………………………… 18
小贴士二:教师资格证考试复习的艺术 ………………………… 19

### 第三章　攻略秘籍一:教师素养修炼 ………………………………… 21
第一节　扎实的基本知识是根本 ………………………………… 21
第二节　过硬的师范技能是条件 ………………………………… 25
第三节　一定的教学实践是提升 ………………………………… 27
第四节　高超的班级管理是修炼 ………………………………… 30
小贴士三:讲课常用的手势语 …………………………………… 33

### 第四章　教师求职第三关:公立与私立 ……………………………… 35
第一节　学校类别与招聘特点 …………………………………… 35
第二节　择业目标与应对方法 …………………………………… 41
小贴士四:微课程制作交流QQ群 ……………………………… 43

## 第二篇　实　践　篇

### 第五章　教师求职第四关:关键实习期 ……………………………… 47
第一节　努力付出,实习期成为合格老师 ……………………… 47
第二节　目标明确,为求职做好准备 …………………………… 50
小贴士五:招聘单位需要什么样的实习教师? ………………… 53

## 第六章　教师求职第五关:简历的制作 ………………………………… 56
### 第一节　简历的内容表达 ……………………………………………… 56
### 第二节　别出心裁的设计 ……………………………………………… 71
### 第三节　简历网投的"杯具" …………………………………………… 79
### 小贴士六:招聘会现场投递简历的步骤 ……………………………… 83

## 第七章　求职的着眼点:信息的收集 …………………………………… 84
### 第一节　拓宽信息渠道,抢占先机 …………………………………… 84
### 第二节　了解招聘学校,投其所好 …………………………………… 94
### 第三节　利用合理资源,另辟蹊径 …………………………………… 100
### 小贴士七:如何迅速找到求职信息? …………………………………… 102

## 第八章　攻略秘籍二:细节决定成败 …………………………………… 104
### 第一节　教师形象的塑造 ……………………………………………… 104
### 第二节　教师着装技巧 ………………………………………………… 107
### 第三节　教师求职礼仪 ………………………………………………… 116
### 小贴士八:面试服装搭配 ……………………………………………… 122

## 第九章　教师求职第六关:技巧的运用 ………………………………… 126
### 第一节　训练口才,积极准备 ………………………………………… 126
### 第二节　围绕优势,展现特长 ………………………………………… 131
### 第三节　妙答疑难,突破困境 ………………………………………… 139
### 小贴士九:来自师姐的面试心得 ……………………………………… 156

## 第十章　攻略秘籍三:如何度过试用期 ………………………………… 160
### 小贴士十:新手如何度过试用期——来自师兄的试用期总结 ……… 164

## 附录一　从面试走向成功——来自面试考官的建议 ………………… 168
## 附录二　面试提问集(100问) ………………………………………… 172
## 后记 ……………………………………………………………………… 177

# 第一篇

# 理论篇

# 第一章 教师求职第一关:职业生涯规划

伴随着高校扩招及毕业生就业市场化的形势,衡量高校办学质量标准之一的就业率成为业界关注的焦点。因而,作好大学生职业规划教育,努力提高毕业生就业率自然也就成了各高校工作的战略重点。在大学生职业规划教育中,新生入学教育成为重点工作,因为它不但关系到新生能否顺利在心态上达到从高中生到大学生的转变,还关系到新生对大学的认识、对本专业的认识,更重要的是涉及对今后人生目标及整个大学生涯和方向的规划问题。

通过每年参与毕业生的鉴定工作,在进行问卷调查中发现"总结大学四年生活"这一项,有50%以上调查者反馈出"虚度""自责""懒惰""没有学到东西"等信息,而关于"目前的自己"出现最多的负面词汇是"专业知识缺乏""人际交往能力欠缺""没有目标""没有信心",而且这类反馈信息近年来呈现出上升趋势,许多毕业生在追悔和自责中带着遗憾离开了学校。

但是,大学的时光不会倒流,世间也没有后悔药。作为一个大一新生,如果能设定一个目标,让这个目标指挥其思想、释放其能量、激发其希望、指引其前进,并能从内心深处接受并主动去适应大学生活,这无疑是职业规划的良好开端。如果这个阶段职业规划没有做好,不仅损耗有限的青春时光,还会迷失前进的方向,在未来就可能成为职场"植物人"。

根据师范院校毕业生就业情况统计发现:70%以上的师范毕业生就业去向是中小学,20%左右的师范毕业生考取了硕士研究生,极少数师范毕业生在公司、企业、政府部门等领域工作或自主创业。其中,考取研究生的师范生绝大多数选择了继续攻读本专业或与本专业非常接近的专业,毕业后多数人仍从事教师的职业。由此可见,中小学教师职业应该是当今师范生"最有可能"的职业出路,因而本章主要从师范生教师职业规划来论说。

## 第一节 新生入学心态的调整

通过调研发现,新生在入学后的心态上大体有这样几种问题,即目空一切、兴奋难抑、放任自由、畏惧退缩、成天抱怨。一旦没有调适好或者及时给予心理干预,就容易出现各种问题。

**案例:** A同学从幼儿园到高中所读学校都是重点学校,家里经济条件不错,父母给予的关注度较高,加上自身非常的聪明,所以成绩一直名列前茅。她的心理预期院校是浙江大学、中国人民大学这类一流本科院校，但是由于心理素质较差，高考发挥失常，于是被录取到了一所二类重点师范院校。对此，她及其家人、老师都很难接受，整个暑假生活她都在一种深深的自责及郁郁寡欢之中度过。但是，她的家人又不同意她复读，所以开学之后，由父母陪伴她来到了这所二本师范院校。到了学校之后，一家人在学校操场抱头痛哭，依然难以接受。该生入校后，一直持排斥心理，周围的一切都看不顺眼，自认为自己比其他同学要优秀，总以一种俯视的眼光对待老师和同学。她曾这样评价老师："这所学校老师们的脸上都带着乡下人的土气。"她也曾这样评价同学："就像是一堆没有见过世面的土豆。"于是在这种不服气，但又不得不屈服于"命运"的情况下，在不信任老师，但又不得不去上课的心情中，她感到万分的郁闷，甚至一度还患上了轻度抑郁症。但时间却是不等人的，还没有等她完全调整好心态，大学四年过去了，她从过去父母、老师眼中的优秀生，变成了离开大学的时候英语四级没有通过、三科补考、一科重修，最终没有拿到学位证，甚至一段时间待业在家的差生。

**分析**：这个案例是较典型的目空一切类学生。这类同学多半是中学成绩较好，进入大学之前，一直都是老师和家长的宠儿，受到的关注与认可很多。但是心理素质及身体状况等各方面原因，导致在高考时发挥失利，因此报考、录取的院校与自己先前所预期的学校有较大差别，而且由于一贯具有的骄傲甚至追求完美的性格，所以心理落差较大。一方面他们认可自己的优秀，甚至死守自己的"优秀历史"不放手，不愿主动加入到新的环境和集体中，对学校、老师、同学存在排斥心理，甚至持一种负面的评价。

此类型学生基本上认为高考只是一个通向大学的阶梯而已，一旦走进大学，这个阶梯就撤掉了。在大学里无论你过去是如何的优秀，还是多么的平凡，无论你是怎样的成功，还是如何的失败，大学又是一次统一的起跑线，所有的同学的起点又被重新规划为零。

**案例**：B同学来自北京地区一所中学，高考后被西部某所师范院校录取。在北京他见惯了北京名校，习惯了成群的专家教授，华丽、气派的大楼，良好的住宿条件，充斥着高科技元素的学校设备……但当他来到该所大学后发现，这所大学由于历史久远，设备落后，建筑低矮陈旧，甚至不能和他在北京的中学相比，与他想象中的高楼、大师云集的学府相比相差甚远，完全没有达到他的期望标准。从此，他总是成天抱怨学校这儿不好，那儿不好，总是说还比不上他的中学。4年下来，给同学留下一个怨天尤人、抱怨不断的印象。

**分析**：该案例属于典型的成天抱怨型。这类同学基本上是由预期与现实的巨大落差而引起的。有一句话说得好，你不能改变环境，却能改变自己。心理预期和现实总存在着或多或少的差距，当你不能改变环境的时候，就要主动去适应环境和接受环境，千万不要去抱怨。一旦你开始抱怨大学生活，可能就会被大学生活所抛弃。

**案例**：C 同学是当地一所重点高中重点班毕业的,成绩优异,数学基本上在 140 分以上,非常聪明。由于在高中重点班学习,学习压力大,基本上高中三年都是在父母和老师的强制管理中度过的。进了大学后,因远离父母受约束较小,大学辅导员也不像高中班主任那样时刻盯着学生了,他便开始放纵自己,整天泡在网吧,夜不归宿,为此受到学校通报批评,重修几门专业课,就连三笔字之类师范生必过的基本技能都没有考过。毕业后当老师无望,只能从事了其他行业工作。

**分析**：这是一个放任自由型案例,一般表现在难以承受大学的学习要求和学习压力,而且普遍缺乏自信心,抗挫折能力较差。经过一段迷茫期后,把大学宽松自由的学习环境看作是对自己高强度学习后的一种补偿,于是开始放任自己,要么沉迷于网络游戏,要么沉迷于恋爱,变得懒惰和不思进取。这类学生是对应试教育的一种无声的反抗或者说是高强度下应试教育的一种剧烈反弹。这类学生中的许多人都是高中阶段的优秀生,而且有的非常聪明,领悟能力也很强。但是让人可惜的是他们却选择了一种以盲目和放纵的心态度过自己人生中最为黄金的学习时期,确实让人扼腕。

**案例**：D 同学从小是一个乖乖学生,几乎没有受过老师的批评。进大学后,专业课老师很严厉,很多同学都受过老师的批评。他因担心被这个严厉的老师批评,竟然选择了一个学期都不敢去上这位老师的课,在其他同学上课的时候,他哪里也不去就在寝室里坐着,畏惧、退缩,不敢面对真实的自己,更怕去改变和触动自己的内心,于是选择了逃避。

**分析**：像 D 同学之类的人大多存在着心理问题,需要老师进行更多的关心和引导。当然更重要的是自己要勇敢地走出人生的第一步,面对学习压力,敢于迎接挑战。很多大学生曾经在中学时期,是非常优秀的学生,在以应试教育和分数为一切标准的畸形评价体制下,老师和家长把太多的注意力和太多的优质资源给予了他们,一旦环境发生改变,他们觉得自己没有受到关注和关心,那么长久以来他们养成的自负、害怕失败、容易放弃的性格就暴露无遗了。

曾有这样三句话让世人震惊:心态比能力更重要,能力比知识更重要,知识比学历更重要。心态的重要性不言而喻,没有正确的心态,能力、知识、学历都是水中生月。有一小故事讲的是一个小和尚端着一碗米去问师父:"这碗米的价值有多大?"师父告诉他,家庭主妇把这碗米变成一碗饭,价值是一块钱;小贩包成粽子,价值四五块钱;大商人则买来酒曲发酵成酒,价值最低也有二三十元。这时,这碗米也就达到了它的最大价值。如果把大学比作那碗米,那么该如何最大化地实现这碗米的价值呢?那就看如何摆正我们的心态了,心态决定你的大学生活!平和而又积极的心态,不但能够帮助新生尽快融入大学生活,还能使大学成为自身成才的锻造之所。

**案例**：E 同学在高中阶段,成绩一般,考入大学的时候,高考成绩也并不理想,但是这位同学踏实勤奋,而且最大的优点在于能以最快的速度调整心态融入大学生活。

在进入大学后不久就明确了自己的发展方向和奋斗目标,并制订好计划坚持执行,在大学四年中她坚持每天早上 6 点起床,按时按量地完成每日的计划,坚持就是胜利,在大学四年中,她不但提高了成绩,而且找到了自信,毕业的时候成功的找到了自己理想的工作,完成了人生的飞跃和蜕变。

**分析**:这是个随遇而安的典型案例。它与上面系列案例合在一块就是我们常说的龟兔赛跑的故事。乌龟虽然爬得慢、起点低,但是它的心态很平衡,坚持不懈地向前走;兔子虽然开始跑得快,但是却不能长久,随意而为,最终被乌龟超过。

E 同学虽然高考不如意,但他却把大学视作人生的一个新起点,忘记过去殊荣,忘记过去的失败,一切从头开始,迎接挑战。由此想到一个故事:古时候一个佛学造诣很深的人,听说某个寺庙里有位德高望重的老禅师,便去拜访。老禅师的徒弟接待他时,他态度傲慢,心想:我是佛学造诣很深的人,你算老几?后来老禅师十分恭敬地接待了他,并为他沏茶,可在倒水时,明明杯子已经满了,老禅师还不停地倒。他不解地问:"大师,为什么杯子已经满了,还要往里倒?"大师说:"是啊,既然已满了,干嘛还倒呢?"禅师的意思是,既然你已经很有学问了,干嘛还要到我这里求教?这就是我们常说的空杯心态。E 同学就是以空杯心态去接受新的大学生活,从而成就了他的飞跃与蜕变。

当然,若是觉得自己真的不适合所在的学校、专业,可以考虑转专业或者重新参加高考。如果没有再次开始的勇气,那么就要调整心态,首先学会接受,再努力坚持。直到到达成功的彼岸。

**训练方案**:请按图 1-1 为自己制定一个切合实际的近期目标,并为之坚持。

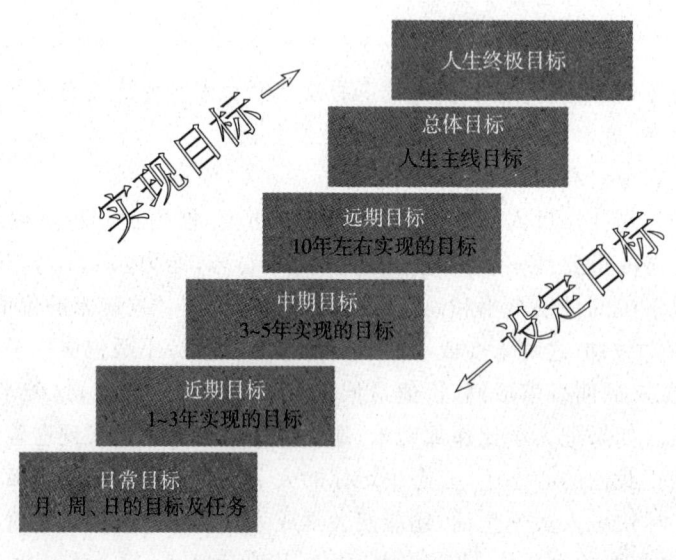

人生终极目标

总体目标
人生主线目标

远期目标
10年左右实现的目标

中期目标
3~5年实现的目标

近期目标
1~3年实现的目标

日常目标
月、周、日的目标及任务

实现目标→          ←设定目标

图 1-1　人生目标分解示意图

## 第二节 作好教师职业生涯规划

随着高师院校的扩招,师范生就业面临着严峻的考验,因此,个人的职业规划理应尽早提上日程。但长期以来,由于应试教育使然,为了应付高强度的学习和严峻的高考竞争,大部分的人生发展途径及职业规划由其父母代劳。在对多所师范院校在校生关于职业选择问卷调查中,对"三年前,为什么会选择填报师范院校?"这个问题,超过70%的问卷,提到了父母的因素。例如:

同学一:因为我是女孩子,家里人都认为女孩子从事教师行业比较稳定。并且,我的性格比较单纯,如果从事教师职业,就可以待在学校,学校的环境相对要单纯一些。(华南师大问卷)

同学二:父母的要求,都说老师好找工作。当时也没有多想,对自己的职业规划还不清楚,迫于自己的高考分数不能去土木工程、临床医学等这些好专业,所以填了师范专业。(西南大学问卷)

同学三:本着对教师这个行业的无比热爱及父母的想法,父母认为教师行业工作稳定。(四川师范大学问卷)

同学四:因为我觉得当老师是一份比较稳定的工作,有较长的假期可以做自己喜欢的事情,而且,父母也希望我读这个专业。(西华师范大学问卷)

因此,在入学之后,各自心态的不同,就形成了不同的学习态度。比如,在回答"刚入校时对未来将要从事的教师这个职业有何感想?"问题时,以上几位同学就开始出现了态度上的差异:

同学一:教师这个职业有点儿像"鸡肋",这么多人都报考了,一个学校不可能要那么多物理教师,有点上当的感觉。而且,在我印象里,教物理的女老师不多,但是,我们班学物理的男女比例差不多是1∶1了。

同学二:当时是这样想的,既然来到师范学校,那就好好学习,把高中的学习态度和精神带到大学。要做老师,肯定要把自己的专业知识学好,假如作为一名老师很多专业知识都不懂,今后还能教好学生吗?甚至连学生都会瞧不起这个老师,学生肯定这样想:老师都不会,还来教我们?

同学三:刚来时,比较迷茫。

同学四:没有具体的概念。

对待教师职业的不同态度会直接影响到个人在未来四年的大学学习。因此在入校后,尽快进行职业规划,势在必行。对职业规划进行补课,做好职业规划可以通过自我了解、自我反思,清晰判断自己的兴趣爱好,能够正确判断自己是否适合当一名教师。如果不做教师,也可以更加清晰地树立其他职业目标。

职业生涯规划又叫职业生涯设计,它由国外引入,近年来不断进入我们的日常生活,针对个人职业选择的主观和客观因素进行分析和测定,从而指导择业及人生不同阶段目标制定。换句话说,职业生涯规划要求根据自身的兴趣、特点,将自己定位在一个最能发挥自己长处的位置,选择最适合自己能力的职业。职业定位是职业生涯成败的最关键的一步,同时也是职业生涯规划的起点。"一个没有梦想的人是麻木的,一个没有规划的人是盲目的,而梦想的最高层次与人的价值、人生信仰、事业目标是完全融合的。"因此,作为未来教师,入校初始,就需要对自己的教师职业发展进行规划。

大学四年可以划分为四个职业规划阶段,通过生涯发展四阶段,师范生可以清楚地看到自己处于职业规划发展的哪个阶段,以便给予职业生涯更好的定位。

(1) 第一个阶段:大一适应期。该阶段要让学生们尽快适应大学生活,帮助学生们主动认识自我、了解自我,了解所学的专业,下定学好专业知识的决心,初步了解职业生涯规划并认识到其重要性。

为了能尽快适应大学生活,调整心态,学生们可以参加各种学校活动,在活动中与人交流、沟通,消除隔膜;积极参加学校组织的职业生涯规划等方面的讲座,多方面了解教师行业的基本信息;遇到困惑可多与学长学姐们进行互动,多借鉴他们的经验。大一这个阶段一定要对教师职业有初步了解,为之后的职业规划埋下伏笔。

(2) 第二阶段:大二探索期。这一阶段,可以尝试着对职业生涯进行设计,通过这个路径更好地了解教育行业及所学专业的形势发展,主动培养自己各方面的综合素质,使其建立合理的知识结构,不断拓宽自己的知识面,并不断加强师范生的独立意识、合作意识等心理素质的锻炼。

此阶段,可以多参加师范院校中的各种科研活动,灵活运用其所学的专业知识,提升专业能力;多参加学校邀请教育行业内优秀教师、优秀管理者来学校开展的讲座,及时了解到未来所要从事的教育行业的发展动态;积极主动创造教育见习的契机,利用初步的实践去感知教育行业。大二这一阶段应为提升师范技能及将来的教师岗位来储备知识、能量。

(3) 第三阶段:大三提高期。此阶段应随时关注教育行业的发展动态,了解教师职业所必备的职业素质,认清自己与职业要求之间的差距,不断地提高自我。有了两年的大学学习生活经历,这个时期基本上自我认知成熟起来。在此阶段,高校所组织的师范生校内试讲等教育活动一定要积极参与,通过模拟教育教学实践来弥补专业教育的不足;同时要留心招聘会及关注网上招聘信息,了解市场需求,利用寒暑假可以适当去中学参加教学实践活动,进一步加大对教育行业的了解。

(4) 第四阶段:大四升华期。这一阶段参与各种形式的生涯规划辅导及面试技能训练辅导,迅速进入就业市场。在巩固专业知识的同时,也要明晰其相应的应用方式。相关辅导有利于学生掌握现实的职业情况,并采取有效措施。

**案例:**几年前,带着对高考结果不甘心的情绪和一丝不如意的心情走进了大学,

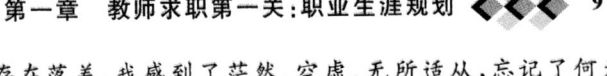

回想当时,现实的大学与梦想存在落差,我感到了茫然、空虚、无所适从,忘记了何为奋斗,为何奋斗,犹如茫茫大海一叶孤舟,没有方向,没有尽头,无法实现自我的准确定位,在碌碌无为中度过了大学第一年。

曾记得一个师兄对我说过"选你所爱的,爱你所选的",一语惊醒,既然选择了这碗饭,我就有责任把它端好。既然选择了为师,那就得是"学高为师",自己选择和认定的路,跪着也要走下去。教育终于成为我的志向和理想。大学时光岂能浪费?当教育成为理想时,我终于找回了目标,"天下未有不学而成者也",一分耕耘,一分收获。看来久违的图书馆不可不去了,丢下的书籍不可不读了。置身图书馆,肃穆中蕴藏着震撼、神秘;沉默中显示出博大、精深;在安谧闲散中与书开始精神漫步;在悄然无声中,心灵与书开始汇流、碰触,我开始发现教育其实是件有意义的事情。每次读教育教学类的书籍,我都深感教育的深邃与博大。

在为教育理想而奋斗时,我发现了生命历程中的另一种美,一种踏实而不能名状的美。总忘不了学校那个熟悉的阅览室,地方隐蔽,人员罕至,可享清幽之境,又有登高揽胜之便,校园远处鼓楼山上的巍峨朴实的浩然亭,在夕阳中昭示着雄浑与庄重。近在眼前柔柔的迎曦湖,在微风抚慰下,泛起阵阵涟漪,残阳西下,余晖铺满大地,更是另一番胜景。也是在这里,我拜读了我们专业著名学者的文章,从他们文章中,深感历史教育的重大责任,更激起了我对他们的崇敬和尊重。曾经无数次幻想,要是有朝一日成为他们的学生该多好啊。也就在此处,我积累了许多知识,干瘪的思维开始变得活跃。当时光迈进了大学三年级时,在已有的知识积累基础上,本着初生牛犊不怕虎的劲头,我尝试着撰写中学历史教育方面的文章,并先后发表了7篇,虽然现在看来觉得文章质量次等,但那也是为了我的教育理想奋斗的徽章,是我爱故我行的体现。

正是为了追求做好一名历史教师的理想,所以才勤奋钻研专业知识,也才有机会被保送攻读课程与教学专业硕士研究生……

**分析**:案例中的学生研究生毕业后实现了他当老师的理想。从这个案例中,虽然他没有直接提出职业生涯规划,但是我们可以看出他为了成为一名教师的理想遵循了科学、合理职业规划的路径。职业规划的实质是个人依据自身素质对自己未来发展作出主动、自觉的设计和规划,并根据变化作出相应调整,从而最大限度地实现自我价值。案例中的同学由于各方面的原因选择了师范院校,所树立起的教师职业理想还是很模糊的,甚至可从他的"茫然、空虚、无所适从"中窥视出理想的脆弱不堪。他在大一后审视自己,对自我进行客观分析,理性的定位,及时对学习作出了调整,再次认定了选择把教师作为职业,再次认同"学高为师"的教师社会角色,于是开始保持较高的教师职业理想追求,充分利用学校所提供的图书馆等各种设施、资源,拓宽自己的知识面,积累知识,把阅读中学教学方面的学术杂志与中学一线教学紧密联系,努力提高自身从教的知识、技能、方法,以撰写学术文章等路径来提高自身的综合素质,为以后安心从教、有能力从教作准备,为以后成为一名优秀教师的教育理想而努力。

## 小贴士一:我的大学成长经历

有个师妹经常和我聊天,问道:"师姐,我很想听听你大一是怎么过来的,我现在好迷茫,你能不能给我指点一下。"我不由得想到我大一的时候,和我们现在大一的师弟师妹一样的伤心,因为说好的60分万岁呢,说好的恋爱天堂呢,说好的自由呢,我以为我的大学就是图书馆加旅行箱,却不知道还有被讲座、被观众、被量化这样的事情在等着我,那么问题来了,不漂亮也不苗条而且没有任何特长的路人甲该何去何从呢?

还记得大一的我,手脚不协调偏偏去灯光球场跳篮球赛开场舞,英语又不好,非要去挑战英语演讲比赛,第一次上舞台,不紧张肯定是骗人的,腿脚晃动的厉害,可是从那一场演讲比赛之后,我发现自己自信心提高了,至少我敢于走上台了。我的大学生活就是一个挑战接一个挑战,大一暑假,我面试去重庆一个小镇教书,遇到的一批学生全是调皮的,我教四年级到初一的语文课,还教初一的数学课。在近40℃的高温地方,白天和一群熊孩子斗智斗勇,时刻提防他们的恶作剧,晚上还睡在地板上吹着呀吱呀吱快要死掉的电扇和蚊子大战几场,我妈一直在电话里恣恿我离开,当自己的女儿独自一人在陌生的地方经受所谓的磨炼,我相信每个妈妈都会这样说的,可是学生的单纯、上课的乐趣和同事之间的坦诚相待都是我应该留下来的理由。而我在里面收获的不仅仅是如何当一名老师,更是一种语言表达的魅力,刚去的时候,即使准备得很充分,但是一节课下来也磕磕绊绊,经过不断地练习,让自己在学生面前放松,到后来,张口即来,学生很惊讶地问我:"黄老师,你怎么知道这么多东西,要是你一直教我们该多好。"除了锻炼自己,这也是我第一次自己挣钱,虽然不多,但是却不亚于一场成人礼。

我喜欢旅行,曾在茶马古道上纵马高歌,曾在戈壁滩上随火车奔跑不停,但是却在舞台上止步不前,青春应该有仰望星空的激情,但更应该有脚踏实地的奋斗。于是,我收了心,每天早出晚归,去图书馆看书,去当地田家炳楼练习普通话,去舞台上参加比赛,珍惜每一次可以展示自己的机会。我大二时,离开记者部来到了更适合我的图书馆,除了收获一大群有思想、有活力同样爱好图书、爱好旅行的朋友之外,最重要的是学会一种思考方式和应变能力。在我们川北历史科普活动中,我先后去南充十中和西充中学作为主讲人给同学们上了一堂"历史转折中的邓小平"的课,在十中讲了之后学生反应不错,再去西充中学讲的时候,由于事先不知道他们校长安排的是整个高二文科班,而且还是在容纳400多人的学术厅,所以只能硬着头皮继续讲,有时候就是这样,遇到无法改变的事情,就顺其自然接受它,说不定后面还留着惊喜。

海明威曾说:"优秀的人,并不高贵,真正的高贵,是优于过去的自己。"我从大一到大三三次参加"西华讲坛讲课"比赛之后才真正明白这句话。大一,初生牛犊不怕虎,结果初赛就被淘汰了,大二继续,进了决赛,但是得了最后一名,被评委说得一无是处,大三又参加,得了第二名,结束那晚妆都哭花了,怎么说呢,可能有点矫情,我被自己的坚持和进步感动了。再后来,我代表学院去参加第三届全国历史教学技能大赛。2014年12月28日～2015年4月20日,4个月的全国高校历史本科生技能备赛过程,我习惯了半夜点灯熬夜写教案,习惯了被否定之后从头再来,习惯了每天醒来第一件事就是奔向图书馆,曾为想出一个设计而高兴半天,也曾因为遇到瓶颈而默默流泪。功夫不负有心人,我们终于捧回了一等奖。回到学校,安静地回归以前的生活,毕竟未来的挑战还是一波接着一波,永远不能掉以轻心。我一直觉得,世界就是这么奇妙,越努力越幸运! 大学里,就应该让优秀成为一种习惯,让努力成为一种常态,只有不忘初心,才能方得始终。

## 思考题

为了深化理解和巩固本章所学内容,建议你进行如下学习活动:

(1) 结合职业生涯规划课程为自己的教师求职方向作一个规划。

(2) 以"写给大四的自己"为题,试想自己已经是大四毕业生,写一份大学生活总结。

# 第二章 教师求职第二关：职业准入条件

## 第一节 教师专业标准(试行)解读

2010年7月《国家中长期教育改革和发展规划纲要(2010—2010)》(简称《规划纲要》)颁布，提出"百年大计，教育为本""国运兴衰，系于教育"，这标志着教育事业的发展迎来新的机遇，对幼儿园、中小学教师的要求也越来越高。从早先1993年用以保障幼儿园、中小学教师权利、地位的《教师法》出台，到1995年《教师资格条例》颁布，再到2000年《〈教师资格条例〉实施办法》出台，都呈现出幼儿园、中小学教师职业专门化的趋势。

随着高校的扩招，每年毕业的大学生以百万计，"史上最难就业季"的称号不断被提及。相比其他专业和院校，幼儿园、中小学教师的就业比例及就业途径显得更有优势，越来越多的考生选择进入师范院校学习。为了贯彻党的十七届六中全会的精神，落实教育规划纲要，构建教师的专业标准体系，建设高素质专业化教师队伍，教育部更是在2011年对幼儿园、中小学教师的职业要求作了明确规定与要求——颁布《幼儿园教师专业标准(试行)》《小学教师专业标准(试行)》《中学教师专业标准(试行)》(上述三项规定，简称《标准》)。其目的是为促进幼儿园、中小学教师专业发展，建设高素质幼儿园、中小学教师队伍。《标准》是针对所有从事幼儿园、中小学教育工作职责的专业人员的，因此师范生有必要认真进行学习和领会。教育部颁布的《标准》虽看起来由基本理念、主要内容、实施建议三部分构成，仔细解读其实是从四个方面对幼儿园、中小学教师职业作了规定和规范：①《标准》的性质定位；②《标准》的基本理念；③《标准》的主要内容；④《标准》的重要意义。

### 一、《标准》的性质定位

无论1994年颁布的《幼儿园、中小学教师法》，还是以后的政策文献、法律法规都只是通用性抑或是政策性标准，它们并没有对幼儿园、中小学教师作为专业人员的基本要求、明确规定，因此称这个《标准》为我国第一份关于幼儿园、中小学教师专业要求的政策文献并不为过。

前言部分，《标准》的性质定位为：国家对幼儿园、中小学教师专业素质的基本要求。这个性质定位意味着《标准》所作的规定不仅是面向国内所有幼儿园、中小学教师的共同要求，同时也是对任何学段、任何学科的幼儿园、中小学教师的基本要求。

《标准》在前言部分,提出了四个方面来概括《标准》的作用:一是国家对合格幼儿园、中小学教师的基本专业要求;二是幼儿园、中小学教师开展教育教学活动的基本规范;三是引领幼儿园、中小学教师专业发展的基本准则;四是幼儿园、中小学教师培养、准入、培训、考核等工作的重要依据。由此可见《标准》对教师专业发展无疑起到了方向标的作用,它指引着教师专业素质的基本要求;对教师专业活动无疑起到了定位器的作用,它规范了教师教育教学的基本行为;对教师专业水平无疑起到了测量仪的作用,它制定了教师专业发展的基本准则;对教师专业成长无疑起到了催化剂的作用,它成为教师培养、准入、培训、考核的文本依据。

## 二、《标准》的基本理念

《标准》的基本理念事实上是对幼儿园、中小学教师的价值取向、行为准则、职业操守等方面的诠释,所提出的四个基本理念为"学生(幼儿)为本""师德为先""能力为重""终身学习"。

### (一)学生(幼儿)为本

以学生(幼儿)为本,做到"目中有人"去关爱学生、尊重学生人格、尊重学生权益,将爱心、责任心、耐心和细心融于一身;在教育教学中坚持学生主体的教育理念,遵循学生身心发展特点和教育教学的规律,尊重、关注和爱护学生,调动学生积极主动性,让他们主动地参与到学习中来,促进学生生动活泼学习、健康快乐成长。

### (二)师德为先

师德是作为幼儿园、中小学教师的第一要素,也是幼儿园、中小学教师最基本的职业操守。幼儿园、中小学教师面对的是成长中的学生,特别要注重为人师表、言传身教、树立榜样的作用。师德的问题,从遵纪守法、忠于职守、献身教育事业,到个人修养、言谈举止,都要秉持幼儿园、中小学教师的职业要求。特别是对待学生的态度上,要求幼儿园、中小学教师要富有爱心、责任心和耐心,成为学生的启蒙者、指导者、引路人。

### (三)能力为重

幼儿园、中小学教师的专业能力包括:教书育人的实践能力;了解学生认知水平、把握学生的特点和需求、顺利完成培养学生任务的专业能力;研究教学、不断提高自身水平的发展能力。幼儿园、中小学教师不仅要把握所教学科的基本理论和知识,还要有能力驾驭课堂,通过有效的教学方式和方法,完成国家规定的教学目标。

### (四)终身学习

终身学习是当代社会的重要特征,幼儿园、中小学教师在形成全民学习、构建学习型社会的过程中,应该起到带头作用。幼儿园、中小学教师的终身学习主要体现在主动发展的意识和不断反思、制定发展规划的能力,同时还要把握国内外教育发展的动向,跟上教育理论和学科知识的发展步伐,不断充实和完善自己,使学习成为自身工作和生活中的习惯。

## 三、《标准》的主要内容

《标准》的基本内容由"维度""领域"和"基本要求"三个层面构成。"维度"层面都有三个,即"专业理念与师德""专业知识"和"专业能力";在每个维度下,都共有14个领域,在每个领域中,提出了若干项基本要求,幼儿园、小学、中学分别为62、60、63项。我们可以将其概括为"三个维度、十四项领域、六十余项基本要求"。

**1. 第一个维度:专业理念与师德**

这一维度是根据幼儿园、中小学教师的职业特点,从幼儿园、中小学教师的职业道德修养、态度及操守的角度上提出的标准,包括对待职业、对待学生、对待教育教学及对待自身发展等四个方面,总共提出了18~20项不等的基本要求。这些基本要求旨在造就具有良好职业道德和专业精神的合格幼儿园、中小学教师,既体现了"以学生为本"的理念,如尊重、关爱和信任学生,教书育人等,也体现了"师德为先"的理念,如依法从教、爱岗敬业、为人师表等,还对幼儿园、中小学教师的个人修养提出了相应要求,如乐观向上、心态平和、举止文明等。

**2. 第二个维度:专业知识**

这一维度是从教学的实际出发,依据教育教学的特征,对幼儿园、中小学教师的知识构成提出的标准,包括中小学"一般教育知识""学科知识""学科教学知识"和"通识性知识"四个领域,并相应提出了与中学幼儿园、中小学教师专业知识有关的18项基本要求。这些基本要求旨在幼儿园、中小学教师具有胜任职业的知识体系和结构,掌握与教育教学相关的理论、方法和策略,能够将所教学科的知识融会贯通,并与学生发展、其他学科和社会实践相联系;了解学生的特点,掌握教学的要求,能够顺利完成教学任务。

**3. 第三个维度:专业能力**

这一维度是从教育教学的角度提出了六个方面的能力要求,涵盖了幼儿园、中小学教师应有的基本能力,包括教学能力、班级管理能力、教育教学评价能力、人际交往能力和自我发展能力,并提出了相应的25项基本要求,对幼儿园、中小学教师应具备的能力给予了细化。这些基本要求旨在幼儿园、中小学教师具有教学和教学以外的各种能力,其中的教学能力应视为幼儿园、中小学教师的核心能力,包括对教学的设计、实施及评价;此外,教育和管理学生的能力、与有关方面的沟通及合作的能力、不断提升自身素质的能力,也是非常重要的。

从以上的基本内容中可以看出,《标准》对教师这一职业提出了全方位的衡量准则,其要求是全面而严格的。作为合格的幼儿园、中小学教师,既要热爱教育工作,具有现代教育的理念,具备专业理论知识和能力,讲究教学的艺术,能够胜任教育教学工作,又要关爱和尊重学生,善于教育和管理学生,还要有自己的职业规划和追求,不断学习,不断提高自身的素质。

### 四、《标准》的重要意义

《标准》的制定及实施,其重要的意义是明确了幼儿园、中小学教师这一岗位的专业地位,确定了幼儿园、中小学教师的专业规格,规范了对幼儿园、中小学教师的专业要求,为幼儿园、中小学教师的培养、准入、任用、管理、培训、考核、职称评定等全方位的工作提供了基本的准则,从而更加有利于提高我国中学幼儿园、中小学教师的质量。

(1)《标准》是各级教育行政部门加强幼儿园、中小学教师队伍建设的基本依据。在幼儿园、中小学教师的聘用、管理、考核、退出等管理和督导制度的制定上,《标准》提供了相对统一、明确、客观的依据,具有引领和导向的作用,从而有利于形成科学而有效的中学幼儿园、中小学教师管理机制。

(2)《标准》是师范院校培养师范生的主要依据。师范院校必须根据《标准》制定培养规格和培养方案,科学设置幼儿园、中小学教师教育的课程体系,重视幼儿园、中小学教师的职业道德教育,重视对师范生的专业理论、知识、能力和方法的培养,重视社会实践和教育实习,提高幼儿园、中小学教师教育质量。

(3)《标准》为幼儿园、中小学教师管理提供了重要依据。在制定幼儿园、中小学教师岗位职责、考核评价制度等方面,要根据《标准》的基本理念和基本要求,对幼儿园、中小学教师工作进行全面而客观的绩效管理,从而避免在幼儿园、中小学教师管理上的主观性和随意性。

(4)《标准》是中学幼儿园、中小学教师准入考试的重要依据。目前,教育部考试中心已制定了《中小学幼儿园幼儿园、中小学教师资格考试标准》和各学科的考试大纲,这项考试的试点工作已推开。国家级的幼儿园、中小学教师资格考试是我国幼儿园、中小学教师准入制度的一项重要改革,而这一考试的标准和内容是要具体体现《标准》的精神和要求的。

(5)《标准》也为幼儿园、中小学教师自身的职业规划和专业发展提供了基本依据。作为幼儿园、中小学教师,要根据《标准》的要求,制定自己的专业发展规划,增强职业道德,增强专业发展的自觉性,主动参加幼儿园、中小学教师培训和自主研修,逐步提升自身的素质和水平。幼儿园、中小学教师还要能够依据《标准》要求自己,进行自我评价。

总之,幼儿园、中小学教师专业《标准》的制定和颁发,对明确我国幼儿园、中小学教师的规格,增强我国幼儿园、中小学教师的整体素质,提高我国幼儿园、中小学教师的教育教学水平,具有重要的意义。师范生要重视《标准》,认真学习和钻研,并努力落实《标准》的精神和要求,以成为一名合格的教师来要求自己,向《标准》的理念靠近,提高自己的教师素养和教养。

## 第二节 教师资格考试是入职的基础

教师资格证的意义就如律师、医生从业资格证一样,都代表着一种专业性,而非仅仅具有职业性。2011年年底,教育部颁布了《幼儿园、中小学教师专业标准(试行)》。同年,幼儿园、中小学教师资格考试改革和定期注册试点工作率先在浙江、湖北两省启动,国考取代省考。2012年增加了河北、上海等4个试点省份,在试点4年之后,我国将继续推进对幼儿园、中小学教师准入制度的改革,从2015年开始幼儿园、中小学教师资格证考试改革正式实施。

对师范生而言,与切身利益最相关的改革则是从过去自然获得教师资格证的方式被打破,师范生也必须要参加幼儿园、中小学教师资格的考试。教育部公布幼儿园、中小学《教师资格考试暂行办法》(简称《办法》)。《办法》规定幼儿园、中小学教师资格考试实行全国统考,由教育部考试中心统一制定考试标准和考试大纲,组织笔试和面试试题,并建立试题库。"考试将按照高考的要求来组织。"

目前省考地区的幼儿园、中小学教师资格考试仅考查教育学和心理学知识,改革后的国考将增设综合素质、学科教学能力的考查,突出对教育教学实践能力的考查。此外,省考以知识性考题为主,国考则以实践能力题为主,同时邀请大量一线优秀幼儿园、中小学教师参加命题,广泛使用案例分析、教学活动设计等特色题型,重点考查考生运用所学知识分析和解决教育教学实际问题的能力。

改革后实行的国考,考试内容增加、难度加大。在校专科大二、大三,本科大三、大四才能报考。教育部宣布,幼儿园、中小学教师资格考试与定期注册制度试点范围将扩大。试点区内,幼儿园、中小学教师资格考试有效期为3年,幼儿园、中小学教师资格证须每5年注册一次。2015年,我国全面推行幼儿园、中小学教师资格全国统考,提高幼儿园、中小学教师入职门槛,并打破幼儿园、中小学教师资格终身制,实行定期注册制度。

教育部有关负责人表示,师范生进入幼儿园、中小学教师资格考试范围,对师范院校教育教学改革形成了倒逼机制,能够促进师范院校调整课程设置,加强对师范生教育实践能力的培养(表2-1)。

表2-1 幼儿园、中小学教师资格证考试前后变化对比

| 具体内容 | 改革前 | 改革后 |
| --- | --- | --- |
| 考试形式 | 各省自主命题 | 全国统考 |
| 考生范围 | 非师范类学生与其他社会人员 | 师范生纳入全国统考范围 |
| 考试科目 | 教育学+心理学 | 综合素质+教育教学知识和能力+学科教育知识和能力 |
| 考试方式 | 笔试+面试 | 机考+笔试+面试 |
| 考试内容 | 指定的教育学、心理学参考教材 | 不指定统一的参考用书 |
| 成绩年限 | 笔试成绩长期有效 | 笔试单科成绩有效期2年 |
| 报考资格 | 大专以上资格即可报考 | 多数考试需本科以上学历 |
| 发证时间 | 教学能力测试通过立刻发证 | 部分科目增加教学实习经验 |
| 证书有效期 | 未规定 | 有效期3年,5年一周期定期注册 |

胡锦涛同志曾在全国优秀幼儿园、中小学教师代表座谈会上的讲话中指出,幼儿园、中小学教师是知识的重要传播者和创造者。在当今知识层出不穷的条件下,要成为合格教育者,就必须不断学习、充实自己。广大幼儿园、中小学教师要崇尚科学精神,树立终身学习理念,如饥似渴地学习新知识、新技能、新技术,拓宽知识视野,更新知识结构,不断提高教学质量和教书育人的本领。这段论述虽然话语不多,却含义颇深地指出了一个幼儿园、中小学教师对待学习的态度问题,指明了幼儿园、中小学教师的学风问题。幼儿园、中小学教师是教书育人的人,但幼儿园、中小学教师却不是万能的,幼儿园、中小学教师也需要不断学习、不断积累、不断获取新知识、努力提高教学水平。在过去要想给学生一杯水,教师至少要有一桶水,而现在,教师必须是源头活水。可以说,幼儿园、中小学教师资格证纳入国家考试范畴,不仅是对幼儿园、中小学教师入职门槛的提高,同时,也是保证幼儿园、中小学教师队伍的专业性发展的需要。

我国此次对幼儿园、中小学教师准入的改革力度之大、决心之坚定,是为了与发达国家相接轨,打破师范生与非师范生的区别。想要做幼儿园、中小学教师都必须参加国考,方可申请幼儿园、中小学教师资格证。可以说,幼儿园、中小学教师资格证的考试对非师范专业考生来说是一次机会,而师范生从过去毕业之后直接申领,到现在必须参加职业准入考试,既是一次机遇,更是一次挑战,从目前的考试过关率来看,国家出台这样的政策,无疑是为了促进幼儿园、中小学教师队伍的发展,引入竞争机制,增加准入难度,选拔优秀的幼儿园、中小学教师;同时也折射出了严峻的就业形势,作为大学生如果要谋求一个较好的工作岗位,就要付出更多的努力。

## 第三节 教师职业前景分析

近几年来,就业形式日益严峻,"史上最难就业季""史上更难就业季"此类名词频繁出现,国家也出台了很多促进就业的政策,多方位提供就业岗位,诸如鼓励大学生自主创业,鼓励大学生入伍参军,实行研究生扩招机制,甚至设立社保机制,保障暂时没有就业的大学生最低生活水平,可以说,就业成为上至国家领导人,下至每个家庭的普通人都已充分关注的话题。选择什么样的职业不但关系到今后的发展方向,更是社会生存的一个重要保障。因此,众多的毕业生开始重新界定自己的职业选择。以就业的选择方向来说,最热门的无过于考公务员。但在竞争激烈的公务员考试中,有的岗位的报考比例已经是3000∶1,在这样的情况下,要获得一份公务员的工作,精力、体力以及经济的投入,让许多考生不得不重新审视自己的职业选择。

在公务员报考持续高温多年的情况下,近两年来"公务员热"有所改变,许多的同学将目光投向了教师招聘。与其他岗位相比,教师岗位有这样一些特点:

首先,社会地位。教师一直被誉为"人类灵魂的工程师""阳光下最伟大的职业"。2014年的教师节,中央一台新闻联播更是重申了国家对教师的重视,提出要让教师成为最受人尊敬、最让人羡慕的职业,而且重申了对教师的法律保障。总体来说,虽然社会上充斥着拜金主义、金钱至上的思想,但是尊师重教的观念依然被普遍认可和接受,教师仍然是一个备受尊重的职业。

其次,待遇保障。就目前而言,教师的待遇稳中有升,由于各个地区重视教育的程度不一样,虽然收入略有差别,但就总体水平而言,应该是处于当地中等偏上水平的。更重要的是,教师待遇受到国家的立法保护,根据《教师法》第二十五条规定,教师的平均工资水平不低于或者高于国家公务员的平均工资水平,并逐步提高。第二十九条规定,教师的医疗同当地国家公务员享受同等的待遇;定期对教师进行身体健康检查,并因地制宜安排教师进行休养。第三十条规定,教师退休或者退职后,享受国家规定的退休或者退职待遇。县级以上地方人民政府可以适当提高长期从事教育教学工作的中小学退休教师的退休金比例。在我国,虽然教师不纳入公务员体系,但是却享有与公务员同等的福利待遇。

**案例**:一位家境贫寒的同学,由于自身条件优越,授课能力强,被众多学校争抢,最后考虑到自身实际需要,她选择了一所私立学校。从物质条件来说,这所私立学校不但为其提供住房、解决其父母的就业问题,以及其弟弟的入学问题,而且还一次性提供17万元的住房津贴。

**分析**:这个案例中老师的工资待遇、所附带的解决父母就业及住房津贴等待遇,比起公务员待遇而言,有过之而无不及。

与有限的公务员职位相比,教育能提供更为广泛的职位,一个有水平的教师基本不用担心失业的问题:除了传统意义的公立、私立学校外,近年来一些新兴的教育产业正在蓬勃兴起。比如,孕育期间的胎教培训学校。

满3岁进入幼儿期,我们要进入幼教;而幼儿园毕业后,进入小学初中这是义务教育;当我们初中毕业升入高中,开始高中阶段的学习,大多数家庭在这个阶段不但要让孩子尽量进入好的高中,而且还要在校外选择大量的培训机构辅导孩子的学习,有的甚至聘请家庭教师单独辅导;高中毕业进入大学,开始了大学学习,此时,还可以选择职前教育学习,可以说从生命的孕育期到大学毕业,都需要教师的帮助和陪伴。而教育的巨大市场不止于此,当大学毕业后,无论从事什么工作都需要进行职后学习,这类教育被称之为职业教育或成人教育。退休之后,是不是就不再需要学习了呢? 当然不是,为了不被时代淘汰,如果你愿意,还有一种学习叫老年大学。人们常说的"活到老学到老"就是如此。因此,从我们的孕育期到成长期,直至退休期,都需要教师,而针对如此巨大的教育需求,社会上各种学校更是丰富多样,大家熟知的有公立学校、私立学校、培训机构、正规教育培训企业等。这些教育机构都需要教师,而且需要大量的教师。

社会办学的兴起,不但给予了家长和学生更多的选择,而且还与传统的公立学校形成了激烈的竞争,竞争的核心点是师资的竞争,因此,高水平、高素质的教师成为竞争的焦点。如果能够成为一名高水平的教师,你所面对的就业市场将是永远供不应求的。选择成为教师不但能给学生的学业发展带来帮助和指导,更重要的是为自己寻找到社会地位和价值实现。就目前的就业市场来看,教师的总量虽然不少,但是其中优秀的、一流的老师绝对是少数,如果能够通过自己在教学和专业上的努力成为其中之一,那么无论是社会地位、学科地位,甚至经济地位都令人瞩目。

此外,国家提出了研究型教师的发展方向,鼓励公立学校中小学老师在授课之余,重视自身科研能力的发展,并给予了鼓励政策,中小学老师也可以在自己的岗位上成为教授。目前已经有一批优秀的中学老师获得了教授职称,这就是对基础教育的关注与肯定。由此看来,教师职业不仅仅是"朝阳"的职业,同时也是一个含金量较高的职业选择。

国家重视教育发展不仅仅关涉国家大计,而且还能非常实际的提供和创造很多就业岗位,而教育的发展,教师的增多又能促进国家和社会的进步,有助于民族素质的提高,这是一个良性循环。所以将教师作为职业发展和选择的方向,从事"朝阳"的事业,不仅仅是生存的需要,更重要的是一种人生价值的实现途径。

## 小贴士二:教师资格证考试复习的艺术

在有限的时间内,能否以"纲"为纲,以"本"为本,紧扣知识点,突出重点,突破难点,消除疑点,抓住考点,强化热点,是提高复习效率的重要保证。

(1) 形成知识结构：复习的一个重要方法是形成知识结构来帮助自己理解和巩固知识点，复习时使知识连点成线，联线成网。

(2) 攻克难点：不同的知识点都会存在一些不易掌握的难点，这些都是在前期需要攻克的地方，否则随着复习的深入、信息量的增加，难点会变得尤为突出。因此，如果前期不解决难点，就会为后面的复习造成不必要的麻烦。

(3) 疑点消除：疑点的消除，一是拓宽知识面，消除知识间的"隔阂"，二是要深化知识点，澄清知识间的"是非"。疑点出自对知识的片面理解和一知半解，若将相关知识进一步拓宽深化，则疑点自破。

(4) 重点内容联系具体事例：考前复习，对重点不能够再"空对空"，而应立足于整个教材，将一些凌乱的基本事实置于某一重点内容的指导之下。多侧面进行联想，有利于加深对本质和原因的认识，一举两得。

(5) 分析考点：教师资格考试考查点的设置虽无一定的规律性，但考前复习中仍可以通过分析历年来的考查点，总结出这些考查知识的形式、角度、能力层次和与其他知识点的联系等方面的规律，并且总结出解决这一考查点问题的规律性的方法。

(6) 热点变形：教师资格考试所考查的基础知识，解题思路变化并不大，只是在题目的设计上略加改变，或因果倒置等，因此，考前复习要注意充分领会所学知识，特别应注意运用自己所掌握知识在新情景下解决问题。

## 思考题

为了深化理解和巩固本章所学内容，建议你进行如下学习活动：
(1) 收集国考改革相关资讯，进行整理归纳。
(2) 关注教师就业前景的发展。

# 第三章 攻略秘籍一:教师素养修炼

教师是教育的主要实施者,是完成教育、教学任务最活跃、最积极的因素,对教育效益有着关键的影响力,这就有必要弄清教师行业入职前需要具备哪些素养。教师求职一般指向教师职业,求职竞争实质上是知识和能力的竞争,是综合素质的竞争,有人称教师就是一个"杂家",这并不为过,因此想要求职教师岗位,其知识结构必须具有"杂家"的结构特点。

**案例**:一去班里,小孩总有告不完的状,讲不完的话,让人头疼。孩子们的小嘴唧唧喳喳地没完。在我的狂吼之下,终于安静了。没过几分钟,那让人头疼的声音又开始了,我又进行了第二轮的狂吼,又安静了一会儿。就这样一次午读下来,嗓子有些发哑了。

我带的是三年级的学生,记得我刚去的时候,孩子们根本不理睬我这个实习老师,上课有讲话的、打牌的、看漫画的、打架的等,我嗓子都喊哑了,拍桌子,甚至发火、罚站都没用。

**分析**:这是学者王芳研究实习生实习叙事所列举的两个案例,通过对这两个实习教师的课堂观察,她在"对师范生实习叙事的分析与反思"一文中得出实习生课堂纪律不好的原因:首先,教学设计与教学方法有问题,实习教师不能有效的针对小学生的年龄、心理特点及认知水平去设计教学,加上不能灵活多变的采用多种教学方法,才导致学生注意力不集中现象。其次,教学方式有问题,采取"教师本位"的讲解-接受活动方式,这易于造成小学生聆听疲倦。最后,实习教师缺乏教学经验,其教学组织能力、监控能力不够,处理不好学生的课堂问题行为。[①]

上述的教育叙事文本对教师得有"杂家"的知识结构无不是一个很好的例证,缺乏对学情的了解,教学设计不能有效地针对学生,这是对教育理论知识的欠缺;不能灵活运用教学方法,这是对师范技能的不熟悉;课堂监控能力不够,这是因为教学经验不足导致的。这也从侧面告诫师范生要成为合格的老师,执教登台需要从这三方面砥砺前行。

## 第一节 扎实的基本知识是根本

随着基础教育改革的日益深入,各科新课程在课程结构、课程内容、课程实施、课

---

① 王芳.对师范生实习叙事的分析与反思.滁州学院学报,2013,(2).

程评价等方面的一系列改革,相应对老师的知识结构等方面也会作出调整。以中学历史学科为例,以前中学课程是"中国通史""世界近代史""世界现代史";新课程改革后,不仅添加了"世界古代史",还增加了更加专业的选项模块,如"世界文化遗产""中外民主思想与实践"。若是没有学这些知识,去中学无论是深度上,还是广度上都无法进行有效的教学。因此,扎实的专业知识是求职的根本。这里所说的专业知识,还包括学科的理论知识、教育教学知识,这些理论知识水平很大程度上关乎学生对学科的理解能力和教育感悟程度,这决定了以后师范生执教时"持什么观念去教学"的路径——关系到以后成为一个平淡的教书匠,还是教育专家的问题。我们将学科专业知识、学科理论知识、教育教学知识等归为基本知识。

如何拥有扎实的基本业知识呢?途径无非有这几个:听课,包括听专家学者的讲座;读书,读经典专业著作;体验,到一线学校去见习。这三个建议中,读书的途径是最便捷的,也是最重要的。苏霍姆林斯基在《给教师的建议》中说道:"每天不断地读书,跟书籍结下终生的友谊,潺潺小溪,每日不断,注入思想的大河。读书不是为了应付明天的课,而是出自内心的需要和对知识的渴求。如果你想有更多的空闲时间,不至于把备课变成单调乏味的死抠教科书,那你就要读学术著作。应当在你所教的那门科学领域里,使学校教科书里包含的那点科学基础知识,对你来说只不过是入门的常识。"

**案例**:听了三周的课,昨天指导老师让我准备一下明天上课,虽然一直盼着上课,但当这一刻来临时却是那么的紧张。我一遍又一遍地读课文,在课上我要讲的是《黄鹤楼送别》,这是一篇"文包诗",虽然语文教法课上老师讲过,但早就不记得"文包诗"该怎么讲了,或许教法老师就没讲过。哎,反正今晚我要失眠了。[①]

**分析**:案例中,这位同学表面上看说的是紧张,但事实不尽然。导致他上课不成功的最关键因素是他的专业知识非常欠缺,正因为他对教材的茫然,对"文包诗"这类专业知识没掌握,才使他在制定教学目标上迷惘,在使用教学方法上乱了套。如果没有扎实的专业基础知识,如何做到"传道、授业、解惑"?

每个专业有每个专业的特点,同学们可以根据自己的专业特点多咨询同专业的优秀老师,向前辈多多请教,也可以通过网络进行查询,并拟出每周、每月、每年的学习计划。给自己充电不只是看时下出版的本学科的专著或文章,还应包括经典性文本。

只有扎实的学科知识,而没有教育科学理论指导的人,可能会成为该学科的专家,但绝对不能成为教师,不可能完成教书育人的任务。要成为好老师,还需要以教育教学知识为条件。要完成教育的任务,必须掌握学生的身心特点和认知规律,必须运用科学有效的教育教学方法,这要求同学们通晓教育科学理论,能自觉运用教育

---

① 龙翠翠.五年制师范生语文教学实践能力现状的叙事分析.教师,2014,(08).

学、心理学等教育知识指导教学工作。若离开教育科学的理论指导,很可能是事倍功半,甚至南辕北辙。

关于教育教学知识,师范生可以读教育学、心理学、学科教学论方面的书籍,如《中国著名特级教师教学思想录》《大教学论》《教学设计原理》《学习论》等教育名著。老师不仅要懂得"教什么",还要懂得"怎么教""为什么而教"。只有掌握教育学的基本理论,如教育的目的、教育的原则、教学的过程和教学的方法等一系列重要教育理论与教育实践问题,才能在新课程教学实践中,自觉地运用教育规律,根据教学内容、学生实际,选择切实而有效的教学方法和手段,以达到教学的最佳效果。教师要组织好课堂教学活动,就必须对学生心理活动有一定的了解,懂得学生的个性差异及其特点。这都要求教师具备一定的心理学知识,从而减少教学工作中的盲目性,提高教学效益。

**案例:** 我上第七章第一节课"葡萄糖分子式结构"。教案设计是让学生通过分子式来讨论葡萄糖可能具有哪些结构或者官能团,并给出验证方案,然后让学生自主做实验来验证自己的推断。我的设想是,同学们通过讨论,从分子式的不饱和的角度出发推出分子式中具有双键,再验证具有碳碳双键及碳氧双键的几种可能。

第一堂课下来,我发现学生对讨论分子式的结构无从下手,并且在做验证实验的时候对实验过程的熟悉程度不够,使实验时间超时。因此,就这一块我作了如下调整:在同学们讨论时我主动听取同学们的想法,并有意识地进行启发指导,在找同学回答时找想法比较完善的或者能够相互补充的同学,这样既活跃了课堂气氛又有效补充了同学们的讨论;在同学做实验时我则带领台下未做实验的同学一同来回忆实验的做法,这样每一位同学都能参与其中,这不仅复习了实验内容,帮助了台上同学顺利完成操作,也做到了台上台下的充分互动。

第二堂课我采用了改进的方案,由于不同班级有差异,在推算分子式时有同学提出环状结构,这与双键结构相冲突,所以我又调整为先给出葡萄糖的直链结构,然后由同学们讨论结构。第三、四节课采用了前两节的改进方案,课上同学的表现与我的设想思路配合得非常好,这样既锻炼了学生的探究思维和动手能力,也使课堂严谨有序。这使我意识到,不仅仅有老师精心的备课就够了,还需要师生在课堂上的配合,更需要老师对学生需求的了解,即老师应从学生的角度去思考问题,还要站在拐角处去引导学生了解更高层面的知识。[①]

**分析:** 这个案例从他最开始的教案设计来看,已经了解到他知道了应该"教什么",至于如何"怎么教"基本上停留在设想的层面。在第一堂课中,发现原来预设的教学环节并不适用于现实课堂后,立马作出了调整,开始"有意识地进行启发指导",

---

① 杜正雄.教育叙事在师范生教育实习中的实践范式.现代教育科学·高教研究,2015,(01).

"台上台下的充分互动"。第二堂课,根据"不同班级有差异"作了一些讨论等环节,使得课堂严谨有序。为何他能使不如意的课堂变得严谨有序呢?那是因为他从学生需求的了解,即老师应从学生的角度去思考问题,还要站在拐角处去引导学生了解更高层面的知识去思考问题了。因此,这基本上说明他知道"为什么而教"了。能够知为何而教,且能自动利用启发式教学、讨论环节等去教学,这难道不是因为他事先掌握了教育学的基本理论吗?难道不是因为他自动地运用教育规律、教育方法,根据教学内容、学生需求,而选择切实而有效的教学方法和手段,以达到教学的最佳效果吗?这个案例充分说明了教师要组织好课堂教学活动,减少教学的无效性、盲目性,就必须对学生有一定的了解,而要懂得学情,这与教师具备一定的教育教学知识是分不开的。

既然教师被认为该具有"杂家"的知识结构体系,显然光有学科专业知识、教育知识还不够,还得具备广博的其他一些学科知识,这并不是说一定要对其他知识有多么精深的研究,只需要知道一部分学科知识,达到某种水平即可,多了对教师的教学并不一定起作用。一些基本的其他学科知识应该涉猎并基本掌握,包括人文社会科学知识、自然科学知识和现代科学技术知识。调查研究表明,知识广而博的教师往往赢得学生的信赖和爱戴比那些知识结构单一的老师程度要高得多,这是因为广而博的知识,既能拓宽学生的精神世界,又能激发他们的求知欲。

**案例:** 记得当年我们一行20人被派遣到一所乡村普通中学进行教育实习。到实习班不到一周的时间,我几乎可以叫出班上每个同学的名字,此时正好遇上学校举行班级篮球赛,也许是自己的爱好所致,每次比赛我都去加油,很快与学生打成一片。为了进一步了解他们,后来开展了一次活动,主题是:老师,我想对你说……。我的第一堂课是实验指导课,实验课之前指导老师听了一遍,那时老师没有多余的言语,看了看黑板,指出实验步骤的"骤"字没有写对(说实话我是不会写),老师告诉我怎样写,我立刻走到黑板前改正过来。[①]

**分析:** 案例中师范生对"骤"字不会写,幸好是上课前给指导老师听的,没有将错误带到正式课堂上。字不会写的错误虽小,但影响可能会被扩大,难免会在一些学生心中将教师的地位大打折扣,他们会认为:这老师的水平也太差了吧,连我都会写的字,他竟然都不会。

**案例:** 在中学实习了两个月,我上了很多课,教的班级达到了15个,包括国际班、艺体班、特尖班、平行班等多种层次。此外我还担任实习班主任,恰逢学校举行舞台剧、诗歌朗诵、黑板报等比赛,幸好我有艺术体育方面的爱好,我们班的学生编排的舞台剧《歌舞青春》、诗歌朗诵及黑板报评比等比赛项目中,均获得学校一等奖,真是高兴啊,学生也很喜欢我、佩服我。

---

① 杜正雄.教育叙事在师范生教育实习中的实践范式,现代教育科学·高教研究,2015,(1).

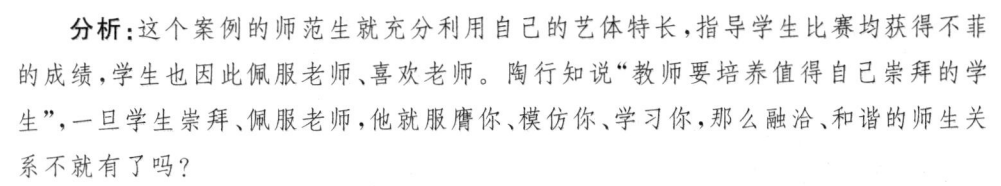

**分析：**这个案例的师范生就充分利用自己的艺体特长，指导学生比赛均获得不菲的成绩，学生也因此佩服老师、喜欢老师。陶行知说"教师要培养值得自己崇拜的学生"，一旦学生崇拜、佩服老师，他就服膺你、模仿你、学习你，那么融洽、和谐的师生关系不就有了吗？

随着全球化进程的加深及远程教育的日益普及，国外的课程也随之进入中国，足不出户只需要点击鼠标，我们甚至可以享用全球的教育资源，教师不再神秘，教育也逐渐共享。在这样的时代前提下，如果我们仅仅依靠大学校园里老师们教授的知识，就想胜任老师的时代已经过去了。过去的提法是要给学生一碗水，自己得有一桶水。而现在这句话已经变成要给学生一杯水，老师应该是源头活水。教师所面临的教学的挑战前所未有地严峻，要成为一个合格的老师，我们需要考虑的是如何在全球化过程中，信息、知识大爆炸的时代保持教师的独特性及教师的不可替代性。这就要求我们除了课堂上认真学习外，更多的还需要课外的努力。比如，大量阅读相关领域的专业书，阅读相关领域的科研杂志，不断增加和更新自己的知识储量，通过各种进修计划和学习，养成终身学习的习惯。

## 第二节 过硬的师范技能是条件

要完成教学，只有学科专业知识作支撑、教育理论作指导还远远不够，要达到目标，还得选择切实而有效的教学方法和手段，以达到教学的最佳效果，这就离不开师范技能。熟语说"茶壶里煮汤圆，有货倒不出"，说的就是要有扎实的学科基本知识，但是缺乏技巧、方法、手段也不能将老师已有的知识变成给学生讲的知识。只有知识和热情，缺乏过硬的师范技能，可能成为该学科的研究专家或者平庸的教师，但绝对不可能成为优秀的老师，因此《国家中长期教育改革和发展规划纲要（2010—2020年）》及《教师教育课程标准（试行）》都提出要加强对教师教学能力的训练。

从目前的高师院校课程设置来看，课程过分强调"学术性"，而弱化了"师范性"。学生知识学习价值取向上也是如此，看重专业知识（学科知识）的学习，而轻视师范技能的学习。

在中小学教学中，教学其实是把学科知识以学生理解的方式传授给学生，这是一个系统化的过程，它不但需要教师以雄厚的知识做底蕴，同时也要求在个人的口语表达能力、逻辑思维能力、讲授技巧上的综合、灵活运用。而一堂好课的诞生，它所依赖的不仅仅是教育学、心理学等各类知识的综合运用，同时还得灵活自如的使用前辈们总结提炼出的教学技艺和经验。

传统的师范技能主要项目为"三字"（钢笔字、粉笔字、毛笔字）和"一话"（普通话),这些项目是师范生必需的,近年来随着信息技术的发展,现代信息技术的掌握也成为一项必需的师范技能。

据学者对某些地区高师院校调查研究发现,98%师范生的普通话虽已经达到二级乙等水平,但其口头表达能力欠缺,在作公共演讲时比较紧张,不能自由地表达自己的思想与观点。语音语调和表达方法也存在很多问题,主要表现在:第一,发音不准、地方口音、羞于开口是普遍现象;第二,语调没有抑扬顿挫。另外,文字与图形表达技能欠缺,90%的被调查者认识到书写技能的重要性,但近一半的被调查者对自己的书写技能不满意,超过一半的被调查者没有完全掌握实用文体写作。大部分被调查学生的基本书法较差,板书字体不端正也较潦草,板书布局杂乱、不科学,也没有突出重点,条理不明晰,与课堂的讲解严重不符。而最重要的原因则是许多学校都采取了计算机输写方式,因此,师范生的书写能力严重退化。[①]

教学基本上靠口头语言来传递知识,信息的准确传达与接收需要一口流利的普通话,这是做一位教师的最基本要求。另外,虽然时代在进步,现代计算机技术在发展,板书运用机会变少了,但并非全国所有地区、所有学校都是计算机教学的,板书仍旧是一门没有过时的技能。因此,师范生平时应当养成说普通话的习惯,加强练字,多练习板书。

一些发达地区、条件较好的学校已经完全使用多媒体教学,依赖现代信息技术的程度非常高,因而这需要师范生能自如运用现代信息技术。21世纪的教师要充分发挥现代信息技术在教育教学中的作用,熟练操作多媒体,熟练制作教学课件,能有效、快速利用网上资源提高教学质量,运用现代远程教育网络进行终身学习。

**案例**:整节课学生非常配合,因为第一次听我上课,他们觉得新鲜,另外我幽默的讲课方式能充分调动他们的兴趣,从而促使我在后续教学中尽可能让课堂变得幽默、生动。我非常庆幸曾经作为"广东省物理师范技能实践创新大赛"的志愿者,熟悉了授课的基本流程与技术、艺术,非常庆幸系统地学习了"教师课堂教学专业技能训练"这门课程。[②]

**分析**:由师范生的准备事项可知,这个师范生有自己的教学构想,意识到课程情境的复杂性,有较好的课程意识。他谈到正因为有"师范技能实践创新大赛"现场观摩的经验及"教师课堂教学专业技能训练"的课程浸润,才让他熟悉了授课的技术和艺术。而他所说的技术、艺术就是师范技能,也正因为他对师范技能的熟悉掌握,才使得他能成功利用幽默的语言技能调动学生的积极性,引起学生的学习兴趣。

---

① 赵林静等.地方高校师范生教师技能调查与分析,中国教育学刊,2014,(11).
② 张恩德.物理师范生教育实习第一堂课的叙事与评述,物理通报,2015,(03).

上述所说的教学技能是所有师范生必须掌握的,属于"通识性"师范生技能,而在具体到某一学科上,也应该具有学科特色的"专业性"师范技能。师范技能的训练项目应该是全方位、多层次、宽领域的。国内一些师范院校开始结合中小学教学的实际需要,这丰富了师范技能的内涵,彰显了专业特色的师范技能。

**案例**[1]:相关课程体系,请参见表 3-1。

表 3-1　课程体系

| 课程名称 | 开设时间 | 技能训练项目 |
| --- | --- | --- |
| 教师书写技能 | 第 1、2 学期 | 钢笔字、粉笔字 |
| 普通话与教师语言 | 第 3 学期 | 普通话 |
| 多媒体课件制作 | 第 4 学期 | 小学英语课件制作 |
| 英语语音 | 第 1 学期 | 英语语音语调 |
| 英语教师技能 | 第 3 学期 | 简笔画、英语书写 |
| 英文歌曲与表演 | 第 4 学期 | 英文儿歌教唱 |
| 小学英语活动与游戏指导 | 第 5 学期 | 英语游戏与活动组织 |

**分析**:此课程体系,既体现出了通识性的师范技能,又在其基础上融入英语师范专业的特点,探索出一条具有英语专业特色师范技能的课程体系。于此,师范生不仅能很好的明了师范技能训练的方向和目标,而且还能沿着这一路径进行有针对性的师范技能训练。

## 第三节　一定的教学实践是提升

有丰厚的学科知识,掌握了先进的教育理念,学会了多变的教学方法,有着过硬的师范技能,但是没有教学的实践,一切都是纸上谈兵,所谓"纸上得来终觉浅,得知此事要躬行""读万卷书,行万里路"等,就是这个道理。没有教学实践,就得不到提升,只有实践了,才能更好运用理论,更加理解教学实际,激发职业情感,才能在理论与实践中前行。

**案例**:在实习过程中,感觉所学到的远远比大学 3 年校园里学到的更丰富、更精彩。当然,这不算否定大学老师的教学和自己的学习,只是实践中所学到的往往比书本里来得更真切和实在。每次回望过去的时候,总要感叹光阴的流逝,现在我也做着同样的事,在短短的两个月里,留给我的都是无限充实的回忆⋯⋯

实习阶段,印象最深刻的应该是自己的第一课。虽然上课前不断地告诉自己要

---

[1]　王永.英语师范生教学基本技能训练体系研究,长春教育学院学报,2014,(20).

镇定,教学要循序渐进,可是上课铃声响起的瞬间,望着台下几十双期待的眼睛,紧张还是不请自来,即使偷偷地深呼吸也无济于事,"同学们现在开始上课"说出了这一句课前练习了多次的开场白,但下句话该说什么呢?突然脑袋一片空白,只能一个劲地重复教案里的内容,眼睛一直盯着教案,生怕说掉了一个字,下课铃响了,我松了口气,突然意识到完成了我的第一次教学课时,感受颇多。为了上好每一节课,让学生们把枯燥的书本内容变成生动的知识,让他们感兴趣,我都要花上几倍的时间去准备。实习就像进了社会大熔炉一样,就算被磨得遍体鳞伤,也要摩拳擦掌,作好又一次投身熔炉的准备。

**分析:** 这个案例是一个实习生的教育叙事,有两点值得注意。

其一,他在教育实习后,认为"实践中所学到的往往比书本里学来的更真切和实在",甚至实习学到的东西远比大学学到的东西更丰富,可见真实的中小学"教学世界"与大学教师所讲授的"理论世界"是有着巨大的反差的,没有经常性的教学实践,是难以成为合格的教师的。

其二,紧张。其实不仅仅是他,还有很多师范生在初登讲台后,会紧张得"讲话不清晰、手心出汗、两脚发软","看着下面那么多双眼睛,心一乱,头脑一片空白,组织好的语言都不记得了"。一上讲台就紧张,说明师范生的实践能力不足,实践经验欠缺。

有的师范生可能会有疑问,学校给我们的教育实习也就那么几周时间,哪还有其他机会去教学实践呢?现实真的如此吗?我们再来看看另外一个案例:

**案例:** 过五关斩六将,在通过招聘学校简历筛选、结构化面试等程序后我终于接到招聘学校的面试通知,但我很意外,通知我们去他们学校试讲,既没有告诉我们要讲课的内容,也没有告诉我们是给老师讲课还是给学生讲课。去他们学校面试才知道是借班上课,学校临时抽调那天有课的班来"试验"我们的教学水平。在对学情毫无了解的情况下,我有点紧张和害怕,幸好我在大学期间经常在中学见习,假期多次去培训学校当老师,有一定的教学经验,因此我又很快镇定下来开始我的备课,备了一会儿课,就没有开始那么紧张了。备课时,我预设了三个问题,这三个问题安排是有一定层次的,第一个问题比较难,第二个适中,第三个比较容易。上课后,我问第一个问题,学生没有一个理我,第二个问题,有几个学生能回答,第三个问题,很多同学都能回答出来,我当时就觉得这个班应该基础不好,因此在后面讲课的时候,也讲得比较细致、速度也放慢很多。下课后我进一步了解到原来这个班是一个艺体班。

**分析:** 借班上课,无疑考验的是教学潜力或者说是教学能力。案例中,这个师范生能迅速大概摸清这个班级的情况,提问设计讲究方法、技术和策略。课堂中啥时候提问,如何问,面对不同年级的学生提问的深度与方式就不同,这些不是全靠"纸上得来"的,而是建立在一定的教学经验基础上的。教学经验除靠教育实习得来外,还有培训学校的实践等多种方式,可见走出大学的理论世界,走进中学的现实世界的路径是多方面的。

现实中,教育实习只是大多数高师院校在师范生毕业前的一个突击性人才培养环节,已有研究表明放羊式的不少,而且实习的时间有限,师范生并不能将其所学理论与实践结合,内化成为自己的教学特性。

去中学见习是一个比较接近教学实际的南山捷径,所谓见习,包括去学校参加课堂观察、案例分析、教研沙龙、专题会诊、集体备课、同课异构、课堂教学评价、示范课、骨干教师展示课、青年教师合格课、新教师汇报课、教研组研讨课、课改观摩课、校际之间交流课等各种活动。见习将同学们引向教学实践,直接面对教学事实本身,实习中学生不得不细心观察教学实施过程,这无疑增加了其对教学实践的观察力和敏感性,从日常教学生活中见微知著感悟教育真谛。学生不断比较所学知识与实践的差异,通过思考与分析,积累与修正教学教育的理念和方法。

千万不要忽略见习这一重要的与学校近距离接触的机会。看看国外情况:美国许多大学将见习时间规定为 150 学时,其中,观摩听课不少于 100 学时,从大学一年级开始,贯穿二、三年级;英国教育见习时间也在 20 周以上,每周半天时间进行见习,以熟悉中小学教学实际情况;法国教师教育有 1/3 的时间进行教育实习,一年级有 6 周见习时间,二年级有 12 周教育实习(包括见习)时间。这种分散而连贯的方式使师范生能经常接触并关注基础教育实际,有助于保持其较稳定的职业意识,主动获取相关知识,增强自信心[①]。

因此,我们建议同学们在大学整个学习过程中,要尽早、多次、渐进地了解和接触一线教学实际。

假期若是有空闲千万不要浪费掉,可以选择去培训学校或者当家教,研究表明:老师在教学实践前与教学实践后,不论是对教育理念的理解,还是对教学魅力的体会都有很大差异,甚至有质的飞跃。如果没有经过教学实践的浸润,对教育教学的体验将远不如实践后体验教学魅力与人师内涵来得深刻。教育实践对同学们的影响远超教育理论的枯燥说教,一旦同学们的教学构想获得成功或赞赏,就愿意下功夫研究教学、体味教学、反思教学。

另外,同学们足不出校园的模拟教学情境,也是教学实践能力得以建构的重要途径。常见的模拟教学活动,如微格教学、试讲,这类模拟教学是同学们在实习前,且已系统学习了教育学、心理学及学科课程与教学论等课程基础上,通过课堂教学模拟将理论与实践有机融合而进行的一项实战训练。

---

① 魏彦红.教育见习:教师教育的一贯性.河北师范大学学报/教育科学版,2007,(3).

这类教学活动一般是在老师指导下进行的,对备课、制作课件大有裨益,同时也与目前一些学校来招聘老师所进行的模拟讲课环节相契合,这对以后就业及提升教师素质、胜任未来教师工作都有重要意义。

最后让我们来看一份招聘单位面试官的评审表(表 3-2),或许你就知道为成为未来合格的老师在大学学习期间应该需要练就哪些师范素养了。

表 3-2　面试考官评审表

| 面试官签字 | | 面试时间 | |
|---|---|---|---|
| 是否可培养录用: | | | |
| 评审项目 | 考官评语 | | 面试评分(打√) |
| 1.举止仪表、形象气质 | | | 5 4 3 2 1 |
| 2.言语表达、专业功底 | | | 5 4 3 2 1 |
| 3.应变能力 | | | 5 4 3 2 1 |
| 4.个性及讲课风格 | | | 5 4 3 2 1 |
| 总评(备注) | | | |

## 第四节　高超的班级管理是修炼

对实习教师来说,在体会着为人师的幸福之时,又因不能游刃有余处理学生问题而感到心酸。

**案例**:偶读 L 的 QQ 空间日志,读了日志后很有触动,这是因为在日志后面学生跟了帖子予以了回应:

生 1 说:老师,你已经做得很好了,不必这样责备自己,我们都很喜欢你,你总是那么的活泼,好的,我答应你,我会好好学历史的。

生 2 说:老师,其实你很好的,真的是我见过的最好的老师。所以我们一起努力吧!

生 3 说:有老师的教导和鼓励,我相信会到那一刻的,所以我们都要坚持到那一刻的来临。

**分析**:后来,仔细向 L 询问了事情的经过。原来在放假前一天上课时,学生们难掩放假的兴奋劲,一些爱起哄的学生一直安静不下来,L 多次让他们安静下来,结果是无济于事。她后来说话语气变得很凶,用了恶毒言语,仍然不见效果。恰好校长巡视,L 老师红着眼眶,跑出了教室,校长进去管了纪律,七八分钟后 L 感觉到自己有责任教好学生,于是调整了心态回去继续上课。所以在 QQ 空间写下了对此事件的反思日志,向学生道歉。不仅如此,假期结束后L老师还当面向学生道歉。L说她也从这件事中学到很多东西,如宽容、理智,更反思到还没有学会如何在课堂实施积极有效的管理方法,缺乏应对教学突发事件应有的机智。

经常会听到一些老师说上课时,因学生纪律意识淡薄,面对学生没有丝毫的快乐与激情,课堂倒像"战场",却有几分与学生作战的悲壮与凄凉。L的这个事件就是一个典型。不过,我们可以将它作为一个案例,有些做法值得借鉴与思考,也为同学们早日修炼成为一名合格的老师作个参考。

第一,勇于承认错误。虽然教师们常常教导学生"人非圣贤,孰能无过;知错能改,善莫大焉"的古训,但真要自己犯了错,有些老师是放不下师道尊严的架子的。L的空间日志及课堂上的两次道歉,我认为这丝毫不损害师道尊严,反而更能让学生信任,体现了L的可亲、可敬、可爱之处。

第二,借助网络交流方式。有的老师非常排斥网络交流的方式,事实上,我认为借助网络的方式不失为一种好的交流方式。许多性格内向的学生,尤其处在青春期的学生不愿意与教师们面对面的直言交流。借助网络平台,既可避免学生与老师面对面交流的尴尬场面,老师又可感受到学生的内心世界,也使教育教学活动得到信息反馈,此事件学生的回帖就很好说明了这点。

第三,反思中提升自己。身为教师应该经常反思自己的工作方式是否对得起学生们天使般的笑脸、清澈的双眸、纯净的心灵?不管你经历的是"战场"的悲壮,还是课堂的幸福,都是一笔弥足珍贵的教育反思材料。教育应该是在感悟中、反思中来完善自我、升华自我的。面对教学情景,L学到了宽容和理智。宽容暂且不谈,我们都容易理解。理智,让她懂得了控制情绪——不再是在恶毒的"语言暴力"失效后,"走为上计"逃离自己的课堂、逃避自己的教育责任。

"以暴制暴"并非为教育的艺术,教育之妙如水之柔情,柔中带刚,以柔克刚去化解学生的叛逆。L有着自己的教育信念,并且这种教育信念在实践中得以检验——反思自身的原因:没有学会如何在课堂实施积极有效的管理方法。这也是后文要谈的重点。由此可见,事后的反思厘清了失误之处,也能更好的吸取教训,为教师的专业发展成长创造条件。

再反观整个案例,其实它原本可以"胎死腹中",只因L并未抓住有效时机。伴随着上课伊始,就有学生说话,虽多次心平气和的说教并未起效,在这之后开始了带有情绪的批评与训斥,仍旧无效。后来上升到下一剂猛药用"恶毒"语言、很凶的语气企图压制学生说话,然而仍旧无效,最后才出现夺门而出的情形。在这过程中,既然带有情绪的批评与训斥都无济于事,L就应该在此思索一下为什么学生会如此反常?为什么偏偏在今日闹的这么厉害?这是失策之一,即没有及时站在学生的角度思考问题,找到学生说话的原因,及时改变教学策略。当然,使用"语言暴力"训斥学生,企图用"压""堵"来维护纪律也是策略之一,但难免影响学生稚嫩的心灵,造成心灵无法抚平的伤痕。再者"语言暴力"训斥学生更会恶化师生关系,刺激学生的逆反心理,对老师产生抵触情绪,更可怕的是老师骂得越凶、越狠,学生越反叛;老师越生气,学生越有成就感、越有快感。此案例中就证明这种策略并不是一种很好的方式。

我们发现很多优秀教师往往很会抓住这种教育契机,巧妙地借题发挥,比起"波澜不禁"的说教与"语言暴力"的严厉指责训斥来得更有效果。这也是 L 错失良机的失策之二。借题发挥涉及教育教学智慧的问题,老师们都希望自己的课堂纪律"风平浪静",时刻在自己的掌控之下,操作教学控制力也很得心应手。但是单单用靠压制的控制力来维护课堂秩序,这显然是不行的。此案例,若 L 借学生因放假兴奋而说话作为话题,巧妙地、合理地将它引申到所要阐述的教育道理中,在教育的深度、广度上做好,就既维护了教学活动正常秩序,又让学生得到教育,岂不很好?当然这也和她是实习老师,教学经验不足有关。

学生上课说话扰乱正常教学秩序,我相信每个老师都看在眼里,急在心里。既然先前阳光般的亲切言语尚未奏效,再换用神色俱厉的批评以让课堂回归"风平浪静"的做法于此时而言,或许期望的结果不一定有效,何况在情绪化批评中常常忽略学生的自尊而带上侮辱等言语,"讥言伤童心",对学生的伤害是很大的。退一步说,即使课堂表面上暂时恢复"风平浪静",学生内心中也是"波涛汹涌"的。甚至情绪失控之下,有的老师会诉诸武力,L 虽未动武,却是泪洒课堂,气逃教室。"师者,人之模范也。"假如因情绪失控而出手打人抑或出走教室,学生会怎样看待这个老师?会认为老师已放弃了他们,不再管他们了,不再宽容他们的错误了……同时也就暴露了老师的无能、自卑与怯懦。反之,即使 L 已经眼眶已红,也要擦干泪水带着微笑依然坚守课堂,因为犯错的是你的学生。

L 的失策之三:带着情绪化的训斥继续前行下去,一直到了失控地步——出走教室。学生犯错,批评是可以的,但要控制情绪。马卡连柯说:"不能控制自己情绪的人,不能成为好老师。"作为老师应该具备控制自己情绪的能力。案例中 L 也不是一下子就情绪失控的,而是一个渐进的过程,在这过程中,是有时间与机会来调整自己情绪的。L 可以想象一下以前与学生们幸福的时刻,想象一下孩子们一双双求知的眼神,也可以做个深呼吸看看窗外的风景等,这些都是控制情绪的好办法。否则,当愤怒情绪驾驭自己言行时,是不可能考虑到学生的心理承受能力的,也不可能考虑到学生自尊心是否受到伤害。在情绪失控情况下,老师在课堂上作出的决策行为所产生的不良后果往往很难弥补。当理智战胜情绪、控制情绪时,或许就没有这个案例的发生了。

其实,实习老师甚至刚刚参加工作的教师都会在教学工作上、在专业发展、成长中遇到很多的问题,许多时候他们都不知道如何用更好的办法来处理这些问题,怎样达到最好的教育效果,减少教学失误。要想快速成长,得心应手的处理教学问题的路径很多,如多请教教学经验丰富的老教师,多和同行之间交流教学心得等。但多读书

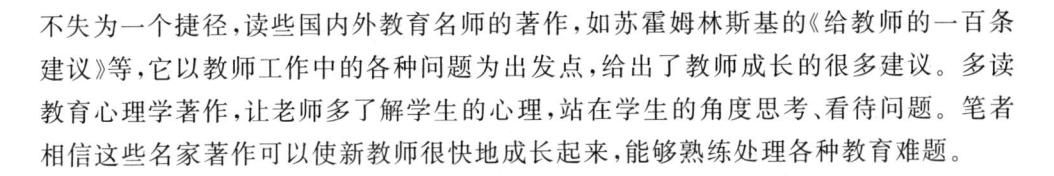

不失为一个捷径,读些国内外教育名师的著作,如苏霍姆林斯基的《给教师的一百条建议》等,它以教师工作中的各种问题为出发点,给出了教师成长的很多建议。多读教育心理学著作,让老师多了解学生的心理,站在学生的角度思考、看待问题。笔者相信这些名家著作可以使新教师很快地成长起来,能够熟练处理各种教育难题。

## 小贴士三:讲课常用的手势语

据研究表明,手势与表情结合,可传导信息的40%。因而,教师讲课时常用手势,以达到发挥表示形象、传递思想感情、组织教学活动的目的。在教学实践中,手势语以各种不同形态的造型,描摹事物的复杂状态,传递潜在心声,显露教师心灵深处的情感体会与优雅举止。恰当的手势往往是在内心情感的催动下,瞬间自然做出来的,这对增强教学效果具有十分重要的作用。因此,手势语言的运用幅度、次数、力度等技巧需要注意。大致而言,手势语可分成四种类型:形象手势,用来模拟状物的手势;象征手势,用来表示抽象意念的手势;情意手势,用来传递情感的手势;指示手势,指示具体对象的手势。

在教师讲课情境下,几种常见的基本手势有鼓掌、夸奖、指示。鼓掌,其正确的手势是:以右掌有节奏地拍击左掌。若有必要,可站立起来并高兴地双手鼓掌。不过,社会上也流行以鼓掌来表示讽刺、反对、拒绝、驱赶之意。它被称作是"鼓倒掌"。

夸奖,这种手势主要用以表扬学生。表扬他人时,可以伸出右手,翘起拇指,指尖向上,指腹面向被夸奖者。但在交谈时,你向对方伸出拇指,自然是表示夸奖,而若伸出小指,则是贬低对方;另外不应将右手拇指竖起来反向去指其他人,此举意味着自大或藐视;也不要自指鼻尖,这有自高自大、不可一世之意。这些不好的手势对教师来课堂教学来说是严禁使用的。

指示,是用以指示方向的手姿。当教师需要为他人引导或指示方向时,标准的手势应当是:伸直并拢手指,掌心向上,腕关节伸直,指尖与手臂形成一条直线,首先指向被引导者的身躯中段,随后再指向其应去之处。若是掌心向下地如此运用,则是极其不礼貌的。

手势是最有表现力的一种"体态语言"。恰当地运用手势,能够起到良好的沟通作用,也会使教师自己的形象更美,更有风度,但是也有一些手势禁忌:

(1)忌当众搔头皮、掏耳朵、剜眼屎、抠鼻孔、剔牙齿、抓痒痒、摸脚丫、咬指甲等。这些动作会令学生极为反感,严重影响形象与风度。

(2)在教室内,双手乱动乱摸、咬指尖、端胳膊、抱大腿、拢脑袋等,也都是应当禁止的手势。

(3)不要用手指指点他人,用手指指点他人的手势是非常不礼貌的,含有教训人的意味。

(4)讲课时忌讳敲击讲台、黑板,或做其他过分的动作。
(5)忌玩弄粉笔或衣扣等。
(6)忌高兴时拉袖子等不文雅的手势动作。
(7)忌交谈时指手画脚、手势动作过多、过大。

### 思 考 题

为了深化理解和巩固本章所学内容,建议你进行如下学习活动:
(1)加强"三笔一化"基本功的训练。
(2)利用假期参加教学实践,增加教学经验。

# 第四章　教师求职第三关：公立与私立

在竞争激烈的求职中,曾经在校园里流行着这样一句话"保研的像猪,找工作的像狗,考研的猪狗不如",这句话非常形象的概括了求职者的艰辛,以及目前激烈的竞争给毕业生带来的压力。所谓像狗一样,指的就是在大四这个阶段,毕业生为了找工作,来回奔波参加各种招聘面试的情况。

但是,我们也能在大学校园中发现,有的同学足不出户,气定神闲的"坐等"上门签约;有的同学,首发必中;更有甚者,反复纠结,但是纠结的不是找个工作,而是几个工作机会一起来了,到底签哪家的问题。为什么同为毕业生,会在找工作上出现如此大的差异？难道是运气？仅仅是大家之间的成绩、能力等方面的问题吗？实际上,通过多年指导学生面试就业,我们认为在求职面试上,成绩仅仅只能占到其中的25%的因素,能力可以占到35%,运气可以占到5%,而充分且科学的准备则要占到40%以上。这些看似好运气的同学,实际上他们不但在大学四年有个长期的准备过程,而且在求职前就进行过方向和目标的定位,因此才会出现一旦出击、必有所得的情况。

## 第一节　学校类别与招聘特点

目前,师范生求职于教师岗位,社会上的教师岗位其性质可分为三大部分,分别是公立学校老师、私立学校老师及各类培训机构的老师。

**招聘一:首都师范大学附中 2015 年教职工招聘信息**

为了满足教育教学工作及集团化办学需求,首都师范大学附中本部招聘语文教师 5 名、数学教师 5 名、外语教师 5 名、物理教师 4 名、化学教师 4 名,生物、地理、历史、政治教师各 2 名,信息技术教师、生物竞赛教师、物理实验教师、物理竞赛教师各 1~2 名。

应聘要求：

(1)"211"院校应届毕业生,硕士研究生以上学历；

(2)热爱教育事业、爱岗敬业；

(3)具有良好的团队合作精神,很强的教学科研能力；

(4)身体健康,具有正常履行职责的身体条件；

(5)有相关教学或实习经验者优先。

**招聘二:湖南怀化市芷江侗族自治县教育局**
**2015年招聘高中和中专教师公告**

我县芷江一中、民族职业中专师资缺乏,急需招聘一批专业教师。县教育局、编办、人社局等相关部门研究通过,经县委、县政府同意,报市人力资源和社会保障局批准,2015年4月11日到湖南省内大学院校现场招聘会上进行公开招聘。现就公开招聘有关事项公告如下:

二、招聘条件

(1)爱岗敬业,热爱党的教育事业;

(2)遵纪守法,品行端正,具备良好的职业道德;

(3)具有较扎实的专业理论知识和工作能力;

(4)有较强的语言表达能力,口齿清晰;

(5)具有正常履行职责的身体条件;

(6)符合岗位所需要的其他条件。

尚未解除党纪、政纪处分或正在接受纪律审查的人员,以及刑事处罚期限未满或涉嫌违法犯罪正在接受司法调查尚未作出结论的人员,不得报名应聘。

**招聘三:2014年四川省内江市第一中学教师招聘公告**

经内江市人社局、内江市教育局批准,内江一中将开展公开招聘2014届优秀大学毕业生工作,现将有关情况公告如下。

招聘条件:

(1)热爱教育工作,政治思想素质好,遵纪守法,品行端正,无违法、违纪、违规等不良记录;

(2)具备本科学历和学士学位,专业知识扎实,本科期间无补考和重修科目;

(3)英语水平达国家四级以上(英语专业毕业生达专业八级,音体美专业除外);

(4)计算机水平达国家(或省)一级以上;

(5)普通话水平达国家二级乙等及以上(语文专业达国家二级甲等及以上);

(6)教育教学实习成绩优秀;

(7)具备高级中学教师资格;(毕业前可提供院校证明,正式签订劳动合同时须提供高级中学教师资格证书);

(8)身体健康;

(9)还需具备以下3项条件之一:①4年内获两次以上(含两次)学院级及以上奖学金;②4年内获一次校级及以上优秀大学生、优秀学生干部、优秀毕业生等荣誉称号;③4年内各科成绩综合排名年级前20%。

**分析:**这三个公立学校分别来自发达的北京地区、中部的湖南地区、西部的四川地区,从三个不同地区的公立学校的招聘条件来看,虽各自要求和偏重不同,但都具有一些共性。

首先,强调奉献的精神。首都师范大学附属中学强调"热爱教育事业、爱岗敬业"。怀化市芷江侗族自治县教育局要求"爱岗敬业,热爱党的教育事业","遵纪守法,品行端正,具备良好的职业道德","尚未解除党纪、政纪处分或正在接受纪律审查的人员,以及刑事处罚期限未满或涉嫌违法犯罪正在接受司法调查尚未做出结论的人员,不得报名应聘"。内江市第一中学要求为"热爱教育工作,政治思想素质好,遵纪守法,品行端正,无违法、违纪、违规等不良记录"。

由此可知,公立学校注重对求职者道德水平的要求和审查,注重对师德的要求。对教师的个人修养和道德操守的要求高居首位,而且任何一所公立学校都不会在招聘条件上直接标明待遇。由此可知,如果要进入公立学校,首先在心态上要作好奉献的准备,因此,在应聘公立学校时,就需要注重展示自己对教育的热爱,自己的教育奉献精神,突出对学生的关心和爱护,引起面试考官情感上的共鸣,不要主动去询问关于公立学校的待遇问题,要突出自己的献身精神,为自己赢得好印象。

其次,健康的身体。首都师范大学附属中学要求"身体健康,具有正常履行职责的身体条件"。怀化市芷江侗族自治县教育局要求"具有正常履行职责的身体条件"。内江市第一中学要求"身体健康"。

健康身体与第一条所强调的奉献是连为一体的,要奉献,那就得有健康的身体,这是"干革命"的本钱,没有健康的身体,何谈奉献教育,谈啥热爱教育呢?

最后,强调专业扎实。首都师范大学附属中学要求"很强的教学科研能力""硕士研究生以上学历"。怀化市芷江侗族自治县教育局要求"具有较扎实的专业理论"。内江市第一中学要求"专业知识扎实,本科期间无补考和重修科目","①四年内获两次以上(含两次)学院级及以上奖学金,②四年内获一次校级及以上优秀大学生、优秀学生干部、优秀毕业生等荣誉称号,③四年内各科成绩综合排名年级前20%"。

而不同类别的学校,对人才的选择和需求是不一样的,近些年私立学校迅猛发展起来,也是师范生就业的好去处。由于私立学校办学的多样化,所以不同教育理念指导下的私立学校在用人条件上也不尽相同,从其招聘的条件来看,亦可从中分析出某些用人价值取向。

**招聘四:私立宜宾育才学校2014年选聘教师方案**

招聘要求:

(1)专业功底扎实,形象气质好,有创业激情,具备优秀教师潜质。

(2)具有较强的语言表达能力和人际沟通能力,有吃苦耐劳的精神,有团结协作的意识和能力。事业心强,身体健康。

(3)全日制统招本科毕业生。

(4)具有相应教师资格证书。

**招聘五:苏州外国语学校2015年优秀教师招聘启事**

应聘要求:

(1)优秀在职教师:36周岁以下,本科以上学历,热爱教育,品德高尚,身体健康,开拓创新和团队合作意识强。具有优良的教学业绩,市级以上评优课获得者、优秀班主任及具有各种专项特长(如奥赛、航模、机器人辅导)的优先。特级教师、名教师、全国优秀教师、教授级高级教师、区级以上学科带头人年龄可适当放宽。

(2)优秀应届毕业生:除幼儿教师外必须是本科以上学历,各科成绩优良,多次获得一等奖学金或优秀学生干部、优秀毕业生等称号,阳光自信,组织活动能力强,形象良好,有亲和力。

(3)国际部:小语种须专业八级,雅思 7.5 分以上,SAT2200 分以上,托福 110 分以上,双语老师要求专业本科以上,英语口语非常流利。

(4)高中、初中教师仅招优秀在职教师,小学部主要学科优秀的在职教师优先。除国际部部分学科外应具有教师资格证。

(5)有留学经历、海外背景的优先录用。

**招聘六:2014 年东莞光明中学高中部诚聘各学科优秀教师**

招聘条件:

(1)师德优良,爱岗敬业,身体健康,年龄在 40 岁以下。

(2)具有大学本科以上学历(第一学历为本科,特别优秀者可放宽至自考本科),熟悉现代教育技术。

(3)名牌师范大学优秀应届毕业生;或教育教学成果突出,有高中任教相应岗位工作经验。

(4)具有教师任教资格、所学专业与应聘学科对口。

(5)特别优秀者,年龄、学历可适当放宽,有大型民办学校工作经历者优先。

**分析:**私立学校很多是借助一些有名公立学校的旗帜,在某些企业的投资下建立的,他们急切需要的是拿出成绩来给社会展示,在当地站稳教育脚跟,为后续招生赢得好局势。这就决定了它与公立学校相比,首先看重老师的实用性、可用性。这也是私立学校招聘条件最突出的特点——看重教学经验和授课能力。因为,从上述的私立学校招聘看,他们希望能够选聘的老师很大一部分是要有教学经验的一线教师,在此类老师不能满足需要的情况下,也会招聘一些应届毕业生。

虽然,在校师范生没有多少教学经验,在实用性的标准衡量下——注重考查专业素养,如宜宾育才学校要求专业扎实,苏州外国语学校要求一等奖学金,东莞光明中学要求的是名牌大学毕业。除去都注重成绩外,在实用性的招聘理念之下,招聘的重点又各有差异:宜宾育才学校注重对教师形象气质的要求,看重教师的合作交流和沟通能力;苏州外国语学校要求应聘师范生阳光自信、形象良好,有组织活动能力和有亲和力;东莞光明中学要求熟悉现代教育技术。

需要注意的是,私立学校不单是一个学校,也是一个企业,因而,除去考核应聘者是否有能力担任老师外,还从企业自身发展的角度去应聘老师。例如,宜宾育才学校新办不久,正需要一批有着朝气、敢于闯荡的人才来推进学校向前,因此它要求来应聘的人得"有创业激情"。苏州外国语学校以外语教学为特色,这也是它要求前来应聘的老师"有留学经历、海外背景的优先录用"的缘由。东莞光明中学正处在稳健发展中,需要有经验的老师来加盟,因而它对"有大型民办学校工作经历者优先"录用。

总之,私立学校注重的是教师能尽快站稳教学一线,为我所用,并尽快为学校创造价值,所以师范生在面对这类学校的时候,展示自己要围绕着"如果你聘用了我,我可以为你做什么"的思路来进行。需要重点描述教学实践经历,突出展示自己的教学实践经验,不拘泥于传统的面试框架,要敢于挑战和表现自己的特长和能力。

除了公立和私立外,近些年大量兴起了各种培训机构。对培训机构的选择,很多同学持一种迫不得已的态度,多半都是在无法就业前两类学校之后,才会最后去考虑。实际上,我们在就业过程中,不要轻易持某一种固定观点,也不要死守传统不放,通过前面职业生涯分析及后面附的性格测试后,如果你的个性中有较强的挑战性,且个人能力较强,不妨可以考虑进入培训机构。而培训机构的招聘也各有其要求和特点。

### 招聘七:成都戴氏教育集团2015年招聘初中各科教师

任职资格:

(1)专业不限,普通话较标准,相貌端庄,能够因材施教,能够启发孩子的思维,善于演讲者优先录用;

(2)在初高中学习阶段对所教科目取得高分者优先录用;

(3)热爱教育事业,责任感强,具备良好的教师职业操守和服务意识,做事态度积极,抗压能力强。

### 招聘八:新东方英语学校2015年政治老师招聘

任职资格:

(1)本科及以上学历,专业不限,在校优秀大学生优先;

(2)熟悉高中政治教材,准确把握高考规律,有授课经验者优先;

(3)注重学员综合能力和考试成绩的全面提高;

(4)充分了解中学生心理,能调动中学生对学习的热情;

(5)上课时能旁征博引,擅长与学生进行交流,能充分调动学生的积极性,富有感染力;

(6)诚实守信、务实高效,理解认同新东方的企业文化。

### 招聘九:杭州维优教育2015年高中化学老师招聘

任职要求:

(1)要求本科以上学历,年龄为24~30岁;

(2)注意个人形象,有较好的表达能力;

(3)所授科目功底扎实,具有很好的解题思路,相应科目高考获高分者尤佳;

(4)积极学习,积极参加维优组织的新员工培训,学习教学技能,钻研教学内容,适应维优模式的课程标准和教学体系。

**分析:** 培训机构有这么几句话:"前来补习学生的分数线是培训机构存在的生命线","学生补课的学费与老师的工资成正比"。意思很明了,没有分数的提高,就没有学生来补课,老师也就没有工资可拿,老师带的学生越多,工资就拿得越高,完全视能力拿工资。这种局面就决定了培训学校看重应聘者是否有能力将前来补习的学生首先留下,然后是否能提升学生的成绩,即能"因材施教,能够启发孩子的思维"、"熟悉高中政治教材,准确把握高考规律"、"注重学员综合能力和考试成绩的全面提高"、"所授科目功底扎实,具有很好的解题思路"。这对应聘者的教学能力、对试题的分析能力及个人教学风格要求较高,培训学校与应试直接对应,学生来培训学校学习,目的就是提高自己的分数,因此,培训学校招聘理念正是基于"教育市场的能力"去决定人才的选用的,他们的招聘重点也就与公立、私立全日制学校不一样。

从上述培训机构看有两个共同点:其一,淡化了专业限制和专业成绩,不论专业出身、不计专业成绩、不看学校排名,若应聘者任教科目在初高中学习阶段获高分者还可以优先录用。其二,认同企业文化,培训学校不仅仅有学校的功能,还有企业的性质,因而他们都要求员工必须认同他们的企业文化,戴氏的服务意识企业文化,要求应聘者"具备良好的教师职业操守和服务意识",新东方的几位老总受欧美文化影响,因而要求"诚实守信、务实高效,理解认同新东方的企业文化",维优教育正在新鲜发展中因而要求应聘者能"适应维优模式的课程标准和教学体系"。

当然各个培训学校的企业文化不同,用人的侧重点也有细微差异:

戴氏教育的一对一个性化教学模式很常见,因材施教就显得很重要了。另外,他们会经常外出招生宣传,用戴氏教育集团话说就是"老师不仅仅是教学人员,还都是市场销售员、课程咨询员、学业规划师",因而对演讲与口才能力就是他们考查的侧重点,这也是他们对"善于演讲者优先录用"的缘由。另外,他们的工作时间基本都是学生放假的时间,老师休息时间与其他行业休息时间不一致,他们招聘时才要求应聘者符合"做事态度积极,抗压能力强"的条件。

新东方老总俞敏洪以其极佳的口才,再融入幽默的方式、博闻的知识、激情燃烧的热情等元素的演讲魅力让世人皆知,所以他们企业文化中,对老师的口才、演讲能力,对教学的激情,旁征博引的授课方式就很看重。因而他们要求应聘者具备"充分了解中学生心理,能调动中学生对学习的热情","上课时能旁征博引,擅长与学生进行交流,能充分调动学生的积极性,富有感染力"的教学素养。

杭州维优教育正处于发展中,需要一批年轻人的加盟,首先对年龄作了要求。另外急需将这批年轻人打造成为骨干,因而对应聘者的工作态度、行为习惯作了要求,即要"积极参加维优组织的新员工培训,学习教学技能,钻研教学内容"。

以上是我们对三类教育机构应聘特点的初步分析,可以得到这样一些结论:

第一，公立学校重视个人品质，看重应聘者的付出与奉献，愿意给毕业生提供成长和成熟的空间；私立学校注重应聘者的教学实践能力，看重应聘者的从业价值；培训机构注重应聘者的个性特色，注重教学的吸引力和试题分析讲解的能力。

第二，公立学校机制较为规范，喜欢按照已有程式化进行，不容易甚至不太允许个性化的发挥；私立学校鼓励创新与进取，尊重个人能力和个性特点；培训机构用人机制灵活宽松，只要能取得好的结果，对于过程的要求不多。

此外需要特意指出的是待遇问题，一般公立学校在招聘资格后，会谈到待遇条件是按照国家有固定工资体系而定的；私立学校一般待遇优厚，但挑战性也大；培训机构待遇较为灵活，以自身能力大小而定。

## 第二节 择业目标与应对方法

通过以上的分析，相信大家对不同类别的教育学校，有了一定的了解。了解之后，可以结合前面的职业生涯规划的分析，为自己寻找到合适的应聘方向，不做面试的白用功。具体的操作方式，是常说的"三定"原则。所谓"三定"原则是指定位、定点、定心。先看定位，定位是指充分了解自身情况，不做过高或者过低的估计，不目空一切，也不随便贱卖；定点则是指确定就业的目的地，不像无头苍蝇一样跟着招聘信息随意乱窜；定心则是指确定目标之后，相信自己坚定不移地向着目标出发。下面，依然以案例来说明"三定"原则在求职中的作用。

**案例**：拿到 J 同学的简历，我们发现她是那么的优秀：本科的专业平均成绩和综合平均成绩居全班第一，顺利读研。硕士生阶段，多次获得奖学金，在国培计划等教师培训活动中，多次担任助教、班主任等工作；积极参与学校、学部、班级的各项活动；担任学生干部，喜爱体育运动，多次获奖。J 同学最初的择业方向是回到老家当一名中学政治教师，要求并不高，但是在实际的应聘过程中却多次失败，逐渐在一次次失败中丧失了信心。后来我们运用"三定"原则指导她重新规划未来就业：第一，将本专业，即教育专业作为求职的主要方向；第二，提高求职的学校层次，突出科研及培训经验，以高校和教师培训学校为主；第三，重点关注家乡周围大城市地区的招聘信息。最后她成功进入省城教师进修学院。

**分析**：按理说，她这样优秀的学生去找个中学当老师应该非常容易的事情，但是仔细分析我们可以发现她实在是"贱卖"，没有真正发挥出自己找工作的优势。我们在给他使用"三定"原则时，认为她具有这样一些优势：首先，毕业于"985"名校且成绩优秀；其次，教学实践能力强，具有较为丰富的组织教师培训的经验；最后，她的求职目的地是回到家乡周围大城市地区，相比之下，她的学历占有求职优势。通过分析之后，我们共同确定了上面的求职方向。

确定了求职目标，也就是进行了准确的定位之后，这位 J 同学首先的改变是不再像过去那样随便去乱投简历，随意乱窜，而是静下心来认真复习本专业并关注锁定地区的招聘信息。在不久之后，果然有一所她所在省城的教师进修学院来学校招聘，而且所招聘的专业正是她所学的教育学。可以说机会总是留给有准备的人，在经过激烈的笔试、面试之后，最终这位同学成功签约了这所主要以培训教师为主的高等学校，找到了自己满意的工作。分析她成功的原因，实际上就是对"三定"原则灵活合理的运用。

但是，并不是每一个优秀的求职者，都能在第一时间找到满意的工作。以下这个案例，就很能说明这一点。

**案例：**同学C在大学期间获得了很多的荣誉。比如，省优秀毕业生、多次获国家奖学金和校奖学金，此外，学术能力也很强：30篇文章发表在核心及国家级杂志；参与省市级等多项科研课题；一篇论文获得国家级一等奖。其教学能力在某所著名中学教学一年也获得了认可与肯定，最重要的是这名同学还具有一定的影响力：本科毕业其优秀事迹刊登在校报，校报连续10余期刊登他对本学科著名学者的访谈。他的授课方式较为灵活，极具个人风格，可以说这样的一位优秀人才应该成为各个学校争抢的对象，但实际上，他在面试过程中，遭遇了人生中最为惨痛的滑铁卢。这位同学本着向理想地区的学校求职，先公立、后私立的求职方向，但最终的结果是简历大部分石沉大海，面试全部失败。后来C同学作了一段时间的心理调适，并且认真分析了自己这些特点，调整了面试的方向，转变了就业的目标——向提倡个人风格、注重学生考试成绩的理想地区的大型培训学校投递简历。结果，最后的效果是柳暗花明又一村，几乎所有的培训机构都向他伸出了橄榄枝，最后在权衡、比较工资待遇、工作福利基础上，他选择了一家比较适合自己的培训学校。

**分析：**这个案例C同学也是在失败后开始遵循"三定"原则，充分了解自身情况，作了合理估计定位，既没有目空一切，也没有随便贱卖，而是直接向大型的培训学校投简历，不像无头苍蝇一样跟着招聘信息随意乱窜投递简历，坚定不移的朝着培训老师的目标去面试，最后权衡再三找了一家待遇相对较好的单位。

我们还可以再继续分析为何他所投简历几乎百分之百都能面试呢？C同学，因为讲课风格幽默，所以招学生喜欢，学生当然愿意留下来补课，这是培训学校很看重的一点。他发表了很多篇文章，其中对考试、考题也有一定的研究和看法，尤其是对学生解题、审题技巧更是有一套自己的东西，对于以提高学生成绩为理念的培训学校当然喜欢他。另外他连续访谈著名学者，并刊登在杂志上，这对培训学校来说，聘用他当老师也是一个向家长、学生宣传的材料："物以类聚、人以群分"，既然C能访谈著名学者，那么他水平也差不到哪去。这岂不证明了这个培训学校的师资实力？

上面案例中的两位同学的求职经历说明求职中，难免会感到忐忑和紧张，有的毕业生甚至情绪濒临临界，几乎要崩溃，很容易在各种招聘信息中迷失自己，而且经过几次失败之后，原本的自信心荡然无存。此时，最容易出现的情况是，只要签我，无所谓哪里,也无所谓条件。虽然这种对教育付出的精神值得肯定,但怀着这样的心情签约,事后肯定会后悔与懊恼,到了工作地也不一定会认真工作,如果一直受这种负面情绪的影响,很有可能会影响其一生的职业发展。所以,对待面试和就业一定要做百分之两百的准备,不要认为失败的次数越多,越有经验,如果不善于总结和吸取经验,只能成为职场中永远败北的"面霸"。所以在求职过程中,我们既要作好迎接挑战的准备,同时也要在激烈的竞争中学会冷静与思考,并重视专业的指导,采纳合理的建议。只有这样才能赢得人生的关键点。

案例:T同学有着丰富的学生干部经历,沟通能力较强,实习结束不久就签约到了一所重点中学。但是他打听到这所学校的待遇较低,于是放弃了这份工作。结合自己期望的薪水和自己师范生专业等特点,他最后选择了进入他理想的城市中某一个培训机构,从事教育产品的销售。凭借自己的努力第一周第一笔销售,就做到几十万的销售量,半年后成为该培训机构的一个分校校长,一年后被派往省外积极开发新的市场,成为跨省片区总经理后备人选。

分析:T同学既获得了经济上的回报,又没有完全脱离教育行业,更重要的是实现了人生中的一次成长。他在就业上也遵循了"三定"原则,他将自己定位在教育领域,但是希望薪水能符合自己的期望值,在自己当过学生干部,社交能力、口才不错,合理估计自身情况的基础上,果断放弃"贱卖"自己所签的第一份工作,而是将薪水较高,需要很强口才的销售职业与自己师范生专业相匹配,综合这些考虑得出求职目标——教育销售。

从这个案例中我们再延伸一点,师范生求职时,一定要解放思想,拓宽思路,不要仅仅只把目光拘泥于公立、私立学校的岗位,与教育相关的职业,实际上很多,如现在出现的教育咨询师、教育推广专员、教育运营专员、教育产品研发专员、课程策划师、招生顾问等,都是教育领域衍生出来的新兴职位,如果觉得有适合自己的方向,都不妨大胆地去尝试。

我们师范生在求职面试之前,一定要认真的了解和分析自己的能力和个性特点,寻找到适合的方向,在我们确定了应聘的具体方向后,还需要针对每所学校的特点进行更深层次的了解。在求职的战场中有的放矢的突出自己,为自己赢得就业的机会。总体而言,我们在应聘之前,一定要做到知己知彼,方能百战不殆。

## 小贴士四:微课程制作交流QQ群

近年来微课程如火如荼,许多用人单位,都要求应聘者有现代教育技术,能熟练运用和掌握多媒体,为了提高各学科老师的专业化水平,国内微课交流QQ群也开始出现。这里收集主要学科的微课群,加入到群里,师范生不仅可以与国内各个地方老师交流,还可以跟着群里专家学习微课程制作技术、翻转课堂教学法。

语文学科微课程交流 QQ 群：
207220677
数学学科微课程交流 QQ 群：
436668210
英语学科微课程交流 QQ 群：
180871445
地理学科微课程交流 QQ 群：
366670089
历史学科微课程交流 QQ 群：
278199435
物理学科微课程交流 QQ 群：
171575994
化学学科微课程交流 QQ 群：
450334810
生物学科微课程交流 QQ 群：
322950996

### 思考题

为了深化理解和巩固本章所学内容，建议你进行如下学习活动：
(1) 收集三所以上公立或私立学校的招聘信息，尝试进行求职信息分析。
(2) 自我剖析，并逐步确定今后求职的学校类型。

# 第二篇

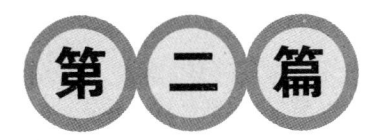

# 实践篇

# 第五章 教师求职第四关:关键实习期

## 第一节 努力付出,实习期成为合格老师

作为师范生,参加工作之前,都要经历教学实习。实习是为了即将开始的教师工作进行的实践。师范生的实习期多则一年、半年,少则三个月;而非师范生的实践要求在2015年教师资格证国考开始后,也列入了正式的考察要求。实习期是教师成长的关键期,也是同学之间在教学能力上拉大差距的一个重要阶段。通过问卷调查,大学生在参加实习前,有这样一些困惑和需求。总结下来分别有以下几点:

(1)希望获得面对工作的勇气,走出迷茫。
(2)怎样能自我定位,认识自己。
(3)希望多知道一些将来工作的技能。
(4)希望获得一些职业上的经验。
(5)希望知道怎样和社会上的人打交道。
(6)希望能获得一些职场中必须要学的技能、必要的社会经验。
(7)面试技巧。
(8)希望能获得一些即将面对社会的建议。

针对以上的反馈及出现的需求,我们将从以下几个方面给予实习生们一些建议:

### 一、从大学生到教师的角色定位与转型

当一名大学生即将告别学习生涯,告别学生身份,成为一个完全依靠自己,真正独立于家庭、学校,成为社会人的时候,难免会出现恐慌心理。这种心理变化正如幼年时,第一次离开父母上幼儿园,大多数幼儿都会惊慌、大哭,他们用哭闹的方式来发泄对陌生环境的害怕与担心。一周之后,多数幼儿不再哭闹,他们很快适应了环境,并融入到幼儿园的生活中并喜欢上了幼儿园生活。在六七岁时,上小学一年级,大多数小朋友都不会像进入幼儿园那样哭闹了,他们都已经习惯了学校生活,并知道了学校并不可怕。由此类比,毕业生们出现的恐慌心理实际上是对未知环境的不确定,没有安全感。而作为成年人不可能用哭闹的方式来发泄内心的恐惧,所以很多同学显得焦躁不安,但又充满期待。笔者将这种矛盾的心理概括为既踌躇满志又忐忑不安,既充满斗志又茫然无措。因此,为了很好的引领同学们走出实习前的恐慌心理,我们必须先作好面对现实的准备,进行一次角色定位。下面请认真回答以下三个问题:

(1)你目前的身份是什么?
(2)实习开始后,你的社会角色是什么?
(3)你即将实习的工作岗位是什么?

回答了这三个问题后,同学们都会清楚地明白自己的社会角色:一名实习教师。有了这样的认可,能够帮助我们更好地融入到实习环境中。入职之前,最重要的就是进行心态的调整,有什么样的心态就会有什么样实习生活。这正如两个人从监狱的窗户往外看,一个人看到的是地上的泥土,另一个看到的却是天上的星星。为了更好地帮助同学们融入实习生活,我们可以做一些具体的训练,请拿出纸和笔,写下目前你在教师的职业能力上具有哪些优势和劣势?

我实习的岗位是(　　　　)中学,(　　　　)学科教师
我的优势是:　　　　　　我的劣势是:

写下来之后,再继续追问自己,我目前是否能胜任即将开始的工作,为什么?

或许,写完之后你充满了自信,或许写完之后,你感到更加的恐慌,但是请不要担心,因为无论你是信心满满还是忐忑不安,都要接受即将离校实习的现实,人生下来第一个勇气是两个接受:接受自己、接受现实。第一,接受目前还不够完美的自己。第二,接受即将要脱离学校参加工作的现实。如果你信心满满这是一件值得庆幸的事情,请保持良好的心态;如果你依旧忐忑,也请不要慌张,因为你本身就是一个即将毕业的、许多方面不成熟的、还需要继续学习的实习生,更重要的是通过以上的分析你了解了自己的不足,这会让你在实习过程中带着明确的目的性,达到事半功倍的效果。当放平心态,找准位置进入到实习基地后,要尽快地让自己适应环境,很多同学总是容易被外在的环境影响。比如,有的实习学校没有提供住宿,需要到校外租房;有的实习学校伙食条件很差,难以下咽;甚至有的同学家庭环境比较优越,又认为自己是大学生有着高人一等的想法,如果实习学校没有按照自己的要求给予重视就会愤愤不平。实际上,这些都是不良心态的反映,要知道作为一名实习生,作为一名职场新人首先要学会的就是独立解决问题,而不是抱着依赖的思想。

到了实习学校,要考虑的不是对方能为我做什么,而应该是我该怎么做的问题。有部分实习生认为实习就是去打杂,是吃苦、受气而且不被尊重,同时到学校去实习还意味着零工资。因此,要么不能放下身段全身心的投入,要么认为自己是学校的外人做起工作蜻蜓点水。无论哪一种心理暗示都会让你的实习生活变得毫无生趣,甚至毫无价值。实际上,我们对薪酬的判断及对价值的认可,不仅仅只有金钱一种衡量标准。就某些学校而言,确实存在不够重视实习生的情况,但是实习生却可以在学校的实际教学中学习到更多的教学经验,而且目前许多学校特别是一些名校,它们都拥有较好的教学设备和先进的治校理论,这正是我们开阔眼界的大好时机。从这个意义上说,实习生所得到的实践经验远甚于金钱的价值。

## 二、教师职业精神的培养与塑造

从进入学校实习开始,你就已经是一名准老师了,当你站到讲台上,学生们用真诚的语言欢迎着你,用期待、新奇的目光关注着你,笔者相信一种当老师的自信和自豪之感会油然而生。在享受着来自同学信任与依赖的时候,是否应该静下心来想一想,该怎么度过实习生活?对此,我们的建议是不要用实习生的身份来局限自己,也不要用实习生的借口来放松自己,而应该用正式教师的标准要求自己。作为实习教师,我们可以从小事做起,从协助指导老师批改作业、备课、管理学生,甚至检查卫生等小事情做起,不要认为自己是旁观者,是学校的过客。即使没有工资也不能没有热情,实习期关键的是你对待工作的态度,态度决定一切。这个阶段最重要的是积累工作经验,这些经验都将成为今后的财富。

初入职场的时候,每位实习生的机遇都会不同,有的同学可能会遇到喜欢帮助新人、喜欢给予机会的实习指导老师,一开始实习就放手让实习生多实践、多操作;有的同学也可能会遇到对新人不理不睬,甚至心怀嫉妒、害怕被赶超的老师,甚至在整个实习期间,都没有机会上讲台。面对这种情况,我们是听天由命、逆来顺受,还是积极努力和争取呢?当然选择后者,美国管理学家威迪·斯太尔说过这样一句话:每个人都被赋予了工作的权利,一个人对待工作的态度决定了这个人对待生命的态度。有这样一个故事,讲的是日本一位叫野田圣子的女性,她1960年9月3日生于福冈县,1983年毕业于上智大学外国语系比较文化专业。毕业之后,她的第一份工作是到东京帝国饭店当洗厕工,但是她并没有因为这份工作的辛苦和低微而放松自己,每次都会把厕所洗得非常干净,甚至干净到她能毫不犹豫喝下马桶里的水,以证明对自己工作的认可。她曾说过"就算一生要洗厕所,也要做个洗厕所最出色的人"。有了这样的工作态度,在1987年,她当选为歧阜县议会议员,是当时最年轻的县议员。1998年7月担任第一次小渊惠三内阁的邮政大臣,她是日本最年轻的阁员。后来,有人评价道,她喝下去的实际上是对自己工作毫不怀疑的自信。就工作而言,没有卑微的工作,只有卑微的工作态度。在中国的职场中,也有一个女性人物值得敬佩,那就是现任格力空调集团CEO的董明珠女士。36岁的董明珠成为一名格力最普通的销售员,经过自己的努力,一步步实现了事业上的突破,最终成为格力的领导者。她曾这样说过,"我对接班人的要求有三点:第一要忠诚,第二要有奉献精神,第三要讲诚信"。

因此,面对实习中可能出现的顺境与逆境,都要积极面对。如果是前者,那么更要珍惜机会,利用实习期努力提高自己。不断的完成新的任务和挑战,如多承担课业,多做班主任工作,多协助指导老师,不怕辛苦,愿意付出。如果面对逆境,也不要灰心,只要心中有阳光,可以通过多观察优秀老师的授课方式,多与指导老师沟通,态度端正,积极的帮助指导老师的工作,不断学会与人的交流和沟通,用自己的实际努力和工作态度打动他,为自己争取机会。做愿意付出努力和汗水的实习生,通过自己的努力,在实习期成长为一名合格的教师。

## 第二节 目标明确,为求职做好准备

有了良好的心态和愿意付出的意识,同学们一定能在实习阶段成长为一名合格的教师,成为职场的新生力。在实习之际,除了踏实勤奋的做好教师工作,还要作一些求职前的准备。但现实的例子中,很多的同学都习惯把所有的求职准备工作都推都到实习之后。实际上,在实习期间,就会出现很多用人单位的招聘信息,实习结束不久,马上会出现一个招聘的井喷期。由于绝大部分同学没有作好充分的准备,所以在实习回来后的两周左右的时间校园内一片慌乱:要么是打印店拥挤不堪,挤满了做自荐书的同学;要么就是还没有求职的正式服装,更不要说求职的心态调整了。更有甚者,有的同学还在实习期结束后选择去旅游放松。常常是机会来了,大家却赤手空拳上阵迎战。在没有作好准备的情况下,失败常常尾随其后,2013、2014 年,全国连续两年出现了就业困难的局面,2013 被称为史上最难就业季,2014 更被称为史上更难就业季。竞争如此残酷,就业状况日益严峻。因此,提前做好准备尤为必要。

首先,提早制作个人简历。在实习期间,可以先制作电子简历,尝试投递自荐书,并保持随时更新的习惯。简历制作可以亲力亲为,也可以请专人制作,而制作方法和技巧,在本书的第六章有专门讲解,在此不再赘述;

其次,养成写实习日志的习惯。实习既是人生的一种经历,也是教学经验的积累期。将有意义的教学事件记录下来,不但能促使个人教学反思,而且会让你在面试中拥有很多谈资,便于与面试官交流。

案例:实习日志一:为期两个月的实习经历。在二中,我是跨年级实习,分别是高中二年级和初中一年级,共三个班。在专业知识实习中,我认真的查阅资料准备每堂课,在专业老师指导后,再对知识进行总结和巩固。在班主任工作中,我在实习班上进行了很多改革。第一,把早上到校时间由 7:45 改为 7:30,虽然只有 15 分钟,但是我班学生在我的带领下背诵文综。所以,在第一次月考中我班文综由倒数第二到顺数第三。第二,在中午起床到上课期间,开展"两周一歌"的文艺活动,让他们下午充满精气神,以此提高他们的学习效率。

实习日志二:在实习期间,我每次按时交教案,及时演练,我写完了三个教案本。我坚持写详案,我的踏实努力,得到指导老师的认可与信任,让我承担了高一 5 个班的教学工作。在实习即将结束之际,我作为代表,完成了汇报课,得到了在场老师的好评,同时我也用心的记下他们提出的建议。这些都成为我在教学实践中积累的一笔财富。

实习日志三:今年的 9~11 月的教育实践中,在为期两个月的实习里,使我在教

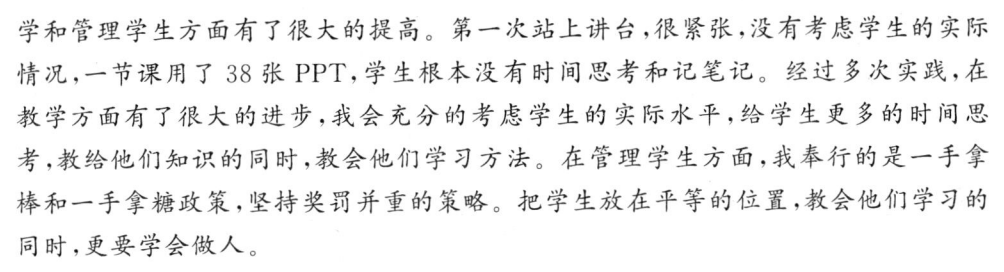

学和管理学生方面有了很大的提高。第一次站上讲台,很紧张,没有考虑学生的实际情况,一节课用了38张PPT,学生根本没有时间思考和记笔记。经过多次实践,在教学方面有了很大的进步,我会充分的考虑学生的实际水平,给学生更多的时间思考,教给他们知识的同时,教会他们学习方法。在管理学生方面,我奉行的是一手拿棒和一手拿糖政策,坚持奖罚并重的策略。把学生放在平等的位置,教会他们学习的同时,更要学会做人。

**分析:** 从以上三个例子可以看到,在实习期间如果善于记录自己的实习工作,记录下有亮点、有意义的一些教学经历和班主任管理工作的经历,将会在今后求职面试中充实自我介绍,对面试官的自我展示上,具有很大的优势。而在材料的提取上,需要注意的是,实习日志不是事无巨细的流水账,要充分明白你的实习日志是为求职就业服务的,所以,要明确选材的中心,材料的选取要围绕与教学有关的情况,并进行总结和反思。在实习日志的写作中,还要特别注重细节的引入,细节是非常容易引起他人兴趣及注意力的描述。在上面三个例子中,最让笔者印象深刻的是实习日志二的"三个教案本",三个教案本只是一个实习老师在工作中的细节,但是却充分展现了自己对教师这个职业的工作态度。作为职场的新人,用人单位不会在教学技能和经验上作过分苛刻的要求,但是却非常注重工作态度。所以我们要学会做实习期间的有心人。

除了实习日志外,还需要在实习过程中与周围的领导、同事作好人际关系的处理,对于如何处理人际关系,在后面章节也有具体讲述,在此不赘述。争取在工作态度、敬业精神及教学能力上取得领导、老师、学生的认可,有的实习学校,本身就需要引入新老师,如果有这方面的就业信息,自己又很愿意留下,那么就要更加积极的去争取。

**案例:** 在学校集体实习之前,我们获得了七中育才学校需要历史老师的就业信息,于是在多方的考察下,推荐了具有一定教学能力,且工作态度非常认真的J同学。他原来分配到的实习学校在另一个地区,但是由于他自身的就业愿望希望到成都及周边工作,所以,通过积极的争取和努力,最终取得了到育才七中实习的机会。在实习前,我们共同制定了实习的目标,并端正实习态度希望他能成为一名愿意付出的实习老师。在实习中,他也用自己的努力履行了自己的承诺,并获得七中领导和老师们的认可。但是,即便是这样,就业也不是一帆风顺的,育才七中作为一所著名中学,其用人和选择是非常公正、公开的,虽然这位同学有在七中实习的经历,但是依然要进入七中公开的招聘程序,在第一次应聘时,由于没有准备充分,第一次签约的机会被××大学的一名同学获得。在接下来的应聘中,这位同学也是几经挫折,但是他没有放弃自己的目标,依然非常认真努力的面对每一次招聘并和七中的老师们保持良好的沟通和交流。毕业前,另一所名校有意向与他签约,但没有想到的是,在开学之际,他接到了育才七中的电话,原来育才七中由于今年招生规模的扩大需要一名历史老师,整个教研组的老师包括领导都一致推荐这位同学,最终这位同学成功签约七中,进入到了自己理想的学校。

**分析**：这是曾指导过的一名学生成功就业的案例，可以供同学们参考。总结来看，他的成功就业是一个有准备、有付出，同时也是有回报的过程。从这位同学的成功就业的经验中我们可以得出以下信息：第一，实习前要为自己今后的就业方向作一个规划；第二，端正实习态度，做愿意付出的实习老师；第三，不怕失败和挫折，每次经历都是一种财富；第四，信息的畅通和沟通的顺畅是成功的前提。而除了这四点，最关键的还在于这位同学在实习过程中，用自己的踏实努力的工作态度赢得了学校师生们的认可，所以，当岗位有空缺的时候学校马上就聘用了他。

当然，不是每所学校都有这样的机会。如果你所实习的学校不需要新老师，那么你可以在认真工作，取得大家认可后，在实习结束前，让你的指导老师和领导们给你写上一封推荐信，这一定是你求职中的亮点。但是一定要记住，一定要在对方愿意并认可你的情况下，千万不能强迫。这封推荐信可以作为你在简历中的一个组成部分，成为你与众不同的一个亮点。

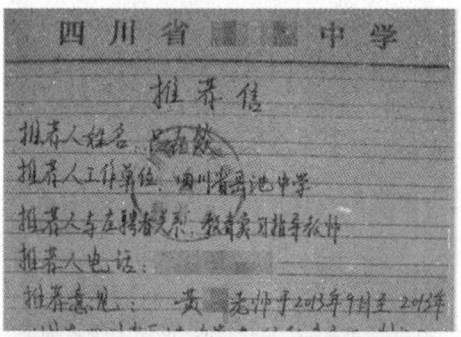

**案例**：

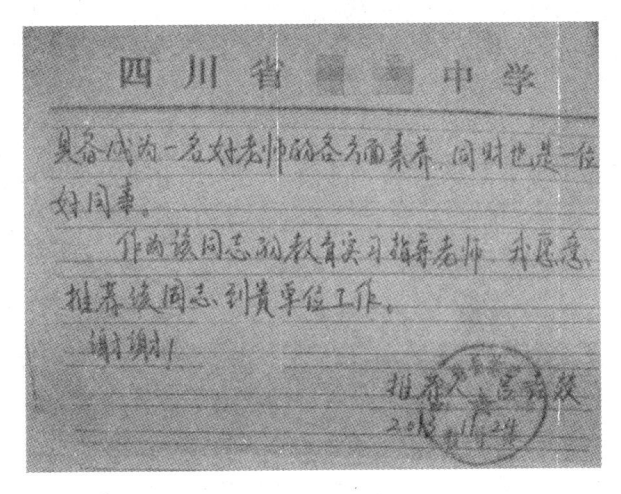

分析：这是一封中学指导老师为实习同学写的推荐信,我们可以看出该位指导老师对实习同学的认可与喜爱。而这种认可正是由于这位同学在实习期间的努力付出得到的。

最后,注意实习期资料的整理和收集,尽量获得多样的资料。如果整个实习生涯,仅仅只有文字的描述实际上是不够的,在我们目前诚信缺失的前提下,许多求职者在文字描述上都存在一些虚假的信息,这既是不正常的现象,但又是普遍存在的情况。所以我们除了要有文字资料外,还需要辅助一些更有说服力的图片资料。比如,在代理班主任的实习过程中,如果参与并组织了学生活动,要记得留下活动的照片;有的学校会组织实习生进行授课比赛,这类比赛更要精心准备,展现出最好的自己,同时也要注意让其他同学为自己拍摄照片,保留图片资料。这类资料今后也可以放到你的自荐书中,以图文并茂的方式,有图有真相的展现自己的实习工作。在实习过程中,我们要养成一些职业的习惯,如要做一个工作主动的人,要积极主动的去争取工作,而不是消极等待。要养成自律的习惯,改变学生生活时的散漫、爱睡懒觉、喜欢上网玩游戏等生活习惯,一切都要让自己逐渐从学生转变为一名能作为学生榜样的教师,此外,还要有顽强坚持的毅力。在实习过程中,遇到挫折、遭遇挑战是很正常的事情,我们就是在不断接受任务和挑战中逐渐成熟起来的,而所谓坚持,实际上就是简单的事情重复去做。只要我们认真努力的对待实习生活,笔者相信,你一定会在实习中找准自己的人生定位,找到求职的自信,并从中得到经验帮助我们尽快求职成功。

## 小贴士五:招聘单位需要什么样的实习教师?

通过对多所学校领导及指导教师的问卷调查,得到以下看法,供同学们比对参考。

## 一、公立学校

**1. 专业知识**

能有相对丰富的专业知识基础,对本专业的知识有自己的理解和相应的知识运用能力,在专业过关的基础之上,要有一定的悟性。希望实习生多学、多看、多思考。能主动参与教学工作和协助指导老师完成教学任务。

**2. 师范技能**

站在讲台上要像个老师,不紧张,自信胆大,对教学内容能较好地把握和设计教学环节,基本的教学技能要熟练。最好可以尽快上手参与教学工作。

**3. 接人待物**

不需要他对每个人都毕恭毕敬,但至少要懂礼貌。比如,见人微笑、打招呼等,和同组老师、办公室老师及学生处理好关系,待人真诚,不虚假,踏踏实实的,自觉地去学习教师这一块相应的东西,不懂就问,主动查资料。能够主动帮助老师做一些力所能及的事情,其实很多时候实习生会充当多重角色,上课、守自习、改卷子、帮别的老师代守自习,偶尔打扫一下办公室和指导老师的办公桌等。

任何人都喜欢踏实努力、认真做事、少说话多做事的人,但也不要太过沉闷。

**4. 职业心态**

最主要的还是要喜欢教师这个行业,反感那种把实习当作过场的情况,开始不会说什么,久了则会对这个实习生根本不会太关注,有时候一个指导老师要带一两个实习生,主动地和踏实的自然会受到青睐。相反,表现的太过圆滑世故的,老师们反而不太喜欢。教师行业与其他行业不一样,作为教师必须要有教师职业的道德要求。

## 二、私立学校

一般签约后才会组织来实习,所以用人要求一般有以下几点:
(1)专业知识扎实。
(2)形象气质佳。
(3)除了能教本学科知识外,最好还能会一些其他技能。因为私立学校通常设有各类的综合实践课。
(4)善于主持、写稿的人优先考虑。
(5)有招生意识,能和家长进行有效交流。

## 三、培训学校

培训学校与全日制类型的公私立学校不太一样,一般很少接受实习老师,但是在签约前一段时间内,属于考察期,这也可以算成实习老师。把提升学生成绩视为生命

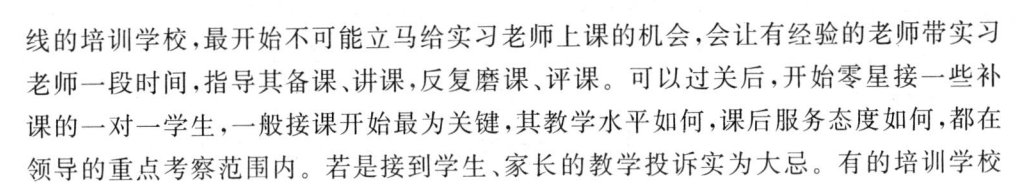

线的培训学校,最开始不可能立马给实习老师上课的机会,会让有经验的老师带实习老师一段时间,指导其备课、讲课,反复磨课、评课。可以过关后,开始零星接一些补课的一对一学生,一般接课开始最为关键,其教学水平如何,课后服务态度如何,都在领导的重点考察范围内。若是接到学生、家长的教学投诉实为大忌。有的培训学校会课后跟踪调查,询问学生对实习老师的评价如何。一般得到学生的肯定回答,并且成绩得到提升,就意味着实习期结束了,可以成为一名正式的老师了。

### 思考题

为了深化理解和巩固本章所学内容,建议你进行如下学习活动:
(1)准备实习教案,收集实习教学资料。
(2)请教一位参加过实习的同学,并与其深入交谈,吸取经验。

# 第六章 教师求职第五关：简历的制作

常有毕业生向我们抱怨说：无论是来高师院校招就处的招聘学校，还是在网上看到的学校招聘信息，按其要求而言，自己明明达到了要求，可为何总是第一轮简历筛选时被淘汰，接不到面试的通知。也常接到他们的咨询：有哪些方法可以提高简历"不作死"的概率，力争在15秒的时间内打动招聘学校的面试老师，让简历真正发挥面试敲门砖的功效呢？

常言道找工作就是销售自己，说白了就是把自己"卖出去"。招聘学校面试前，要挑选自己需要的人才，走的捷径必然是挑选简历。简历制作的质量好坏直接决定能否进入第一轮面试，这也是简历被称为敲门砖的缘由。要顺利走进面试的门，靠的不仅仅是简历做得有多么漂亮、精美，靠的也不仅仅是内容有多么丰富、精彩，关键因素是让招聘学校面试的老师相中。不讨面试的老师的"欢心"，永远踏不出成功求职面试的第一步。

## 第一节 简历的内容表达

简历内容应该写哪些，不写哪些，并没有一个放之四海皆准的规定。虽说教师就业的单位指向是学校，但是学校也分公立学校、私立学校、培训学校。不同性质的学校，看重的东西并不一致，因此同一人应聘不同性质的学校，所做的简历理应不一样。更何况同一性质的学校，应聘的岗位也不同，那么做的简历更不能是同一模板。但是做简历有一个亘古不变的原则：招聘学校关心什么，就写什么。

招聘学校关心什么呢？核心的问题是：能否胜任教师这个岗位。若是像私立学校、培训学校这类没有事业编制的学校来招聘，受传统观念"不稳定"的因子的影响，它们还会关注另一个核心问题：你究竟能干多久。当然，对于究竟能干多久的问题，一般是面试进行考核的，而你能否胜任教师岗位则主要于简历中体现，因而做简历时，需要用不同内容证明你有胜任教师岗位的能力。

用简历来证明自己的能力，究竟哪些内容可以证明呢？一般这些内容都是与你求职的工作相关的，师范生求职教师职业，你肯定写上的内容都是与教师岗位相关的，而且含金量越重的内容，越要突出，越要靠前。一份完整的简历主要包含基本信息、求职目标、教育背景、工作经历、获奖情况、技能及证书六部分。一些简历还会增加其他内容，如自我评价、自荐信、附加相关作品等。从这几年我们所看到的师范生简历来看，本着有什么就尽量写什么，甚至还有一些乱编的心态，把简历做成了一本小册子。师范生这么做，与当前就业难、竞争激烈有关。这种情况下，要是在简历上遗漏点什么，下场是什么样的，大家都很清楚。殊不知，很多简历就是这样失败的。正因为就业难，找工作的人多，每天招聘学校会收到很多份简历，要知道很多学校来招聘，信息会提前在网上公布，因此不仅是本校师范生要投简历，全国其他师范院校师范生也会赶来投简历。留给招聘学校的时间一般很短，招聘的面试官选简历的时间就更短，所以说十几秒决定简历的生死就在于此。

招聘的面试官在海量的简历中要挑选出你的那份，这得看你是否讨他的欢心了。讨一个人的欢心，无非就是要站在他的角度思考问题，一份厚厚的简历，要让他从头看到尾，在时间有限的情况下，又看不到重要的信息，他的心情是有多烦躁，你懂吗？简历的下场就是失败。所以，不是什么都一股脑地写上去。内容那么多，哪些该写，哪些不该写，站在他们的角度琢磨下就明白了。下面将从自荐信、基本信息、教育背景、工作经历、获奖情况、技能及证书等简历内容呈现一些典型案例（其中涉及当事人的隐私、关键信息均用×××代表，后同），并作一一分析。

## 一、自荐信

"自荐书""求职信"部分，一定要写在简历之前，千万不要写在最后或中间。自荐信有的认为应该写，有的认为不写为好。写与不写都行，若要写，一定要起到锦上添花的作用，不要搞成狗尾续貂、画蛇添足。有一位做简历的行家有过一个形象的比喻，说自荐书、求职信就像饭店的开胃菜，即使各色菜都做得不错，但是开胃菜实在糟糕，让人败尽了胃口，结果不待上菜，客人就夺门而出，所以说没有十分把握，别送什么开胃菜，言外之意慎重写上自荐书、求职信。

求职信或者自荐信，不少人喜欢潇洒地写上几百字乃至上千字，满卷套话欲发狂式的来表现自己如何优秀，如何渴望得到教师这份工作，恳请对方给自己一次面试机会，这些都无可厚非的。自荐信的语言一定要实在，可以把目标说的激情澎湃，但要听上去感觉切合实际。自荐信绝不能夸夸其谈，华而不实的言辞不要用。最忌讳的是画虎不成反类犬，搞得不伦不类，自荐书本是锦上添花的好事，却与简历某些内容格格不入，反成了狗尾续貂的败笔。

**案例：**

**自 荐 信**

最后是综合素质方面，在学习之余，我在大学里也担任了学生干部，曾是学院青年志愿者协会会长，在我担任会长期间，我院志愿服务工作获得优秀分会的称号，每次各项排名都名列前茅。除此之外我还是××师大勤工助学中心总负责人，全面协助老师负责全校的勤工助学工作。我带的仅有6个人的团队是老师的得力助手，是家庭经济困难学生的好帮手。在上学期我获得了大学生综合素质A级证书，本年级仅有5人获得，同时也被党组织吸收成为一名预备党员。

**校外实践证书**

2011年暑假抗洪抢险先锋模范　　2012年暑假行愿峨眉行愿状

**分析：**这份简历求职教师岗位，自荐信丰富多彩，信的开头说自己表现优异，是一名学生中共党员。在最后附上证书照片时，却附上"峨眉山佛教夏令营行愿状"。虽说中共党员不能信教，参加了佛教夏令营也不能说明你皈依佛教，但给人一个感觉就是：这个与求职老师有关吗？面试官再多想下，你是不是就是冲着佛教协会包吃包住一周，还可以游览峨眉山的好处去的啊？因此，自荐信内容不求多，但求精，且选择与求职岗位相关的事情要细说、细谈，这样就补充了简历中没有可写的，或者不便写的内容。

## 二、基本信息

**案例：**

| | 求职意向：幼儿园教师 | 小学教师及学生管理工作 | |
|---|---|---|---|
| 姓名：王某某 | 专业：学前教育 | 学历：大学本科 | |
| 年龄：23 | 出生年月：1991.11 | 性别：女 | |
| 籍贯：四川·德阳 | 健康状况：健康 | 民族：汉 | 照片 |
| 专业排名：39/176 | 综合排名：33/176 | | |
| 毕业院校：××师范大学 | 手机：×××××××××× | | |
| 曾任职务：班级安检委员 | 电子邮件地址：××××××××@qq.com | | |
| 实习单位：××学校 | | | |

**分析：**这部分年龄与出生年月选择其一，都写上重复；性别与照片也是重复，性别男女一眼可从照片中看出，所以性别一栏删去。至于照片，师范生选用寸照的居多，近年来简历设计的眼动研究成果表明"招聘者喜欢呈现生活照的简历"，但生活照过大则往往会使招聘者觉得主次不分，忽略掉了师范生的重要信息，过小的照片也不适合。一定要使照片与简历合适，至于在左边还是在右边，其布局能使招聘者觉得紧凑、舒服就好。籍贯一栏，意义不大，很少学校因为你籍贯非某个地区的人就不录用你。倒是户籍信息有时必须写，尤其是在有户籍限制的地区，一定要写。例如，北京地区学校招聘，很多学校明确要求是北京户籍。所以在有户籍限制地区的学校来招聘时，若是符合户籍要求条件的，一定要写上。至于民族信息，一般学校招聘不会因为你是汉族或者少数民族就优先录用你的，除非一些民族地区的学校招聘，硬性要

求掌握某些少数民族语言,因此在简历上可以添加对某种少数民族语言的掌握程度,以体现出自己的优势。

教师岗位有时会对身高有要求,此外某些私立学校招聘老师,很注重外在形象,这不是给这些学校扣上外貌协会的帽子。若站在招聘学校的角度思考,完全可以理解,一位中学校长曾经坦言,为何要选那些身材高挑、形象气质佳、面容姣好的老师呢?为了以后学校赛课时代表学校的形象。所以,遇到这样的学校,在基本信息里可以说明身高,贴上比较满意的照片,至于身体健康信息,可以不写。

毕业院校、成绩排名最好写到"求学背景"一栏,任职情况可以写到"学生工作"或者"社会实践"一栏,实习学校最好写到"教学经历"一栏。另外"基本情况"栏,有时还会出现"座右铭""教育信条""人生格言""个人兴趣""个人特长"等。

**案例:**

> 爱好特长:阅读、书法、运动
> 人生格言:永不言弃

**分析:** 学校招聘老师一般会考虑特长这一指标,如招一个会跳舞的老师,这样以后学校文艺演出时,就可以有老师教学生跳舞了;有的学校招聘一个会某些球类特长的老师,以后学校球类比赛,也不至于没有人才参加比赛了。但切记"个人特长"与"个人兴趣"是有区别的,不要混在一起。这份简历就将二者混在一起,"阅读、书法、运动"究竟是爱好,还是特长呢?"人生格言""教育信条"等最好不写,若非要写,千万不要弄巧成拙。有的写得甚是空洞,试想大学还没有毕业,能对教育有多深的感悟呢?譬如,有的简历非要添个"没有教不好的学生,只有教不好的老师"之类的豪言壮语的教育信条,这不是在那些教学经验丰富的教学能手前"耍大刀"吗?

**建议:** 有个人特长,一定要写。

## 三、教育背景

**案例:**

| 求学经历: | | |
|---|---|---|
| 2011年9月—2015年6月 | 就读于××师范大学 | 大学本科 |
| 2008年9月—2011年6月 | 就读于××市第三中学 | 高中 |
| 2006年9月—2008年6月 | 就读于××市××中学 | 初中 |
| 2000年9月—2006年6月 | 就读于××市××小学 | 小学 |

**分析:** 这份简历将从小到大的入学经历全写了一遍,其实大可不必这样。除非招聘学校明文规定高中毕业必须是国家级重点学校,当然这类要求并不多见。一般学校招聘,不会要求高中、初中、小学是在哪所学校就读的,所以从小学写到大学的求学经历意义不大。

"教育背景"相对于本科师范来说,免费师范生、教育部直属高师院师范生写上去在一定程度上比普通院校师范生有优势。但同一性质师范生相比,单单说教育背景,似乎没有什么优势可言。简历中的"教育背景"不仅仅单指学历教育,很多师范生将传统正规的国家学历教育作为唯一的求学经历,这在"活到老、学到老"的今天并不正确。大学期间所受过的培训其实也算是求学经历。一些培训在广义上也算是求学经历。只要培训内容与应聘岗位有较大的关联性,不论是正规的还是非正规形式的培训,都可以将它们列在求学经历上,或者归入"教育背景"。

**案例:**

社会实践:
➤ 在××市政府民调中心做社会调查(2013,2014)
➤ 在××市"美国 KD 衣柜"做电话销售(2014)
➤ 在××师范大学新区收发室勤工俭学(2012,2013)
➤ 参加××学校党校培训(2012.4)
➤ 在课余及暑假期间从事家教工作(2013)
➤ 在××中学实习(2014.9—2014.11)

**分析:** 这份简历就将受过党校培训作为社会实践,参加党校培训其实属于求学背景,很多师范生会忽视将培训作为教育背景。若是受过的培训经历很多,须得遵循"倒序"原则,即从最近时间的培训写起;"最优"原则,即将最适合应聘岗位要求的培训写在最前面;"相关原则",即选择其中比较重要的或者与应聘岗位最密切的培训进行说明。譬如,应聘班主任职位时,若在大学期间参加过校朋辈心理咨询课程培训,很显然这无疑会增加其就业机会。另外,一项培训的时间不会持续很久,最好写明培训的日期。

**建议:** 培训的内容、所获的成绩、成果应予以注明,尤其是技能或者结业证书应写上,若是培训的内容比较生僻或属于新兴事物,可简单予以解释介绍。

## 四、过级情况

**案例:**

| 过级情况: | | |
|---|---|---|
| 2012.10 计算机省一级 | 2012.12 英语四级 | 2013.3 全国计算机二级 VF |
| 2012.12 三笔字合格 | 2012.12 普通话二级甲等 | |

**分析:** "过级考证情况"遵循"写高不写低"原则,即过级的情况只写高级别,略去不写低级别。这份简历的过级情况,既写了全国计算机二级 VF,就没有必要再写计算机省一级。笔者曾经问一个毕业生,为何写了高一级的过级情况,还要写出低一级的过级情况呢?他说多列一个过级情况,也就增加了简历的内容,显得丰富些,更有分量。

## 第六章 教师求职第五关:简历的制作

另外,过级情况不是所有的都写,还得遵循"优势"原则。师范生的一些过级考核,是所有师范生必过的,如有的省计算机必过省一级,普通话必过二级、"三笔字"必须合格,这些过级情况都是教师资格证申请的必需条件。故而这份简历中强调"三笔字"合格可不写。简历所写过级情况,一定是较一般人有优势的过级情况,如计算机过了国家三级,普通话过了一级等。

### 五、获奖情况

**案例:**

| 获奖情况: |
|---|
| ➤ 一等奖学金一次 |
| ➤ 二等奖学金一次 |
| ➤ 三等奖学金三次 |
| ➤ 2012~2013年度获"三好学生" |
| ➤ 2011.12 ××师范大学第五届环校跑冬季长跑学生女子组三等奖 |

**分析:** "获奖情况"部分,这份简历还算好,获奖情况都是大学期间获得的。有时候拿到一些请笔者修改的简历,不知是为了证明自己从小一贯优秀,还是纯粹为了凑简历字数、添简历的页数、加简历的厚度,获奖情况连带小学、初中、高中时,得过什么奖励都写出来。真的很感叹,摆出这架势真的是证明了当今找份工作真心不容易啊。其实为了证明自己很优秀,有能力胜任教师工作,不见得要写出大学以前那些陈谷子烂芝麻的事儿。千万不要说这是初出茅庐的师范生会这么干,曾经见到一个高校老师评职称填表,她还真的把高中、大学期间大大小小各项奖励全部写上去了。这也不难理解,为何有的企业或事业单位在填写奖项一栏,对获奖时间作了时间性限制。

### 六、学生工作

**案例:**

| 学生工作经历: | |
|---|---|
| 2010~2011年 | 担任班级生活委员、团支部书记(管理班级生活事务,为同学服务) |
| 2010~2011年 | 担任学生会学习部干事(学校策划活动,为同学传递教务处信息) |
| 2011~2012年 | 担任院青年志愿者协会委员(组织同学对学校、对社会奉献爱心) |
| 2011~2012年 | 加入××师大学工部学生工作助理组(学习策划校级大型活动——"学子之星""三好标兵""迎新晚会"、办公室日常事务处理、校资助中心事务处) |
| 2012~2013年 | 担任学院青年志愿者协会会长(组织策划多起精品活动,获得由学院颁发的"优秀部室"荣誉,获得由校团委颁发的"优秀分会"荣誉) |
| 2012~2013年 | 担任××师大勤工助学中心总负责人(全面协助资助中心老师处理资助事务,是老师的得力助手) |

**分析：** 这份简历向我们描述了某些学生干部的岗位职责，像"办公室日常事务处理""管理班级生活事务""组织策划多起精品活动""全面协助资助中心老师处理资助事务"，这些职责描述笼统。另外"为同学服务""对社会奉献爱心"之类冠冕堂皇、高大上的词语，慎重使用为好，实际上这些没有多少含金量。它们都是套话，像万金油一样抹在任何一处都行，你当团支书可以说为同学服务，那我当学习委员也能写上为同学服务，若是其他同学没当学生干部，是个活雷锋，经常为宿舍的同学打开水、收信件、买饭，他亦可以写上为同学服务。你去中国青年志愿者协会当干事，能为社会奉献爱心，那我没有去，自己单独去福利院照顾老人，也能写上为社会奉献爱心，其他同学没去福利院等地方，但地震那会儿捐了款，算不算为社会奉献爱心呢？扶老大爷、老大娘过街算不算为社会奉献爱心呢？

读了大学四年，想必就是混日子，还是做了几件好事吧！林林总总、零零碎碎都写上吗？大家都这么写了、这么做了，简历就会掉进一个怪圈：社会实践、教学经验只有你想不到，没有你写不出来的；只有你不想写，没有你写不好的。那样的简历还是简历么？简历还是简约的经历吗？这样早已偏离了写简历的应有义了。简历就是写自己有优势的，与众不同的东西，既然大家都能如此写，那你有什么优势可言啊？

## 七、教学实践

"教学经验"部分是很多学校看重的部分。曾经有个培训学校招聘，给出的薪资每月为5000~8000元，医保、社保等给予购买，且解决住宿，每年有一次外出旅游的待遇，但是给出条件是有一两年的教学经验。可是师范生才大学毕业，哪有两年的教学经验？有一个师范生，笔者从他的简历中看出，他大学一直在勤工俭学，在外面做家教，这难道不是教学经验吗？算下来，还不止有两年的教学经验呢，于是在笔者的指导下，他重新修改了简历，丰富了家教教学经验内容，顺利进入面试。但是师范生简历的"教学经验"部分常有瑕疵。

**案例：**

| 师范技能： | |
|---|---|
| 专业知识 | 年级排名  24/175（年级前13%）  专业平均分  84.06/100 |
| 教学技能 | 2012年9月~2013年6月  学院试讲成绩为小组第一名 |
| | 2012年7月  广安华蓥××初中支教，事迹被中新网、中国教育报、广安电视台、南充电视台等多家媒体报道 |
| | 2012年8~9月  ××家教中心担任老师 |
| | 2013年3月~5月  ××中高二历史教学见习 |
| | 2013年9月~11月  ××中学集中实习，负责5个班的教学，1个班的班主任工作，实习成绩等级为"优秀" |

**分析**：从这个简历看，这个学生应该是很优秀的了，教学经验丰富，但这份简历却有几点让人惋惜：

第一，实践排列混乱。师范技能中的几项工作排列，论时间，排在第一的应该是去中学实习；论最优，中学实习也应该排在第一，而他却将之排在最后。这样的错误，实属不应该啊。排列一定要遵循一些原则，这些原则主要有"倒序"原则，即从最近时间的培训写起；"最优"原则，即把最适合应聘岗位要求的培训写在最前面；"相关原则"，即选择其中比较重要的或者与应聘岗位最密切的培训进行说明。

第二，只展示了部分工作取得成绩。试讲第一名、多家媒体报道支教情况、实习成绩等级为优秀、担任青志协负责人获得奖励，而对于南充中学见习，家教中心教学，担任学习委员、团支书、学工部助理等事件，难道没有一丁点成绩么？不然为何其他项都写了成绩，单这几项不写呢，给面试官一个坏的印象是这些是否干的非常不好啊，甚至有的面试官会上升到诚信高度，认为这两项是否造假，故意为了制造实践经历的多样化、丰富性而编造的呢？

第三，教学实践中缺失具体工作内容。这份简历语言极度抽象、表述高度概括、意思非常笼统，这些宝贵的经验变成了工作描述、岗位职责的解释，没有"血肉"。换句话说，他仅仅是给招聘的老师解释他经历的那份工作，至于他自己做了哪些、到底干什么科目的教学，负责哪些工作、哪些事务都不知晓。

不要说面试官，就是我们看到这里，都有一种不知所云的感觉：他究竟是做什么岗位的，他又是怎么做的？做得怎么样？取得成效如何？这些统统没有说。没有实在的内容，只会增加一份不信任感：怀疑这些是否是编造的？不然为何没有实践的具体内容，具体干了什么工作，负责哪些事项，取得哪些效果。

**建议**：社会实践、教学经历这类事情，必须加以说明你究竟做了哪些具体的东西，做得怎么样，把他们尽可能量化。

**案例：**

> 2010年9～11月　国家级示范高中××三中实习，上课50余堂，所教班级达15个（包括国际班、艺体班、特尖班、平行班等多种层次），公开课"马克思主义的诞生"得到学校领导、老师和学生的好评，作为模范课，刻录成光盘；召开主题班会、家长会，指导学生编排舞台剧《歌舞青春》、歌朗诵比赛、仪容大比拼、黑板报评比等比赛，均获学校一等奖。

**分析**：这份简历在量化处、工作内容、用第三方面评价自我成绩等方面做得不错。美中不足的是，对于班主任工作还不够细化、不够具体。

**案例：**

> 教学实践情况：
> 　　201×年9月～201×年7月在××师范大学附属实验中学代课，工作内容：

1. 独立负责两个班级的英语课程；
2. 参与年级组学科教学研究，以及期中、期末的试卷出题，批改工作；
3. 针对学生情况，对其进行个性化的课程讲授；
4. 在授课期间根据考点进行针对性讲解，并根据学生的学习情况进行阶段性考试；依据考试结果进行分析总结，提高班集体总体成绩。

201×年9月～201×年5月在××四中、二中、十五中学校见习，工作内容：
1. 参与实习学校英语组教师公开课观摩学习；
2. 参与英语组教师有针对性的培训，提高自身业务水平；
3. 参与课程研究小组讨论高考命题重点、发展趋势。

201×年9月～201×年6月在××做家教，工作内容：
1. 针对学生的学习兴趣、学习态度、学习习惯、学习方法等基本情况分析，制定高考前最后3个月的复习计划；
2. 选择经典的模拟题作为阶段性测试试卷，并将其结果进行实际分析，以查漏补缺；
3. 在每一次试卷讲解中，都渗透解题方法的指导；
4. 利用自己受过心理咨询培训的优势，给学生考前心理辅导。

**分析**：这份简历在具体工作职责方面比上面那个简历要好点，但还可以完善，比如说他带的两个班，班级是个什么性质的班？平行班、实验班、火箭班？英语科目在年级总体排名是怎样的？优生率有多少？制作期中、期末试题一事做得怎么样？家教工作，带了几个学生？原来的基础是怎样的，高考成绩又是怎样的？这样一写，一个完全能直接到岗的老师呼之欲出了。

## 八、知识结构

**案例：**

主修课程：
　　中国古代文学、古代汉语、中国现代文学、现代汉语、中国当代文学、语言学概论、文学概论、基础写作、美学、中学语文教学法、课堂教学技能、外国美学、美学原理、应用文写作等

辅修课程：
　　教育学、心理学、民俗学、侠文化、中国古典诗词阅读与鉴赏、文字学、普通话、书法、高校美育、中国古代小说鉴赏、应用文写作、世纪影像精读、语用学、文学研究方法论、教师职业道德修养、大学语文等

**分析**：这份简历"知识结构"呈现出罗列课程表的形式。简历是要证明自己能力的，单纯的列课程、晒课程并不明智，除了增加字数、添加页码外，还能起到什么效果

# 第六章 教师求职第五关:简历的制作

呢?非要如此,那你得多反问下自己所学专业是全国独一无二的吗?所设计的课程是全国独树一帜的吗?翻开全国高师院校各学院设置的课程,都差不多,凭什么招聘学校要和你签约而不和其他人签约呢?

**建议**:粗暴、简单晒课程的方式是不对;要选择正确的晒课方式,要晒,就一定要达到证明自己在本专业领域里强于他人的目的。

**案例**:

| 专业主修: |
| --- |
| 文献检索 92　中华人民共和国史 91　教材分析 90　史学论文写作 90　世界近代史 90　教育心理学 90　口才训练 89　现代教育技术 89　中国古代建筑 88　历史文献学 87　中国近代史 85　考古学 86　近代西方民主与实践 86　中国近代文化史 85　西方史学史 83　形式逻辑 82　中学历史教学法 82　教育学 82 |

**分析**:同样是晒课程,这份简历不再是简单地罗列所修课程,而是罗列出自己学得很不错的课程及成绩,较隐晦地作了修饰,这比简单罗列课程的做法高明了些,但也非完美之作。若是能在列出成绩的基础上,再列出这几门课程的排名、成绩,那真是能有效证明自己的确比别人优秀了。

找工作就是销售自己,销售行业有句经典的台词:"人无我有,人有我优,人优我特。"相同专业,"人无我有"的课程基本很少,既然都学过这些课程,那你只有学得比他们好;大家都考得好,那还得"我特",须有一些独特的作品或经历。

**案例**:这份简历后面附上两篇文章,题目如下:

| 好的语文课与语文老师 |
| --- |
| 对《绿叶》中叙事的修辞性的探讨 |

**分析**:我问:为何附上两篇文章。

她答:新课程开始推行了,我就写了切合新课程理念的两篇文章附在上面,面试老师肯定要看看,这也证明了我对新课程的敏感度。

我问:你确定面试的人会看?

她答:应该会看看吧。

我很欣赏她的想法,但是是不是附上文章,就证明了你对新课程多了解呢?这文章是你自己写的,还是在网上下载的?没有说。再说写上文章,面试老师会仔细看这个文章?时间紧迫,任务繁重,哪有心思给你读文章啊。若是有作品发表,在竞争者之中优势就明显了。

**案例**:

| 发表论著要目: |
| --- |
| 1.《"关中怀集县的庸调银饼"称法质疑》,《中学历史教学》,2008(11) |
| 2.《何为前进士?》,《中学历史教学》,2008(12) |

> 3.《地租非赋税》,《历史学习》,2009(3)
> 4.《历史新课程:亟待广泛的关注与有力的推动》,《中学历史教学参考》,2009(4)(下半月)
> 5.《对教科书中〈中华民国临时约法〉内容表述的质疑》,《中学历史教学》,2009(4-5)
> 6.《对贵州改土归流的误解》,《历史学习》,2009(9)
> 7.《浅析史料在历史课堂教学不同环节的运用》,《中学教学参考》,2009(12)

**分析:**这个师范生毕业学校并非"985""211"重点师范大学,但在学术上却有很大优势,这就是一个与众不同的简历销售点了。

可是,有的同学会嘀咕了,大学发表学术性论文不是人人都有的事。若仔细想想,除去论文,难道就没有其他作品了吗?能在正规刊物或者某些机构内部刊物上刊登的文章都行,如给校报、院报、当地报纸所写的新闻报道,某次工作总结的简报,发表的诗歌、散文等。

**案例:**

> **写作:**
> 在省级刊物上发表《魅力教授刘伟航》《访三好学生标兵苗霖》《温柔而漫长的时光》《纪连海南充话"三臣"受我校学子热捧》《桃花伊人》等文章共19篇,在学校杂志《学工简报》上发表文章6篇。

**分析:**这份简历将发表的新闻报道、诗歌散文、工作简报都写上去了,侧面证明了自己的写作优势。瑕疵也有,省级刊物具体是何刊物?发表时间、发表版面等都不清楚。

师范生发表的作品,最好有某些机构的认可。比如,论文能发在正规刊物上就最好;或者参加某次学术会议,提交的论文也可以;或者工作简报刊登于某些机构内部刊物上也行;艺体师范生的美术作品、音乐作品被发行、出版同样也是简历上的卖点。

## 九、自我评价

**案例:**

> **自我评价:**
> 责任心强,能吃苦耐劳,坚持不懈;真诚专注;良好的思维、沟通和学习能力,能迅速适应工作环境;良好的组织协调能力和团队协作精神;属实干努力型!

> **自我评价:**
> 认真、踏实、有爱心、有责任心

**分析**:这两份简历中的自我评价的话基本上都是客套话。大家都说责任心强、有爱心、有团队精神,是实干型人,但如何体现自我优势啊?在写这些客套话时,多问问自己:何为责任心强?何为吃苦耐劳、坚持不懈?良好的组织协调能力和团队协作精神,如何量化出来?这些都是空洞无力的,这些东西没法证明给人看,更没法用一个事物来量化。

习惯性的客套话移植到自我评价你能写,凭什么我不能写?人人都可用的套话大家都用,于是乎出现了雷同又"雷人"的简历。

**案例**:

| 自我评价: | 个人优势: |
| --- | --- |
| 待人真诚,做事有上进心,头脑灵活,接受能力强。处事自信、认真、有主见,不怕吃苦。我热爱教育行业,坚信:玉不打磨雕刻,不会成为精美的器物;人若是不学习,就不懂得做人的道理,也就成不了大器。我憧憬做一个事业成功的人,能带快乐给身边人的人。因此,有理由说:我是新型的综合性人才,能够胜任中学历史教学工作,将博大精深的中国及世界历史文化推及到中学生中去。 | 待人真诚,做事有上进心,头脑灵活,接受能力强。处事自信、认真、有主见,不怕吃苦。我热爱教育行业,坚信:"玉不打磨雕刻,不会成为精美的器物;人若是不学习,就不懂得做人的道理,也就成不了大器。"我憧憬做一个事业成功的人,能带快乐给身边人的人。因此,有理由说:我是新型的综合性人才,能够胜任中学历史教学工作,将博大精深的中国及世界历史文化推及到中学生中! |

**分析**:按理说大千世界,千奇百怪,人与人都不尽相同,自我的评价也不可能相同,但根源在于套话,就避免不了"双胞胎"或者基因基本相同的"姐妹"简历。大家都选出自己有用的言辞,拼凑一起,就是自己的了,此乃传说中的"剪刀+糨糊""Ctrl X+Ctrl V"的真功夫啊。不知道面试老师每年面对这些熟悉的言辞,是否已经倒背如流了。

娱乐圈常爆"撞衫""撞脸"现象,求职面试竟出现"撞简历"情况。兴许还有的师范生会想,我在这些套话的基础上改改,加入我自己的东西,那样就不再是套话连天、空话满篇的情况了,也会显得比较实际些。

**案例**:

> 自我评价:
> 
> 在性格方面,我是一个性格直爽并积极乐观的女生,我始终愿意去记住生活中的美好事物;在教学方面,我对课堂的掌控能力及语言表述能力是我的优势,教学方式深受学生喜欢(实习期间),我不会只让学生记住某个事件的背景、条件、结果是什么,我会让他们理解为什么会是这样,在教学中不仅要让他们知道是什么,更让他们懂得为什么。

**分析**:这份简历看上去是"量自己身而打造"的,细细琢磨也不过是套话啊!在评价自己时,慎用自我表扬的词语。自己说自己很优秀,工作做得好,远比不了用第三方表扬自己来的更有说服力。因此,笔者建议简历中,自我评价不是不要,有时候用第三人来评价你,或许效果更好。比如,导师的推荐信,领导的表扬信,做了某项工作,获得了某些组织机构的认可和表扬等。这就像表扬一个人一样,你当面直接表扬别人,别人可能认为你是客套话或者虚伪的表现,而通过第三方的嘴巴再转述你表扬别人的话,其效果完全是两个层次、两个功效!

**建议**:"自我评价"套话连篇慎写,最好能从第三方面来评价你。

## 十、各项证书

**案例:**

| • 证书技能 • | |
|---|---|
| • 英语六级水平 | • 普通话二乙水平 |
| • 计算机一级优秀水平 | • 心理健康教育C证培训证书 |

**分析**:这份简历中,像计算机一级、普通话二乙都是师范生必过的技能,罗列出这些证书意义不大,并没有突出优势。而简历中的"心理健康教育C证培训证书"对于应聘老师兼职班主任岗位来说比别人的优势要明显很多,班主任工作需要一些心理咨询知识。再如,有的想应聘老师,还想兼任校长秘书工作,那他就可以注明自己考取了秘书资格证。故而,证书罗列一定要遵循优势原则。

**案例:**

**在校工作证书**

**校外实践证书**

**分析**：这是一份原本仅两页的简历，后附上了好几页证书影印件，把简历搞成了小册子，感觉没有这些附件，招聘就没有底气一样。这完全没有必要！列出各项证书何时何地获得即可。招聘学校真要验证证书真假，面试后提供原件即可。另外，并非得列出所有证书，所列出证书一定要与求职职位相关。这份简历附上了"峨眉山佛教夏令营行愿活动行愿状"，这份应聘老师的简历附上去显然并不恰当；若是去寺庙图书馆应聘当管理员，这个行愿状就是再好不过的材料了。

## 十一、其他

**案例：**

没有最好，只有更好！　　　　　　　　　西华师范大学2009届毕业生

---

**学校介绍**

西华师范大学是四川省人民政府举办的全日制重点师范大学，校园占地面积2600余亩，是四川省园林式学校，被誉为"读书的好地方，选才的好去处"。

学校创建于1946年，其诞生与东北大学有直接的历史渊源。1949年，与著名墨学家伍非百先生创立的西山书院合并组建私立川北大学。1950年，学校迁至南充市，与川北文学院合并组建公立川北大学。1952年全国高校院系调整，学校合并川东教育学院（原乡村建设学院）、四川大学和华西大学的部分专业，组建四川师范

学院。1956年,因四川行政区划调整,本科专业迁走,学校遂改名为南充师范专科学校。1958年,学校发展为南充师范学院。1989年,学校恢复校名为四川师范学院。2003年4月16日,经教育部批准,学校更名为西华师范大学。

学校现有教职员工2300余人,具有高级专业技术职称的教师1000余人,具有博士、硕士学位的教师1100余人,有四川省学术和技术带头人16人,享受国务院特殊津贴专家17人,四川省突出贡献的优秀专家16人,教育部新世纪优秀人才5人;有特聘中国工程院院士、国家级突出贡献中青年专家、教育部高等学校教学指导委员会委员、国家社会科学基金项目学科评审组人员和国家自然科学基金评审专家5人;有全国师德先进个人1人,四川省教学名师6人。

学校是一所以师范教育为特色的综合性大学,有文学、历史学、哲学、教育学、理学、工学、农学、管理学、经济学、法学、艺术学等11大学科门类,学科实力和优势突出。学校的生态学、政治学、中国语言文学、历史学、教育学、马克思主义理论、天文学、化学等特色优势学科在业内有重要影响。现有66个本科专业,有全日制本科生30 000余人,硕士研究生3000余人。69年来,学校为社会培养了各级各类人才20余万人,他们在各自的岗位上勤奋工作,为四川及西部地区经济和社会发展作出了重要贡献。

学校高度重视学科建设,是全国首批硕士学位授权单位。现有1个博士后工作站,6个学科联合培养博士研究生,15个一级学科硕士点(涵盖106个二级学科硕士点),还拥有法律硕士、教育硕士、体育硕士、新闻与传播硕士、工程硕士、农业硕士、公共管理硕士等7个专业硕士授权类别。学校有省级重点学科建设项目9个(重中之重建设项目1个)、省部共建教育部重点实验室和四川省重点实验室2个。组建了"组织修复材料工程技术协同创新中心"、生态科技园区、大学科技园,拥有国家体育总局体育文化研究基地、四川省教育发展研究中心、四川大学生思想政治教育中心、区域文化研究中心和巴基斯坦研究中心等5个哲学社会科学重点研究基地。

"百舸争流千帆竞,乘风破浪正远航。"学校正深入贯彻落实党的十八大、十八届三中全会和习近平总书记系列讲话精神,全面贯彻党的教育方针,紧紧围绕"一带一路"国家战略体系和四川省产业发展规划,以深化教育综合改革为契机,全面提高教育教学、科学研究、社会服务和文化传承能力,朝着把学校建设成以师范教育为基础的现代应用型高水平大学的目标阔步迈进。

**分析**:这份简历后面附录了整整一页学校、专业简介。问过原因才知道西华师大改校名不久,毕业生怕找工作时,招聘单位不了解这个学校,所以才想出来这么一招。其实何必呢,加个备注,多事儿呢。再说了,每年毕业的师范生成千上万,能上"985"、"211"、教育部直属的师范大学学生人数毕竟不多。不出名的学校、专升本的学校、改了名字的学校非常多,所以外界了解的也不多。正因为如此,不要因为别人对你所在学校、专业不太了解,你就专门搞一个篇幅介绍这些,搞得像大学录取通知书上的学校、专业介绍一样。简历上附上这些,哪里是在推销自己,反而成了介绍学校专业了。笔者见过不少有名的学校招聘的老师出自不出名的师范院校,只要能把你的能力展示出来,证明给别人看,为什么不和你签约呢?一定要有信心。

总之,简历中的信息内容,并不是都必须写出来的,表 6-1 可作为参考。

表6-1 简历内容

| 简历栏目 | 是否必备 | 信息内容 | 说明 |
| --- | --- | --- | --- |
| 个人信息 | 必备 | 姓名、移动与固定电话、电子邮箱<br>学校、专业、民族、政治面貌、通信地址及邮编、籍贯、户口所在地、性别、年龄、出生年月、婚姻状况、身高、体重、健康状况 | 第一行信息为必备信息;其余为可选信息,若招聘学校有明确要求,则要突出优势 |
| 求职目标 | 必备 | 明确应聘职位 | |
| 工作经历 | 必备 | 全职、兼职工作;带薪、义务工作;校园实习、社会实践 | |
| 教育背景 | 必备 | 学校正规教育、自我提升、培训经历 | |
| 获奖、荣誉 | 必备 | 获得荣誉、奖学金 | |
| 技能、证书 | 必备 | 外语、计算机、各项认证考试证书、培训证书、从业证书 | |
| 自荐信 | 可选 | | |
| 知识结构 | 可选 | | |
| 自我评价 | 可选 | | |
| 奖状、证书影印附件 | 可选 | | |

## 第二节 别出心裁的设计

简历被誉为面试求职的敲门砖,既然要敲开求职的大门,"砖头"重量不够,恐怕难以敲开那扇沉重的面试大门。所谓"砖头"有重量,无非就是自身条件好,能力强,够优秀。按理说,求个职务、找个工作、进个面试应该不成问题,但是现实总是那么残酷,君不见身边总有一些人空负一身才华,却无用武之地,找个工作何其艰难;而身边另外一些人,既没有才高八斗、学富五车之才,能力平平淡淡,更没有好的背景,却总能找到好工作。

所谓"酒香不怕巷子深",不是所有的好酒都能在深巷中被世人闻到香味,关键要看这个酒怎么摆在深巷中,如何摆放。简历也是如此,即使能力够优秀,但若总是很平凡地呈现给招聘者,难免走上面试的坎坷之路。简历是否被相中,全在15秒,因而别出心裁的简历就显得尤为重要。

要别出心裁,也是要找到自己的优势,第一个手段是写推荐信。

对于推荐信,很多师范生可能觉得陌生,觉得那是研究生、博士生导师给写的,通常会惆怅:我一枚本科生怎能找到很了解我的老师写推荐信呢?

其实大可不必这么惆怅,试想下总有一两个老师对你有所了解吧。若这样还不行,那你去单位实习的指导老师总对你了解吧?你也可以请他给你写份推荐信。所以若条件允许,可以让别人帮你写推荐信,写信的人可以是你的大学老师,也可以是实习单位的指导老师或领导,若是他们在圈子里有名气,更会为你的简历增色不少。

**案例1:**

**分析:** 虽说一些东西不是正式的推荐信,但抵得上推荐信的功效。最常见的是某些学校来招聘老师,它会先去院系领导处了解,让他们推荐一些优秀学生直接进入面试。当然,这不是人人都有此机会的。这份简历的主人借在外校学习的机会,请外校的导师为她写了一份学习情况说明,内容不乏溢美之词。虽说学习情况说明书不是正式的推荐信,但这个导师是圈子里的权威学者,有了它,与介绍信的功效也相差不大。学习情况鉴定意见,除去说明她师从权威专家,所谓"名师出高徒"之外,还可借导师学习情况鉴定意见中的溢美之词来评价她,这种用第三人的话证明自己有能力,比她写自己的优点来的真实、可信,亦可避免自我评价的空洞无力、缺乏实在性。

别出心裁的第二个手段是使用数字来量化简历内容。简历之所以叫简历,那肯定是简洁、简洁地描述过往工作经历,而不是简单地写过往的经历。涉及经历,必然用成绩说话;涉及成绩,最好让数字去量化,唯有如此,方显你说话有理有据。所以要想简历别出心裁,而又实在可信,那就用数字说明问题吧。

对于师范生来说,成绩,主要是对学习成绩而言的。毕竟大家都没有多少社会实践经验、教学实践经历,要说你专业过硬、师范技能好,一般人会列出自己获得了几次几等奖学金,但这并不够,这些奖学金的分量如何? 面试老师不清楚,因此容易造成很多困惑。

曾经有一位招聘老师给笔者讲:我实在弄不清楚现在师范大学奖学金的等级情况,究竟是怎样的,太让人混乱了,让人不知道如何筛选简历。

笔者问:为何呢?

他说:若说不同院校之间,奖学金等级名称不同,我都能理解;但是经常去同一个学校招聘,发现自荐书中有一等奖学金,又有特等奖学金,真不知哪一个含金量重。为免去这些误解,若是用数字衡量,奖学金等级究竟是怎样的,那岂不一目了然啊! 下面这份获奖情况,就是用数字量化的。

**案例 2:**

- 获奖情况
  - ◆ 本科期间第四学期三等奖学金(奖励全院 12% 学生)
  - ◆ 本科期间第五学期一等奖学金(奖励全院 2% 学生)
  - ◆ 本科期间第六学期二等奖学金(奖励全院 8% 学生)
  - ◆ 2012～2013 年度××师范大学校级优秀团员(奖励全校 8% 学生)

**分析:**这份简历用百分比衡量获奖分量,固然称赞。但也可引起误会:除了一等奖学金外,是否有比 2% 更小范围的特等奖学金呢? 因此,为了避免这样的误解、困惑,可以在后面给个备注,如一等奖学金就是最高级别,那在后面备注写道:最高级别。

可是,过来人都知道拿到一等、二等奖学金的同学,不一定专业成绩是最好的,因为各个学校奖学金评定的标准是不同的,不一定完全按照专业成绩好坏评定奖学金等级。

**案例 3:**

| 成绩及获奖情况 ||
| --- | --- |
| 排名: | 成绩全级专业排名及综合排名均 13<br>全级第一名 1 次,全班第 3 名 2 次 |

**分析:**这份简历这么做是为了避开以奖学金来说自己能力。笔者看过他的简历:奖学金一等奖仅一次,与那些常拿一等奖学金的"奖霸"相比实在不堪一击啊。但这不代表她的专业学得比"奖霸"差啊,为了突出自己专业学得好,用了全级第一名 1 次,全班第三名 2 次的数字衡量来证明自己能力。美中不足的是,班级总人数多少? 没有标注出来? 总人数的基数越大,越能证明你优秀。4 年成绩总排名是 13 名,这个 13 名究竟是在多少人中排名的,如果是在 20 个人中排名,有啥优势呢? 实际上,很多优秀简历就是这样死掉的。后来,笔者了解到这个排名是在全院系 150 人左右的排名,试想如若能备注这个数字,那岂不更能突出她的专业优势吗?

案例4：

| 基本情况 | 性　　别： | 女 |
|---|---|---|
| | 出生年月： | 1988年11月 |
| | 民　　族： | 汉族 |
| | 籍　　贯： | 四川·宜宾 |
| | 政治面貌： | 中共党员 |
| | 健康状况： | 健康 |
| | 身　　高： | 158cm |
| | 专　　业： | 化学教育 |
| | 学　　历： | 大学本科 |
| | 实习学校： | 宜宾X中 |
| | 实习成绩： | 双优 |
| | 择业意向： | 中学化学教师 |
| | 爱好特长： | 阅读、书法、运动 |
| | 性格特征： | 自信、乐观、开朗、稳重、朴实、负责 |
| | 人生格言： | 永不言弃 |
| | 学习成绩： | 专业第二、综合第三 |

**分析：** 这份简历最前面的基本情况信息栏,用明显字体很醒目的标注出自己专业第二、综合第三,也与上面案例一样回避了奖学金得了多少次的问题,奖学金得的多不一定专业就好,直接亮出专业优势,让面试老师眼前一亮,更能讨面试老师的欢心。

美中不足之处在于这个第二名、第三名是全院系排名还是班级排名呢？若这个院系10多个班级,你只是其中一个班的第二名、第三名,优势并不明显。实际上,这个排名是全院系的。笔者时常感叹,很多优秀学生本来可以签约到重点学校的,但对简历的粗心,真是自己把自己的美好前程毁掉了。

除去常见的奖学金这类成绩,其他成绩亦可量化,如试讲是小组第一,这也是一种数字量化方式。

第三个手段简历制作要美观、大方。美观不是非得做得很艳美、五颜六色,要底色有底色,要页眉有页眉。美观的简历是养眼的,看起来是不令人反感的。要做到这些,需要注意下面几个方面。

美观、大方的简历的纸张一般是专门的简历纸张。大方的简历不是随便用张纸就凑合用的,虽然厉行节约,但不至于用那种质感不好,稍不慎就皱巴巴的纸张吧。纸张大小基本都是A4的,有的非要搞成很小的纸张,除非你做的特殊性简历,如奏章型、书卷型等。否则,最好不要冒险。

## 第六章 教师求职第五关：简历的制作

**案例5：**

> 2014届本科应届师范毕业生
> 诚信承诺：
> 　　本人向贵单位和××师范大学庄严承诺：在本届毕业生就业双选活动中诚实守信，接受贵单位和学校的监督，向贵单位提供的各种材料真实可查，并对其真实性负责。如有不诚信的行为，愿意承担由此带来的一切后果并接受组织的处理。
> 　　　　　　　　　　　　　　　　　　　毕业生签名：刘××
> 　　　　　　　　　　　　　　　　　　　　2014年11月

**分析：** 这份简历就不够美观，因舍不得删去前面某些内容，不能忍痛割爱，造成最后一页不够完整。美观、大方简历的篇幅，最好是整页。若最后一页只有一点点内容，最好缩减成一页；若是最后一页内容过半了，想办法在排版上，或者内容上作些调整，达到一页或者2/3的篇幅。需要注意当最后一页达不到整页或者不够2/3篇幅时，有时会添加一些无关紧要的图案作装饰，但千万不要喧宾夺主。

　　美观、大方的简历还指看起来和谐，即指简历的字体、大小等是否和谐，颜色、格局等与简历是否和谐。有的简历真让招聘者不懂年轻人的生活，看到简历的字体、大小、颜色后，面试老师真想说：还能不能友好的交流下去。我们提倡创新，但是创新不是随便创造，一味追求新颖是不行的。前几年艺术字流行，这几年简历中，网络字体、少女喵体等字体已有出现，随意搭配，杂乱无序，看起来是美，但是真让面试老师不忍心继续看下去。难怪有的面试老师说，我们不懂年轻的美。不够庄重、大方、得体，何谈美呢？

**案例6：**

## 全面发展的我

**实践活动**

> ➢ 第十二届"挑战杯"四川省大学生课外学术科技作品竞赛荣获二等奖
> ➢ 参演历史剧《虎门销烟》荣获南充市第二届"读史年华"历史剧大赛决赛一等奖
> ➢ 青蓝历史数字故事工作室创始成员之一，现已在全国文章总量、访问量最大的历史教学网站——中学历史教学园地发布作品
> ➢ 2012年负责第三届南充市高校"读史年华"优秀历史剧展演大赛宣传工作被评为"优秀工作者"

**分析：**这份简历为了将重点内容凸现出来，也是用心设计，期望形式为内容服务。这份简历看上去很美，论颜色，不单调、不死板；论格式，有精美的页眉和边框的装饰，不乏味；论字体，四种字体相间搭配，不单调。但它给人一种不舒服的感觉，老觉得别扭、不和谐、杂乱无章。

先说字体，"全面发展的我"使用的是一号"经典细隶书简"字体，"实践活动"使用的是二号"经典细隶书简"字体，具体内容中前一部分的黑色部分的字是三号"黑体"，后一部分黑色部分的字是三号"华文楷体"字体，红色部分的字是三号"微软简中圆"字体。前面说过简历的制作，一定要站在招聘老师的角度思考问题。一旦字体、大小跳跃过大，有的还使用斜体、艺术体、网络体，这给招聘者带来的是痛苦，而不是美的享受，更不是清晰而直观的感觉。

不信，我们挑选上面简历中的一句话，分别设置不同字体、不同大小，加上艺术字和斜体，放到一块对比看看这样的简历"美"还是"不美"？同样还可以看看究竟哪一种正体的字体还是斜体的字体让人看了舒服？多大的字体给人享受？哪种字体、何种大小看起最清晰？再决定使用哪一种字体、大小做简历吧。

➢ 第十二届"挑战杯"四川省大学生课外学术科技作品竞赛荣获二等奖（黑体、小四号）
➢ 第十二届"挑战杯"四川省大学生课外学术科技作品竞赛荣获二等奖（方正姚体、小三号）
➢ 第十二届"挑战杯"四川省大学生课外学术科技作品竞赛荣获二等奖（华文新魏体、五号）
➢ 第十二届"挑战杯"四川省大学生课外学术科技作品竞赛荣获二等奖（楷体、二号）
➢ 第十二届"挑战杯"四川省大学生课外学术科技作品竞赛
➢ 第十二届"挑战杯"四川省大学生课外学术科技作品竞赛
➢ 第十二届"挑战杯"四川省大学生课外学术科技作品竞赛
➢ 第十二届"挑战杯"四川省大学生课外学术科技作品竞赛

看了这样一些字体，美不美？制作简历每一级内容的字体大小最好依次递减，跳跃性避免过大；同一级字体要统一，若要突出某些内容，可以字体加粗；尽量不要使用下划线、波浪线、斜体、艺术字。

这里多说两句，为何不要使用下划线呢？很多人是想强调某些内容，就使用它。殊不知，下划线有时会带来很大隐患。比如，本来是"I"字母，加了下划线"I"变成"I"，不小心就看作是字母"L"。有的邮箱有下划线，若简历中频繁使用下划线强调某个东西，或许面试老师也以为这个同样是强调，通知消息等就会发错邮箱，白白失去了机会。有的师范生可能觉得，招聘学校不一定都用邮箱通知吧，可能打电话通知呢？在这方面，千万不要抱着不一定、万一之类的想法，很多单位通知事项，就是采用邮件发送信息的。

## 第六章 教师求职第五关：简历的制作

"看着和谐"，还有另一层意思，即不要太花哨。有的简历喜欢用底色，或者用某些图案做文字的背景，显得美观。这种追求美的意境和意识，很好，但是往往有的达不到美的效果，产生不和谐的"美"，比如有的简历：将蓝色与红色、黑色混搭给人很不舒服的感受，作为简历背景的颜色，若是颜色太深，会让文字看不清楚，或者与文字的颜色产生冲突，都有损简历的效果。色调的搭配一定要注意冷暖色的和谐。

另外背景的图案也要注意不要遮挡以至影响了简历文字：

**案例 7：**

| 教学素养 |||
|---|---|---|
| 专业知识 | 年级排名 24/175（年级前 13%） | 专业平均分 84.06/100 |

**分析：** "专业平均分"这么关键性的内容，却与图案不和谐，损害了专业优势的突出，因而在选择底色和图案作为背景时，一定要多加注意。

第四个手段是简历的形式可以创新。曾有一位师范生找到笔者，请笔者给他看看简历，说实在的简历内容并不精彩，专业谈不上好，奖学金全是学习优胜奖学金、三等奖学金、精神文明奖学金；社会实践也没有什么值得一说的。按理说，他的专业优势几乎没有，而笔者却发现他是省书法家协会会员，特长是书法，这么好的苗子，真不知道做简历的时候是如何想的？守着一身才华，却不知道用，他的简历是打印出来的，或许他也想到要突出自己的优势，简历前面放了一幅扫描的手写自荐信，见下：

**案例 8：**

**分析：** 这么好的书法，不拿去用在找工作的时刻真的可惜。因此，笔者建议他突出自己的书法优势，来证明自己的师范技能水平。最好手写一份简历，做成奏折的样式，有点像古代大臣上书言事的奏章，既显示了大气、美观，又符合历史系学生的个性，更彰显了自己的书法特长。毫无疑问，这样的简历拿到手里就是美的享受，给人书法的艺术气息，让人忍不住多看几眼。之后找工作中，他都比较顺利，有次告诉笔者说重庆某个好学校通知他去学校试讲，去了后才发现几个应聘者除了他，都是研究生学历，学校之所以破格让他试讲，就是因为他的书法特长。

这也许是个个案,很多师范生会说,又有几个书法好呢?笔者认为,办法都是人想出来的,总有适合你的简历方式。2009年一份做的像一本杂志的简历出奇制胜,被誉为"史上最牛简历",这份简历由三张A4纸双面打印,中间用骑马钉装订,既有卷首语,又有当年的日历,期间还插入故事。很多企业都向他伸出了橄榄枝,这就是创新。但是创新的前提是要美观,要给人以美的享受,因而就必须站在面试官角度思考问题,换位思考,将心比心。

第五个手段是润色语言、增加注释。简历中增加注释,属于非常细节性的东西,唯有细细品读,方能感觉出味道。有的东西可能别人不了解你,如某些学校或者专业常改名,这种情况可以备注。再如,招聘者不知道某些奖项,简历可以说明它所占的地位如何。

案例9:

## 全面发展的我

**实践活动**
- 第十二届"挑战杯"四川省大学生课外学术科技作品竞赛荣获**二等奖**
- 参演历史剧《虎门销烟》荣获南充市第二届"读史年华"历史剧大赛决赛**一等奖**
- 青蓝历史数字故事工作室创始成员之一,现已在全国文章总量、访问量最大的历史教学网站——中学历史教学园地发布作品
- 2012年负责第三届南充市高校"读史年华"优秀历史剧展演大赛宣传工作被评为**"优秀工作者"**

**分析:**这份简历除去字体混乱外,缺乏工作内容,还有文字的修饰、解释不够的缺点。"实践活动"中的挑战杯、历史剧表演、古镇调查都是我们非常熟悉的事物,但是其中的青蓝历史数字故事工作室,面试官不一定了解。历史数字故事是一个新鲜事物,数字故事被引进到国内,时间并不长,运用于教育教学中,也只是局限于某些学科。在笔者看到这份简历时,有关运用到历史学科的论文在中国知网上一篇都没有。这么新鲜的事物,不介绍给面试老师,他如何知道你做的事情有何意义。

后来笔者再次询问她一些情况,原来她的计算机技术挺不错的,不仅参与创办了这个工作室,担任创意部负责人,而且还创作了几个作品,获得了一等奖。指导老师还将一些作品送给国内的教育权威专家看,受到专家们的表扬和好评,一些大的教学网站也有她的作品。单是简历上一句话,竟隐含着这么多内容,干巴巴而又生硬地写成那样,多么可惜啊。笔者建议她,文字再润色下,具体的工作内容要写出来;另外,简历里面不好写、不能表达清楚的东西,可以呈现在前面的自荐信里面,用醒目的颜色写出来,与简历互补。这样既避免了自荐信豪言壮语的空洞性,又可避免简历中干

瘪的言辞。后来她根据笔者的意见作了修改，并对简历前面的自荐信上作了完善，如下。

**案例 10：**

> 为了将历史教学与现代信息技术结合，通过了计算机二级考试，对制作教学课件较熟悉，并在院校领导的关怀下，参与创办了全国高师院校**第一个**历史数字高师工作室，制作的作品《美国1933》获校**一等奖**，还获得了首都师范大学×××教授、华东师范大学×××教授等专家的好评，引起了全国历史教学**最大**网站站长×××老师的关注，受邀上传到"××××××××××"网站。

**分析**：在"学校任职情况"一栏，笔者建议她加上了"校历史数字故事工作室创意部负责人"。自荐信中被修饰、润色后的言辞，比先前那种干瘪瘪的程式化的简历语好多了，修改后用了"第一""一等奖""最大"等言辞，这足以说明她优秀。但这并不够，她又搬出专家教授，因为这两个教授，中学历史老师都知道他们的名气，再添上加粗的字体，方寸之间，更显万千气象。

第六个手段简历要出彩，还得遵循"扬长避短、突出优势"的原则。如何扬长避短，突出优势呢？简单地说，师范生与有着几年教学经验的教师竞争一个岗位，要比教学能力，无疑是"关二爷面前耍大刀"，拿自己短处与别人长处比。但这并不能说这个师范生毫无希望了，"没有资历，但不代表没有潜力"。你完全可以向面试官证明潜力，虽然现在没有教学能力，但你有潜力，能很快追上他们。这些潜力就需要拿你的优势说话，如专业成绩非常之棒，试讲第一名之类的。同理，和同是师范生的竞争也是如此，把自己优势拿出来，就像前面举的那个例子，将书法优势发挥出来。再扩展到不同性质的学校招聘，若是公立学校，你可以突出自己党员的身份，获奖的情况；若是去私立学校的国际部，一定要突出你的英语水平；若是去培训学校，一定要突出你的销售能力、沟通能力、语言表达能力。因校而制简历，随机应变，突出优势，扬长避短，面试时柳暗花明又一村的情况已经有很多人体会到了。

## 第三节　简历网投的"杯具"

时代的发展，互联网也运用到招聘当中。很多学校招聘消息通过网络传达，同样，简历也通过邮箱收发，这就涉及网投简历。但是网投的"杯具"时常发生，要预防"杯具"的发生，我们还得去"杯具"发生的现场调查下，仔细解剖那些发生"杯具"的案例。

**1."杯具"一：网投简历呈海投、群发之势**

为了提高命中率，有的人会特别"勤奋"地海投，总抱着投的基数越大，命中率越高，撒下了大网总有鱼儿进网的思想。简历不受关注唯有海投的缘由有以下几个因素。

其一,更新程度低。有的越海投,越没有时间、经历去关注、完善简历,因而更新程度低,简历受关注程度不高,最后只能海投。最新、最完整的简历是招聘者较为关注的,他们一般会按照简历的完整程度及更新时间顺序进行选择,故而更新越快、越新,招聘者搜索到的机会就越大。

其二,海投"杯具"的发生还在于没有把握好招聘学校发布的时间。从大的时间来说,职位刚刚发布一周内是最好的时间。如果某学校的职位已经发布半年了,还在招聘,这种职位尽量不要选,这可能说明近期他们不招人了。从稍小的时间来说,周一招聘者总结上周工作,计划本周的安排,看简历的心情较浮躁,周二人事工作进入常态化,周三为简历投递的最佳期间,周四稍次,周五收到的简历他们基本不看,这会儿他们可能参加一些会议,或者总结一些工作,上班心情因周末来临而较松散。周六、日为休息日,最好不要投递,否则可能与周末垃圾邮件混在一起周一上班时容易被删除。

从具体一天的时间来说,投简历上午较下午效果好,上午以 9:30～11:00 为最佳,下午以 13:30～15:30 为佳。太早了,收简历的老师没有进入工作状态,太晚了他们等着休息下班,没有心情看简历。

其三,用邮件群发。用人单位一看邮箱的收件人栏,嘀,原来是群发给我的啊。你想想面试官什么感受啊。笔者还见过一份简历,估计是为了省事,在自荐信上第一句话这么写的"尊敬的用人单位领导",这些做法、称呼与你逢年过节收到群发的祝福短信、彩信之类的东西,心情是一样的,心想这个人太没有诚意了,直接删了。也与师范生熟知的求爱一样,一个男孩子同时向 N 个女孩求爱,你能说这个男孩子专情么?网上流传了一个笑话说,一个男孩子向女孩子求爱,女孩子总算答应出来约会了。

女孩问:你为什么喜欢我啊?

男孩子回:我写了那么多情书,只有你回复了我啊。

当然这是玩笑。照此再演绎下这个玩笑,某天一个应聘者成功接到了面试通知。

面试官问:你为什么选择我们学校啊?

应聘者回:我投了那么多份简历,只有你们学校给了我面试的通知啊。

面试官听后的感觉,不言而喻。当然一般人不会这么回答。但这并不代表面试官不会从某些细节看出端倪,你是否"用情不一",是否是"海投撒网"的人。若是对某个人、某件事很专一,对方的感觉就不一样了。我们每个人都有过这样的感受,节假日成堆的祝福短信让我们已经麻木不堪,若有一条短信专门提及你,专门为你祝福,那你心里肯定美滋滋的,感觉完全不一样。道理相同,你单独给一个用人单位发简历,别人感觉也不一样啊。如何体现出是对用人单位的用情专一呢?这里还有一个小技巧。请看下面这则招聘信息:

```
四、联系方式
  1.联系人及电话：×××－××××××××（黄老师）
  2.学校网址：www.××××××.net
  3.学校邮箱：××××××××@163.com
  4.邮政编码：××××××
  5.通讯地址：×××市××区×××东路××号××××××学校
```

若是在简历前面的求职信、自荐信上写上"尊敬的黄老师"，是否比你笼统写"尊敬的校领导"要好呢？这给人的感觉是你认真看了学校招聘的信息，对他们学校的招聘是很重视的。对审阅简历的"黄老师"来说，这是对他的尊重，这样的简历怎能不受到重视呢？怎能不给别人留下好印象呢？

**2."杯具"二：不按要求格式发送，忽视简历的名称**

简历的发送，若对方没有作要求，最好以邮件正文的形式发送。因为有的会对邮箱设置自动分类，一些附件形式发送的邮件，运气不好就当垃圾邮件变"杯具"了。有的师范生不太愿意以邮件正文形式发送，因为他们舍不得漂亮的模板，正文发送太素雅了；另外，直接复制简历到邮件正文中发送，会造成简历格式混乱，表格大小、图形尺寸会失真变形，以致面试官没办法看。为了避免这个情况的发生，我们可以制作纯文本简历，步骤如下：

Word版简历另存为"纯文本"格式➪在"文件转换"对话框中选择"插入换行符"后点击"确定"➪打开保存后的纯文本简历，调整、清理残留格式➪将纯文本简历内容复制粘贴到邮件正文。

若是怕简历发送过去对方看不清楚，可以先发到自己邮箱看看效果，作进一步修改、调整、完善，再发送到招聘单位。

若是招聘学校要求用附件，就用附件形式发送。在发送时，需要注意些细节。

**案例：**

```
发件人:"××××××××"< ××××××××××@qq.com >
发送时间:2014年5月13日(星期二)中午12:08
收件人:"  ××××××××× "< ××××××××  @qq.com >;
主题:张××

张少。。。我是××

📎附件(1个)
普通附件 (✓已通过电脑管家云查杀引擎扫描)
[W] 张××.doc (26K)
    下载  预览  收藏  转存▼
```

**分析：** 这个简历总体给人以随意的感觉，应聘是很正式的事，这么做的后果，恐怕难以逃脱"海投"的命运了。

先说邮件主题，主题要旗帜鲜明的告诉别人，你究竟为何事而来。这份简历丝毫看不到投递简历的信息，凭借一个人名作主题去应聘，也太不把面试官放在眼里了吧。邮件的主题要突出几个关键信息，也是通常说的 3W 原则，即 Who、What、Whom。比如，上面这个主题，可以写成"张××应聘××老师"。有时候一些重点大学或者好专业的学生毕业，在主题上还会增加一些内容，以便提高核心竞争力，如"北京师范大学物理学系张××应聘物理老师"。

再看邮件正文内容，究竟要说什么，完全不知所云；对对方的称呼不正式，缺乏礼貌；标点符号随意使用，即使用省略号，岂能用多个句号当省略号啊？现在流行一些新式网络聊天标点符号，网聊时我们基本都能看得懂，这毕竟是非正式场合。简历制作，求职面试还是应该收起这种随意，"大事看能力、小事看人品"，下载简历的老师难免会想："这样的随意在以后工作中是否也是如此呢？"

正文既然写了，就当一件很正式的事来做。常见正文可写为：

尊敬的×××学校×老师：

您好！……

再看简历的名称，就一个人名，连一个"简历"字样都省略了。万一招聘只下载有"简历"字样的附件，其他一些名称的邮件，当成垃圾邮件删去了，岂不可惜？这里面特别要注意简历的名称，不是随便写上名字即可，或者只写"简历"字样就可以了，这样很容易与别人的简历名称发生重复，下载时很容易将同名文件覆盖掉。诸如此类的事情很常见，也给接受简历的老师带来很多麻烦，因此现在很多单位招聘，会对附件名称或者邮件主题作出要求。若没有对发送简历的名称作要求，一般可以写成"××大学××专业×××简历"。为了提醒下载简历的老师，还可以在后面备注出投送时间。

简历名称也不是固定不变的，这些关键词只是为了突出你的优势罢了，提高千里马遇到伯乐的机会。有的师范生毕业的学校名气不大，亦可回避"××大学"字样；有的师范生毕业学校一般，但是这个学校声誉好或者专业口碑不错，也没有必要回避这些字眼；有的师范生在大学做了几年的兼职，有一定的工作经验，就可以突出"N 年教学经验"一类的字眼。

因为使用互联网招聘模式，改变了过去那种学校来师范大学招聘，先给招生就业处打招呼，他们再通知院系，院系再通知每个毕业生的传统方式。找工作越来越社会化，面向整个社会招聘老师，因而，这几年很多师范生找工作已经不局限于单位到学校招聘了，而是喜欢把自己的简历挂在智联、58 同城、若邻网等招聘网站上供用单位搜索。这样的简历名称就更应该切合用人单位搜索的关键词，如求职岗位、专业、工作时间、工作经验等也更应该在简历名称关键词中出现。

### 3."杯具"三：联系方式错误

细节决定成败,联系方式错误,导致求职面试者遗憾地失去了面试的机会,仔细核对电话号码、E-mail 及地址。邮箱名称中带有下划线的内容尤其要注意,应聘国外汉语学校的师范生,留座机号码,一定要写清国家代码,应聘外地学校,座机一定要写清区号。手机号码应尽量方便面试官正确拨打,如写成"158-××××-2883"。

### 4."杯具"四：网投后万事大吉的心态

很多师范生投递了一份简历,就不再跟踪求职消息了,时间一长,就忘了给谁投过了,于是乎又开始重复投,这样既浪费了自己的宝贵信息,又引起了招聘老师的反感。为了避免这样的情况,建议作一份职位申请记录,随时追踪求职进度,随时保持对用人单位和职位招聘信息的关注,这样就可以决定是否需要继续投递。一般简历投递后一周左右时间,可以电话或邮件询问,询问也要掌握技巧,首先自报家门,说明目的,礼貌询问,言语简洁,点到为止,避免啰唆;被告知面试后,一定确认面试时间及需要准备的资料;无论结果如何,都要表示感谢。

## 小贴士六：招聘会现场投递简历的步骤

(1) 熟悉招聘的单位,准备简历：了解参加招聘会的学校及岗位有哪些;准备数量充足、不同版本的简历。

(2) 分析招聘职位的说明要求：认真阅读用人单位展示的学校及岗位信息;分析岗位任职资格及要求,锁定目标职位。

(3) 与现场招聘人员沟通：获取招聘学校及目标岗位更多的信息;推销自己,加深面试官的印象,争取面试机会。

(4) 投递简历：选择合适的招聘学校及职位;挑选合适的简历进行投递。

### 思考题

为了深化理解和巩固本章所学内容,建议你进行如下学习活动：
(1) 分析一份往届学生求职简历,找出其优缺点。
(2) 制作一份求职简历,力求突出特色。

# 第七章 求职的着眼点:信息的收集

## 第一节 拓宽信息渠道,抢占先机

教师职业一直是接纳人才种类最多、需求量最大、具有较高稳定性的职业。就公立学校而言,即使是在办学规模发展停滞,教师编制不增加的前提下,仅现有教师队伍每年4%左右的人员流失的补充也是各地政府每年选用人才最多的职业。所以,利用好这一教师人才的缺口,积极收集就业信息,准备应聘资料,就成为师范院校毕业生解决就业问题的有效途径。

所谓就业信息是指通过各种媒介传递的与就业有关的消息和情况,包括就业政策、就业机构、人事制度、劳动力的供求状况、劳动用工制度、经济发展形势与趋势、国家发展规划、就业方法和招聘信息等。这些信息构成了我们求职过程中主要的参考信息,也为我们求职准备提供了方向。

对于即将离开校园步入社会的你而言,几乎每一个人都要面临"怎样找工作"的问题。也许你会惊叹,为什么别人会比你更先知道就业信息,为什么别人总是比你有更多的准备时间。其中的奥妙,就在于就业信息的收集和整理。古人云:"兵马未动粮草先行",充足的准备才是制胜的前提。在这个信息的时代,谁优先掌握信息,就可以赢得更充裕的准备时间,赢得先机。教师就业形势严峻的背景之下,更快捷、更准确地掌握就业信息尤为重要。

就业信息在教师求职就业过程中起到十分重要的作用,是求职择业的基础,是通向用人单位的桥梁,是择业决策的重要依据,更是顺利就业的可靠保证。

### 一、教师求职应聘的两个阶段

求职找工作的两个阶段,分别是招聘单位直接到高校招聘和通过上级教育部门公开招聘。

第一个阶段,"他找我"。有时又被称为遴选优生阶段。该阶段主要集中在毕业学年的上学期,有时也会延续到下学期的四月份。这一时期的用人单位一般都是私立学校和较高级别、拥有较高自主权利的公立学校。

一般这一阶段到校招聘的单位,对于应聘者的素质要求都比较高,如奖学金、专业成绩排名及政治面貌、学生工作经历。

案例:某校招聘条件:

(1)大学本科及其以上学历,教龄3年以上,年龄45周岁以下,思想素质优良的

在职教师,教学业绩突出者可适当放宽年龄;

(2)具有教师资格证书,普通话、计算机等级证书须达到相应要求;

(3)获得县级以上各种荣誉者优先考虑;

(4)欢迎重点大学优秀毕业生来校应聘,需获得二奖学金及以上奖学金两次或两次以上,专业排名前20%,获得各类优秀表彰。

**分析**:不难看出,这一阶段的招聘单位对求职者的要求主要集中在:获得二等奖学金两次或两次以上(个别学校要求一等奖学金),专业成绩排名年级前20%～25%,优秀团干、学生干部优先,思想素质优秀等相关要求。这一阶段主要就是关注各大高校就业网站的招聘信息。

第二个阶段,就是"我找他"。之所以称其为"我找他",主要是因为这个阶段,是应聘者主动出击参加各地区相应的公开招聘考试的时期。该阶段到各高校直接招聘的单位比较少,主要就是通过相关地市(州)教育部门进行大面积的公开招聘,这就需要求职应聘者通过相关渠道进行报名、笔试、面试等阶段之后,才能被聘。这一时期用人单位对应聘者的要求相对较低。

**案例**:一般由教育局主持的公招考试都会有以下要求:

招聘程序主要包括:报名及资格审查、面试、体检、考核、公示与聘用等环节。

特别要求:

(1)年龄40周岁及以下。但达到"其他条件"第6条中,全国和省级模范教师、优秀教师、特级教师、市级知名教师、市级学科带头人、市级优秀教师等优先条件的,年龄可放宽到45岁。以有效身份证记载为准。(以发布公告时间月日计算)。

(2)学历以毕业证书记载为准。

(3)专业以毕业证书或学位证书记载为准。

(4)资格以资格证书记载为准。

(5)职称以职称证书记载为准。

(6)凡有下列情形之一的人员不得报考:①受过刑事处罚、劳动教养或行政开除处分的。②受过原单位处分的。③有违纪违法嫌疑正在接受审查的。④近3年年度考核不称职的人员。⑤其他不符合报考条件或规定不得聘用为事业单位工作人员的。

**分析**:从各地招聘信息来看,公开招聘时期对求职者的要求主要表现在:思想品质、获取相应教师资格证书,以及年龄限制,个别单位和岗位根据需要还会有一定的工作经验的限制。这个阶段主要需要关注用人单位、教育部门相关网站的招聘公告。

随着就业工作的进一步市场化,用人单位择人与你自身择业的自主权已得到进一步的强化,双方在其各自自主权得以加强的同时,用人单位也会萌生等量的危机感。对找工作的你而言,如果你不占有准确可靠的需求信息,就无法稳妥地把握自主择业的主动权。这两个招聘阶段,并没有什么明确的时间划分标志,相关的招聘形式和信息也绝不因为招聘阶段的不同而绝对、单一。这就需要你在求职过程中通过不同渠道充分全面、广泛的收集就业信息,抢占就业先机。

## 二、获取就业信息的几种途径

获取就业信息是就业活动的第一步,谁能及时获取信息,谁就获得了求职择业的主动权。也只有合理运用资源,拓宽信息渠道,才能更加快捷、全面的及时了解到相关的就业信息,保证求职的主动。

在校大学生要获取相关就业信息,途径很多,各不相同,如政府网站、学校招生就业网站、报纸电视、人才市场、私人介绍等方式。下面我们就简单梳理一下在校大学生主要的,也是最普遍的就业信息获取的渠道。

### (一)互联网络

求职就业作为社会普遍关注的热点问题,在这个网络信息时代,为你获取信息提供了极大的帮助与方便。网络和新闻界对有关就业政策、招聘会、招聘广告等都有大量的报道。相关的就业信息更新速度很快,也很全面。你可以在网络上获取就业信息,以下几类网站值得关注:

**1. 政府网站**

这一类网站主要包括各省(市)教育部门网站,以及各大门户网站教育频道的相关报道。这部分网站主要是教育局、人社局网站,由于每一年相应的就业形势的不同及相应地区相关就业需要的不同,国家或各地政府也会出台相关的就业政策,进行调整。

**案例**:当我以面试第一的成绩被学校宣布录用时,我非常激动和高兴,觉得这么多年的努力总算是没有白费,终于在最快的时间里解决了工作的问题,我可以轻松一下了。但是当用人单位问我生源地时,我懵了。因为我来自外省,按照政策我是必须回到生源地教书的,可是我又不甘心放弃这么好的就业机会,也不想回到好不容易走出来的那个地方。在放弃与坚持之间我徘徊着、犹豫着,不知道该怎么办,也不知道现在免费师范生有什么样的就业政策可以帮助我解决这个问题。后来,我登陆了当地的教育局网站发现,当地为了吸收优秀人才留在当地发展教育,为免费师生在当地就业提供了可能——要么结婚安家在当地,要么父母户口迁过来等,依据这些就业政策,我顺利地留在了这所学校就职。要是我当时没有想到去看看相关的就业政策,我想我就真的会错过了这次机会。

**分析**:如前文所述,招聘信息、政府相关的就业政策、当年当季求职群体规模、劳动用工制度的变化及不同地区教师招聘考试的方式都是就业信息的重要组成部分。要了解这些就必须关注相关的政府网站和教育新闻。

**2. 政府教育部门网站**

现在中国大部分学校属于事业单位,俗称公立学校。要进入此类单位工作,这些学校的公开招聘都会报上级教育部门批准后,进行招聘。这一类的招聘信息都会在相应级别的教育、人事网站进行公示,这部分的招聘信息也是最为权威的。但是在报名之前,必须仔细阅读招聘公告,充分了解各个程序的截止时间及是否有限制条件等。

**案例:**

一、招聘原则

按照公开、公平、公正、竞争、择优的原则,公开报名,统一考试,择优选聘。

二、招聘对象、范围及条件

(一)招聘对象:符合招聘岗位条件,2015年7月31日前取得相应学历毕业证书的大中专毕业生及其他人员。试用期未满,最低服务年限未满的机关、事业单位、国有企业人员不得报考。试用期满,最低服务年限期满的机关公务员、事业单位管理人员和专业技术人员、国有企业人员经用人单位和主管部门同意的可以报考。

取得了教师资格证的非师范教育专业毕业生,可应聘与教师资格证书认证学科相一致的教师岗位。

民族院校毕业生可应聘与所学专业对口的藏汉双语教师岗位,其中未取得教师资格证书的,在到岗后的3周年内必须取得教师资格证书,否则无条件解除聘用合同。

学前(幼儿)教育专业毕业或已取得了学前(幼儿)教育教师资格证书的人员方可报考学前(幼儿)教育教师岗位。

(二)招聘范围:紧缺专业不限招聘范围,非紧缺专业面向全州招聘,详见《阿坝州2015年公开招聘教师岗位需求信息表》。考生报考招聘范围面向本州的岗位需具备2012年3月20日之前至今的阿坝州内户籍(本州生源因升学将户口迁出,毕业后由就读学校迁回本县的,以入学前户籍为准)。

(三)报考条件:具有中华人民共和国国籍,享有公民政治权利;拥护中国共产党的领导,热爱社会主义;遵守宪法和法律,品德和行为良好,具有为人民服务的精神和正常履行职责的身体条件;年龄在18~35周岁(1980年3月27日至1997年3月31日期间出生),报考岗位对年龄有特殊要求的,以岗位要求为准,获得研究生学历或硕士及以上学位的可放宽到45周岁以下(1970年3月27日以后出生);具备岗位要求的文化、知识、技能和资格等条件(详见《阿坝州2015年公开招聘教师岗位需求信息表》)。

有下列情况之一者,不得应聘:

(1) 参与、支持、资助民族分裂破坏活动的;

(2) 曾受过各类刑事处罚的;

(3) 曾被开除公职的;

(4) 有违法、违纪行为正在接受审查的;

(5) 尚未解除党纪、政纪处分的;

(6) 按照《阿坝藏族羌族自治州事业单位公开招聘人员试行办法》的相关规定应当回避的;

(7) 有违反有关规定不适宜报考事业单位的。

**分析**: 教育部门的教师招聘,都坚持"凡进必考"的招聘原则。凡公立学校都必须要有一整套完整的招聘过程,一般会经历以下流程:报名、审核、笔试、面试、体检、审核、签约。在这些流程中,由于用人单位的工作安排,不同的程序都会有相应的操作时间限制,你在浏览这些公招信息的时候必须了解相应的截止时间,以免错过机会;在应聘的不同阶段你所需准备的内容也各不相同,需要有针对性地进行准备。同时,由于某些地区的特殊性,其招聘对象也有相应的限制条件,如案例中,就有一个"考生报考招聘范围面向本州的岗位需具备 2012 年 3 月 20 日之前至今的阿坝州内户籍(本州生源因升学将户口迁出,毕业后由就读学校迁回本县的,以入学前户籍为准)"的限制条件。所以考生在报考这类工作时,一定要仔细阅读招聘要求,把握准确的信息。

**3. 高校就业网站**

受到地区所限,高校就业信息都是不全面的,是有局限的,都局限于本地区、本省(市),或者局限于针对体校招聘单位信息。但是学校就业信息网站的就业信息相对来说是最直接、最便捷的,也是我们最容易获取的就业信息。

大家平常关注的最多的就是学校网站,但绝大多数关注点都集中在自己所在高校的就业信息网,偶尔涉猎其他同类型高校的就业信息网站。

无论从哪个角度来看,学校都应是收集就业信息的主要渠道。因为就目前的就业机制来看,学校是连接学生就业工作所涉及的有关对象的核心环节,它既与毕业生就业工作所涉及的各级主管部门之间保持着密切联系,同时也是用人单位选录毕业生所依赖的一个主要窗口。这一特定的位置使它对就业信息占有量大于任何一个部门,同时其所掌握信息的准确性、权威性也没有任何一个部门可以相提并论。就政策而言,全国的、行业的、地方的,在它那儿都有完整的收集;就需要信息而言,它接触到的所有信息都是用人单位针对学校的专业设置而来的,可信度最高;同时它所接触的各部门、各单位,也就是毕业生就业工作所涉及的就业机构。因此它是毕业生就业所依赖的主要对象。目前各高校毕业生就业工作的职能部门大都转变观念,以市场为导向,以服务为宗旨,在制定文件、公布信息、提供咨询、就业指导及为用人单位举办各种就业市场方面做了大量的工作,也取得了显著的成效。

在关注本学校就业信息网站的同时,为了扩大就业渠道,你还需要关注一些其他地区同类型高校的就业信息网站。但是对于此类招聘信息就有一定的风险性,只是很多人在获知相应就业信息之后也不敢去参加竞聘。这里面主要包含几个不自信："对自己不自信""对学校层次不自信""对就业准备不自信"，归根到底其实就是"对自己能力的不自信"，以及对层次较高院校竞聘者能力的盲目抬高。其实，不论你毕业院校如何，还是其他什么原因，找工作，就必须要有一种舍我其谁的霸气。既不盲目的自我怀疑，也不盲目抬高别人。相信自己不会输给任何人，至少在讲课的能力及在成为一名合格人民教师的可塑性上要有充分的自信。

**4. 各用人单位学校主页**

也有少数人对于自己的就业地区和学校层次有明确的目标，这一类求职者会主动关心自己标注的相应学校或单位的招聘信息。同时现在各级中小学都建立了自己的学校主页，会将自己单位岗位空缺和需要张贴在学校主页公告中，方便求职者获取信息。

当你有了明确就业目标的时候，就必须更多、更密切的关注相应学校、单位的招聘信息，搜寻符合自身条件需要的工作岗位。

**案例1：** 提前查阅兰州学校，结合自己意愿、自身条件等提前拟定一份想要应聘的学校名单，然后通过百度学校电话及师兄师姐的资源，给学校打电话，咨询你所在的学科今年的招聘需求，学校一般会给你答复，如果得到的答案是需要，你可以投电子简历，或亲自到学校投递简历。不用担心如果自己实习，时间不够怎么办的问题，兰州招聘一般都很晚，完全可以在实习结束后，再去兰州投心仪的学校。这样做的好处是，让你提前对你所在学科的就业需要有一个整体把握，有利于作进一步打算。

**案例2：** 在我确定了要为了女朋友离开现在的工作岗位到那个城市去的时候，我就开始了筛选求职单位的事宜，当时我的选择首先考虑私立学校，因为私立学校可以随时自主招聘，待遇也相对公立学校高一些，当我筛选了当地三所私立学校之后，发现只有其中一所在学校主页上挂出了招聘信息，我果断的联系了招聘负责人，他问了我的教学经历和成绩之后，叫我把简历发过去，等待他们的通知。隔了一段时间，他们发来了面试通知，正因为我有针对的关注了单位招聘信息，所以我才能这么快的获得这次应聘的机会，不论最后结果怎样，我离目标又近了一步。

**分析：** 这两个案例一个是应届毕业生，另一个是在职教师转换工作地点。他们在寻找工作时都有自己既定的工作区位目标，都有自己想要去的城市。但往往不知道那个地方学校的整体情况，不知道自己想要去的学校的招聘要求和即时招聘信息。这就需要我们先了解清楚相应的学校情况，进行筛选之后，关注这些学校发布的招聘信息，做到及时跟进。

**5. 其他招聘网站**

现在网络很发达，互联网功能也很全面，信息更新也比较迅速。网络上也有许多相关的教师求职招聘网站，信息最为全面、可靠性较高的几个网站有58同城、前程无忧、赶集网、文武教师招聘网、教师招聘网等。我们简单介绍一下上述几个求职招聘网站。

1）文武教师招聘

文武教师招聘网（http://www.wenwu8.com）创办时间较短，但是其就业信息非常丰富，而且更新及时、分类全面。网站内分不同地区、不同层次罗列相关就业招聘信息，方便用户查询。除了相应的求职招聘信息以外，文武教师招聘网站还有相当数量的求职资料、课堂实录、说课讲课教案提供下载。

2）中国教师招聘网

中国教师招聘网（http://www.jiaoshizhaopin.net）创办于2000年，是中国第一家专业的中国教师招聘网站，专门针对中国教育机构、学校、培训机构提供专业人才服务。其明确的定位、专业的服务、快捷高效的价值及合理的价格得到业内企业的普遍认可。

该网站拥有全国最大的教师、培训人才库，约30万人，日均保持8000个有效职位，每天60万页面浏览量，15万以上访问人数，为求职者提供可靠全面的教师求职岗位信息。

3）教师招考网

教师招考网，提供大量关于教师招考的资讯、复习资料，以及备考、就业探讨交流、成绩查询等版块。2011年顺利通过教师招考的考生，大都受益于教师招考网提供的资料与精心解答！由于现在各类学校招聘都坚持"凡进必考"的原则，该网站有很大的参考价值。

上述网站各自特点鲜明，你在登陆中一定要注意以下几点。

第一，由于互联网络信息传递速度很快，在求职高峰期，招聘信息可能会极快的更新和覆盖。所以，在搜寻中一定要对相应的时间段内的信息进行全面仔细地浏览，不要错过相应的信息而失去心仪的求职机会；第二，这些网站在搜索引擎中都会有分区搜索，你完全可以先定位自己希望工作的地方，在选择相应的地区子目下寻找自己想要的招聘岗位的相关信息；第三，一旦找到自己中意的岗位，一定要及时记录下来，并全面仔细阅读招聘信息的内容，确定招聘单位的用人要求，以及信息中体现的招聘单位的基本信息，还有就是了解招聘环节和相应环节的截止时间，以便有针对性准备。

其他综合类招聘网站也可以尝试，如58同城、前程无忧、赶集网等。但是这一类的网站，教育方面的职位并非重点，而且多为培训机构类招聘，所以在搜寻信息时一定要注意筛选相关信息。这一类网站招聘信息中，主要有助于你在确定就业方位和城市之后，定向性的工作搜寻，也可以是过渡性的就业选择。所以这一类的网站求职一定要慎重果断的取舍。

（二）双选会

这种形式只针对每年的应届毕业生，招聘单位以私立学校和其他事业单位为主。

校办双选会因学校知名度不同而有所差别，吸引的单位也不一样。同时，不是每次参加双选会都能得到意外收获，但多参加无疑是件好事，即使无结果，也可以锻炼口才、胆识，积累经验。

双选会不是娱乐场所，不要把时间花在无谓的交谈与闲逛上，参加的目的是搜集用人单位的具体信息和应聘。不要走到哪里都要停下来，时间有限，要有的放矢，集中精力主攻感兴趣的单位。切记注意自己的公众形象，礼貌、语言、仪表都在别人的注视之下，还要注意公共卫生和遵守公共秩序，一个小小的错误往往令你失去宝贵的机会。

(三)报刊电视

这是常见的有效获取求职信息的途径，多在报纸杂志刊登。看招聘广告也有一定技巧，寥寥数语大有乾坤，如有"会外语者优先"的条款，你在写求职信和个人简历时最好用中文和广告所要求的外语语种书写，以显示自己有两下子，增加录取的可能性。另外，不要被"3年以上工作经验"的条款吓跑，试问世上哪来如此众多的经验者？

## 三、就业信息收集的几个原则

就业信息的收集不是不分时间、不分地区的盲目的一锅端。如果盲目地收集就业信息，你就会像无头苍蝇一样在各类就业信息中来回旋转。我们认为，收集就业信息要力求做到"早""广""实""准"。所谓"早"，就是收集信息要及时，要早作准备，不能事到临头再去抱佛脚。所谓"广"，就是信息不能太窄，要广泛收集各个方面、不同层次的就业信息。"实"，就是收集的信息要具体，用人单位的地点、环境、人员构成、生活待遇、发展前途、对新进人员的基本要求、联系电话等各方面信息掌握得越具体越好。"准"，就是要做到准确无误。

而在具体的就业信息收集过程中，应该坚持以下几个原则：及时性、方向性、广泛性、准确性。

**1. 及时性原则**

就业信息如同商品一样都有一定的保质期和时效性，确定你所掌握的信息是否已经过期，对于求职准备的开展非常重要。正所谓，机会总是留给那些有准备的人，求职者的机会是什么？就是这些招聘信息。在求职过程中，怎样才能做好一个有准备的人？这就需要你及时发现相关就业信息。就业信息一般都有其时效性，错过了，就没有办法在相应的时间内，作好充足的求职准备，甚至是错过一次就业的机会。所以，对于就业信息的收集一定要及时。

招聘单位张挂招聘信息，以及报名、面试等环节都有一定的时间限制，相关环节都会在相应规定的时间阶段内完成。教师招聘的流程，基本上都是一步一步顺次完成的,只要错过一个时间节点,后面的所有流程的门都会自动关闭。所以,一定要及时发现就业信息,及时作好应试准备。在求职时间内,每天早上起床第一件事,就是利用自己所有的方式收集当日最新的招聘信息,记录在案,方便自己选择择业机会,这也是我们抢占就业先机的重要环节。

**2. 广泛性原则**

当你在收集就业信息时,一定不要限制自己的搜索范围,要广泛收集各个方面、不同层次的就业信息。

这里所指的广泛,是指就业地区范围、就业类型、就业专业等方面的信息。一般来说,你在就业之前都会有一个自己预想的工作职业和工作地区,但是在收集就业信息时,千万不要被这些"既定"的标准所限制。有的同学只注意根据自己预先设定的目标收集有关地区、行业和单位的就业信息,使自己放弃或忽视了有关的"后备"信息,在求职遇挫时感到无所适从,造成被动,这种情况是应予避免的。要让自己收集的就业信息多方向、多层次,便于在选择时能有更宽裕的选择空间。

**3. 方向性原则**

在众多就业信息中,既要广泛的收集不同层次和要求的就业信息,又要保持一定的方向性。这里的方向,包括专业方向、工作地区、职业类型。找工作时,大家都会首先考虑本专业,作为高师毕业生首先收集的就是师范类就业信息。确定了就业职业类型和求职专业,收集就业信息就会更具有针对性。同时,很多人在求职之前都会有自己希望前往的工作地区,那么在收集过程中就要更多的关注相关地区的招聘信息。只有在明确了自己就业的职业类型、专业及求职地区之后,才能在纷繁复杂的就业信息中,快速找到符合自己心意的工作单位,作好求职准备。

**4. 准确性原则**

这里所谓的准确性,一方面用人单位需要的是什么层次、什么专业的人才?在生源、性别、相貌、外语水平方面有什么特殊的要求,都要搞准;另一方面对于招聘时间、招聘流程等相关信息也要掌握准确。这些信息都必须准确无误,切不可只了解个"大概""可能""应该"。只有对招聘信息的相关要求了解清楚,把握准确,才能更好取舍和准备。

利用以上几个原则能够更快、更全面地收集到符合自身条件需要、符合自身求职要求的就业信息,再进行有效整合,很可能为自己求职打开方便快捷之门。

**四、整理筛选信息,找到适合的岗位**

学校招聘的对象绝不仅仅局限于站上讲台的教师,因为学校内部由于分工不同,分为教学、行政、后勤、专业技术等工种,也包括一些工程造价类的员工需要,由于现阶段学校许多新情况的出现,学校还多数增设心理疏导、安全监管等方面的工作职

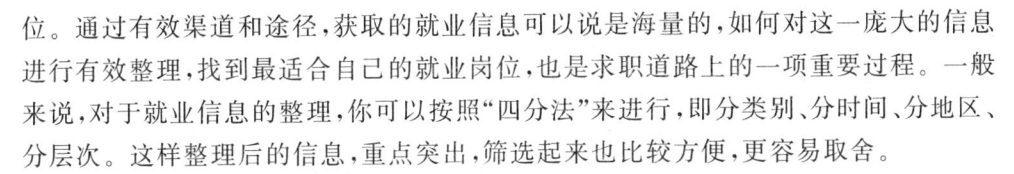

位。通过有效渠道和途径,获取的就业信息可以说是海量的,如何对这一庞大的信息进行有效整理,找到最适合自己的就业岗位,也是求职道路上的一项重要过程。一般来说,对于就业信息的整理,你可以按照"四分法"来进行,即分类别、分时间、分地区、分层次。这样整理后的信息,重点突出,筛选起来也比较方便,更容易取舍。

**1. 按类别区分**

所谓类别,其实就是招聘职位的类型不同。一方面,用人单位招聘的职位不仅仅局限于教师,还包括行政管理、后勤管理及其他一系列的非教学类职位;另一方面,在求职过程中,求职者往往会因为兴趣和志向不同,追求的职业类型也不一样,也会关注其他非教育系统的工作机会。这种分法,一般分为"教育工作""行政管理""后勤管理""其他社会职位"等,也可按照自身需要进行类别区分。

**案例**:我是学习计算机专业的,大四的时候考了教师资格证。我一直都希望去家乡的中学当老师,可是当我得知这个学校的招聘信息时,发现自己失去了机会,因为在招聘条件一栏里明确写着:"限招全日制本科师范类专业",也就说我这种半道出家的人,基本没有机会。当我打算放弃做老师这个念头时,我在搜集最新的招聘信息时,意外发现这个学校正在招聘专业技术人员。这本不是我希望的工作岗位,但是后来我的指导老师告诉我,进学校不仅只有应聘教师这一条路,如果真想到这里上班,就先想办法进入这个单位,只要你有教师资格证总会实现教师的职业理想的。于是我报名参加了这个单位专业技术人员的公开招聘。后来顺利地进入了这个学校,工作一段时间后,我向学校分管教学的领导表达了自己拥有教师资格证的事实和希望从事高中教学的愿望,领导说让我等等,有机会就可以。后来有一位高中技术老师因疾病住院,学校暂时无法找到代课老师,顺理成章的我接过了这个任务,期末测评时班上成绩还不错,从此之后我便走上了讲台并兼任信息技术工作,终于实现了自己的教师梦。

**分析**:一个学校、单位除了其主要的工作职位需求之外,还需要大量的其他专业技术人员的工作,包括行政人员、团委和学生工作指导、信息技术、后勤部门等相关人员。而且教学工作人员多数要求全日制本科师范专业毕业生,轻易不会向其他专业获取教师资格证的毕业生开放。对于那些希望从事教学工作的非师范专业的学生来说,"曲线上讲台"也是值得一试的。当然,师范类专业的学生也可以通过这种方式找到工作。特别是在大学期间有过学生会工作经历、宣传信息稿件编写经历的同学,都可以通过学生工作和学校宣传这条道路走上三尺讲台,圆教师梦。

**2. 按时间区分**

前文提到,就业信息有一定的时效性。所以在求职准备中也就有轻重缓急。所谓的按时间区分,就是将就业信息按照相应的招聘时间先后罗列。对于自己中意,且时间较紧的优先考虑准备,时间较宽裕的可以适当的延后。由于教育系统招考的考试内容范围基本相同,只是在一些细节上,不同地区、不同单位会有一定的区别。这样按时间罗列区分,方便我们在有限的时间中,更加有针对性地进行求职准备。

**3. 按地区区分**

当你按照招聘时间,将一干就业信息罗列之后,还需要将就业信息按照招聘单位不同地区进行区分。往往在同一时间内,会有多个不同地区的教师招聘同时进行。教师招聘考试,一般安排在周六、周日进行,部分用人单位会就情况随机安排。所以一时多考的情况经常出现,需要根据自己的要求进行取舍。按地区区分,可以将同一地区的招聘信息集中在一起,按照自己内心的倾向度进行排序分类,这样的分类,方便我们进行取舍。

**4. 按层次区分**

现在公立中学大多分为国家级示范中学(省一级示范校)、省级示范中学(二级示范校)、市级示范中学、普通高中等几个层次,而民办中学也有不同的层次区分。将招聘单位按照不同的办学层次进行分类,在筛选过程中,需要对自己有一个准确的定位,由于层次不一样,不同级别的单位对求职者的要求也不一样,一般层次越高,招聘条件也就越高。按层次分类,方便根据自身需要和能力要求找到适合自己的工作岗位。

就业信息来源是多方面的,信息量也是巨大的,只有掌握了充分的信息渠道才能及时、广泛、全面的把握就业信息;按照自身要求和条件对信息进行有效的整合、区分,才能让你在求职准备中有的放矢,作更充分、更有针对性的准备。

## 第二节 了解招聘学校,投其所好

收集整理完了相关就业信息,找准自身定位之后。接下来你又该做什么?慌忙的打印简历?抱着相关教材恶补一番?准备着装?这些都是必需的准备,而首要的就是去了解你将要参与竞聘的用人单位。一来,知己知彼方能百战不殆;二来,找工作就像相亲,你必须先尽可能全面的了解她,才能知道她是不是真的适合你,才能投其所好的去准备面试需要表述的内容。在了解这些信息对于你编写简历、打造自荐语和自我介绍内容都有极大的帮助。那么,要了解用人单位,又该了解哪些内容呢?

### 一、求职前对用人单位的了解

(一)了解基本概况

了解学校基本概况,这是求职前必须要作的准备。如果这一点都没有弄清楚,难免闹出笑话,或者在未来就职中遇到许多问题。比如,一位求职于重庆某重点高中的应聘者,在他后来写的求职总结中这样写道:

## 第七章 求职的着眼点：信息的收集

**案例**：最后作出去参加这次面试的决定，是在出发前的一晚。我打印了简历，一个兄弟学院的同学看到我的简历后，"赞叹"我的简历太过简单。我说，简单的简历就是为了打酱油而存在，就当这次是去面试的地方玩儿呗。可是这哥们一句话，点燃了我的斗志和冲动，也让我感受到了自己的无知。他说："这所中学可是重庆排名前三的学校，我们这么多人，这么努力地准备，你们居然说拿来玩？"此时，我才知道这所中学的优秀，并对自己的盲目决定感到不安。

**分析**：这位求职者，在参加面试之前并没有对用人单位作过细致了解，只是凭着一时意气，作出了参加面试的决定。可以说，这位求职者是幸运的，至少在出发前，他对即将面对的用人单位有了一个粗浅的认识——"排名前三""这么多人"，也就是说这个学校层次不低，要求也高，竞争也会很激烈。

后来这位求职者回去之后，又通过其他渠道对这所学校有了更深入的了解，逐渐改变了求职的心态和态度，更加重视这次面试，对即将到来的惨烈竞争有了心理准备，准备得也更加全面。

所以，在你作出参加招聘的决定之前，一定要对你即将面对的用人单位的概况有适度的了解。比如，这个学校的历史、办学规模、教学成绩等。一般来说，一些规模较大的学校，都不止一个办学校区，而往往这些校区招聘又极有可能是独立完成的。如果你对这些一无所知，也就对未来工作的地点、环境一无所知。

学校的办学成绩，是最能说明这个学校教学质量的数据。虽然我们了解只是过去的成绩，但是光环之下，压力也会增加。不对相应的教学成绩作出了解，求职者难免有骄傲自大和无所谓的情绪参杂其中，这会影响你的求职心态。

任何一个用人单位在招聘过程中，相应环节都会涉及与本单位相关的信息。只有对用人单位办学概况、教学成绩作出相应的了解，才能更有针对性的准备，树立正确的心态，来应对招聘工作的每一个环节。而且，每一次了解都是心态调整的过程。要么在了解中选择退缩，要么就在了解中选择坚持。选择退缩的，即使到了面试现场，你的发挥也会受到限制。上面说到那位求职者，在参加用人单位招聘现场的宣讲会之后，心态就出现过变化：

**案例**：在看完宣传片之后，中学的校长又作了介绍，我们才认识到这所中学的优秀和档次，对自己开始时的无知而愧疚。心理负担又增加了一层，因为害怕失败。我开始犯嘀咕，这里的学生我hold得住吗？我能在这里待下去吗？

**分析**：可见，由于事前缺乏对用人单位相关情况的了解，应聘者被该中学"这突如其来的优秀"所震撼，对自己产生怀疑，也开始对自己是否继续完成面试有了犹豫。而在面试场上，这些细微的心态变化都有可能影响你的整场发挥，最终影响你的求职命运。所以，在选择求职单位之前，一定要系统的对学校的基本情况进行了解。

## (二)了解校训,办学理念

校训、教风、学风及办学理念,是这个学校教育思想的浓缩与体现。对这些内容的了解也有助于求职者正确对待单位面试主考官的考查,一般来说,用人单位在选择人才时会倾向于那些符合自身办学特色和教学理念的求职者。在现在新课改背景之下,新教学法、新教学理论的接收与实践能力强的人,优势更为明显。现在基层中学教育虽然依旧围绕高考指挥棒在开展,但是明显弱化了考试成绩的评价标准,正在调整自身的办学理念和教学思路,逐渐转向注重素质教育的全面教育方向,所以灵活掌握运用新教法,并能结合求职单位所需的人才方向展现自我优势,才能在求职过程中占得先机。

**案例**:在一次面试过程中,一位毕业于某重点高校的求职者,各方面都很优秀,但是在自我陈述过程中表示"自己虽然接受了很多新教育理论,相比其他求职者而言可能还有不足,但是自己很会考试,从高中到大学逢考必过,成绩也都不错,相信自己可以让学生一样成为会考试、会考高分的人"。

**分析**:现在的教育注重素质教育,单纯把教会学生如何应付考试作为首要出发点的求职者,一般都不会受到青睐。该求职者的回答,本想以此夺得面试先机,实际结果却使她"顺利"的将面试主考官的注意力转移到了本面试小组其他求职者身上,自己沦为配角。这其实就是对于该学校教育理念理解不充分导致的。

只有充分了解求职单位的相关理念和风格之后,你才可以作出适合对方需要的介绍和回答。所以能够恰到好处的将单位的校训、教风融入到自身的求职自荐信当中,也不失为一种争取主动的好方法,至少在心理上可以让面试官更乐于接受你。这也正是投其所好,正中下怀。

**案例**:在2013年某重点中学的招考试题中,就出现了一道与其平常教学工作关系紧密的命题"请你结合自身实际,以及已有的教学认识,谈谈你对'教学六认真'的看法",而所谓"教学六认真",其实就是这个学校在平常教学工作中对教师教学的要求"认真制订教学计划,确保教学工作计划性、认真备课,提高课堂教学针对性;认真备课,提高课堂教学有效性;认真批改作业认真辅导落实,把握教学环节认真严格教学质量检测和学生成绩考核"六个认真,很多考生对于这些内容知之甚少,答题准确率极低。

**分析**:对于招聘单位的了解有助于你在准备应试过程中做到有的放矢,现在很多学校招聘都是由学校自主与求职者双向选择结合实现的,往往一些学校还有权力实现自主命题招考。在这个过程中,命题内容很可能与其学校主张和践行的教育理念、教学工作中看重的评价点相关,或者更直接地从这些内容中命题。

很多应聘者在看到这道题的时候,第一时间就是在努力搜寻《教育学》教材上的相关内容,而真正去了解过这个学校的求职者,很容易就知道所谓"教学六认真",与教育学教材上的内容有所不同,事实证明,了解过"六认真"而作答的同学的分数和单位满意度都高于其他求职者。

### (三)了解学校教学模式

求职者一定要适时了解用人单位最新提倡推广运用的教学模式,并灵活运用在试讲面试环节,体现你对该教学方式的运用和实践能力,帮助自己赢得用人单位的青睐。很多求职者,对这个不太重视,认为只要能够较好的完成试讲,展现自我知识储备的优势和对教材知识的把握能力,就能独占鳌头。事实真是如此吗?

**案例**:在一次求职面试中,有两人同时进入试讲环节。一个是普通本科师范类毕业生(下文称为甲),另外一个却是某重点高校同专业研究生(下文称为乙)。他们抽到的试讲题目都一样——《百家争鸣》。就知识储备而言,乙在很大程度上优于甲求职者,在试讲环节中,乙也充分展现了自己的知识积累,侃侃而谈,时不时引用先秦诸子语录,可谓将知识积累,运用到了极致,但是最终被录用的却是普通本科的毕业生。为什么?后来,甲求职者也问了主考官这个问题。主考官的回答很简单"乙知识确实渊博,但是你的教学模式更贴近我们学校的主张",甲听后暗自高兴。原来,甲在求职之前就通过其他途径了解到,该中学正在推广某新教学理论模式,并进行了一定的了解,自己也实践了几次,作了有针对性的准备,最终获得主考官的认可。

**分析**:新课改之后,各级中学都加大了对教育理论校本研究的投入力度和关注程度,同时也引进或提出了许多先进的、符合自身教学实际的新教法和新的课堂教学模式。这些教学方式在实际运用中,也会有一个不断取舍、改良、淘汰的过程。而这些新的教学理论和教学方法,也会经常成为用人单位考察求职者的一个重要标准。

充分了解了用人单位,力行推广的新理念、新方法,并加以实践,在面试中运用展现出来,一定能够帮助你获得主考官更高程度的认可。

## 二、投其所好

### (一)自己一定要优秀

任何学校招聘新教师,都希望招收那些优秀的且适合自己的求职者。追求卓越,是所有人的想法。同等机会下,只有自己比别人更优秀,才有可能击败竞争者,打动主考的心。怎样的人才算优秀,你又该如何在考官面前展示自己的优秀呢?

**案例**:当我进入大学那一天,就听许多师兄师姐和老师说,大四的时候找工作用人单位对奖学金证书要求很高,至少都是二等及二等奖学金两次以上的要求,于是进入大学之后我埋头苦读挣了不少的奖学金证书,从不参加任何学生活动和比赛项目,觉得只要学习好未来找工作就一定顺利。可是当我第一次参加面试时,面试官看到我的奖学金证书先是一笑,过了一会笑容就没有了,转过头问我"你在大学里除了读书还做了些什么"? 我竟无言以对。后来的试讲环节,我紧张、局促、不知所措,虽然脑子里装了很多东西,可就是不知道怎么表达出来。最终这次面试以失败告终,离开时面试官对我说:"一个教师不论你头脑里装了多少知识,你必须要自信,如果你在台上都紧张了,又怎么能把知识传授给学生呢? 我劝你,暂时不要出来面试,下点功夫练练台上的感觉吧。"听了这话,我心里不住的难受,看着那些自己为之努力过的奖学金证书,我陷入了沉默,思考着自己大学里,得到了什么又忽略了什么?

**分析:** 很多人会认为,奖学金证书的多少、社团学生工作经验丰富与否、获奖多少,是衡量一个求职者是否优秀的标准。却不明白,上述所言的几个标准,充其量就是某些学校求职者必备的敲门砖而已。有这些的人在缺少这些的人面前你可能是优秀的,但是当大家都具备这些的时候,就都一样了,这些就不再是评判优秀与否的重要指标。什么才是在面试中真正优秀的衡量评判的标准呢?——教学理论和师范技能。永远不要忘了,你求职的是教师岗位,追求的工作是三尺讲台上教书育人的人民教师。所以,对于最新教学理论的把握、高超的师范技能运用能力,才是衡量一个求职者优秀与否的标准。曾经的荣誉,只是对你以往的努力和某方面的肯定,并不能代表和预示你的未来。

一定要在求职过程中,尽最大努力,表现自己最完美、最优秀的教学能力,让主考官看到一个可以在未来成为优秀教师的你。

## (二)爱好一定要广泛

在追求和践行素质教育的大背景之下,对教师的要求也逐渐提高。以往一心只教圣贤书的人,现在早已不是人才的首选。只有兴趣爱好更广泛,你才能和学生有更多的交流机会,而这些爱好也能帮助你和学生快速的构建和谐的师生关系。这也是一些用人单位考查的方面。

**案例:** 一次求职过程中,一位考官问面试者有何兴趣爱好,面试者勉强回答"自己的爱好是唱歌",主考官只是淡淡一笑,说了一句"现在女生都喜欢唱歌"。最终这个爱唱歌的应聘者被挡在了第二轮面试门外。

**分析:** 很明显这位应聘者的回答,并不是主考官想要知道的答案,考官更倾向于一个兴趣广泛又有所侧重(即了解程度较高)的人。很多求职者在被问及兴趣爱好时,纠结半天只能人云亦云的说出一两个自己不擅长或不太了解的项目,显得很被动。当然,在求职中当被问及"有什么兴趣爱好时?"也不要胡乱夸大、盲目吹嘘。一定要贴合实际,实事求是,即使兴趣爱好太过狭窄也是可以培养的,切不可混乱编造,否则容易给主考留下坏印象,失去求职机会,前功尽弃。趁早培养一两个兴趣爱好吧。

## (三)教学一定要有亲和力

招聘过程中的试讲环节,绝不仅仅是看应试者站在讲台上的感觉,而是更关注应试者作为教师的综合素质。除了必要的师范技能和教材把握能力的展现,更重要的是作为老师在课堂上与学生的互动能力和与学生交流的亲和力。只有让学生喜欢你,才能让学生更好地喜欢这一学科,才能更好地激发学生的学习兴趣和动力。

古人云:"亲其师,则信其道。"教师拥有了亲和力,孩子和老师的关系就会融洽,就会赢得孩子对老师的尊敬和信任,可以说教师的亲和力会直接影响教学活动的好坏。

**案例**:终于进入了试讲环节,我很紧张。环顾周围的人,他们都一脸严肃的准备着,当有一个人进去试讲的时候我躲在门外看他的试讲情况,我发现他在讲的15分钟时间里,都是一脸严肃,一点笑容都没有。15分钟时间刚到,老师就叫停了他。还告诉他"上课要刚柔并济,学生又不是犯人,你怎么一点笑容都没有"。轮到我试讲的时候,我吸收了他们的教训,还有之前面试培训时,指导老师告诫我的"把每一个环节都当成真实课堂来面对,站上讲台时,要面对微笑,展现亲和力"。后来试讲过程中,我把面试老师当作学生,面带微笑和他们交流互动,像对待学生那样鼓励和引导,结果15分钟的试讲时间,面试官让我足足讲了半个小时,才让我停下来。后来我就顺利地进入了下一轮。

**分析**:在试讲环节的亲和力的展示环节,主要需要做到"一切以实战出发,把评委当学生,多交流、多表扬、多鼓励、多引导"。在讲解过程中,可以多与学生进行眼神或者知识引导的交流,并能够关注到学生的心态变化,适时调整教学方式和内容;在询问学生问题时,运用鼓励加引导的方法,对于学生的征服主要靠的就是渊博的学识、极好的亲和力。最直观表现亲和力的方式就是脸上常挂着笑容。试想如果你是学生,对于一个一脸苦相,从头到尾都是板着脸的老师会有好感,会愿意继续听老师讲课吗?所以,在教学中一定要有亲和力,有亲和力不仅学生喜欢,而且领导也会偏重此类人才。

## (四)我是适合贵校的人

学校招聘不一定是看重你的优秀程度,也不一定是看中你帅气阳光或美丽的长相,最重要的还是要看你是不是真的适合在本校任教,风格特色是否与本校教风学风一致。这个合适度,包括你的教学风格、教学理念及对教学工作的认识等方面的契合度。如何在面试中实现自身特色与用人单位办学特色的契合,就必须充分了解用人单位的情况,将二者有效结合起来,打造适合共同点的自荐语和试讲授课方式。

充分了解用人单位的情况与需求,并结合自身特点,寻求二者之间的共同性,就能在求职中准确的结合自身投其所好,取得意想不到的效果,为求职成功打开方便之门。

## 第三节 利用合理资源,另辟蹊径

前面我们说到的信息收集方式,都是共同的、大家都能掌握的方式方法,没有什么特殊性和隐蔽性可言,只有先后之分。这里我们要讲的资源,就是要广开门路,充分利用周围一切合理有效的人脉资源,收集就业情报,帮助我们更好、更快的实现就业。

**案例**:今天我刚在寝室备课完,就接到学院领导的电话,说市实验外国语学校要招两个政治老师,希望学院推荐人选,学院领导考虑之后决定推荐我去面试。说实话,当时我并不愿意去,因为我不了解这个学校,而且当时在准备考研根本不想考虑找工作的事。但是碍于领导的情面,我硬着头皮就去了。当时的我,简历没有弄好,连找工作的心理准备都没有,甚至连一套像样的求职服装都没有。结果可想而知,我并没有完成签约。但是,我却非常感谢学院领导对我的推荐之情。

**分析**:很多时候,用人单位由于对职位时间要求比较紧张,往往会通过学院层面直接推荐的方式,缩减招聘工作时间和流程,也相信学院推荐的人选的素质不会太差。当然,学院推荐的人选,要么是真的很优秀,要么就是在学院学生工作中有一定能力并有所贡献的人。没能力,没知名度,哪个领导会记得你,更不用说推荐了。而且每一年这样的推荐机会都不少,所以要想获得这样的机会,首先要自己达到一定的优秀程度,同时也要时刻作好应聘准备,说不定命运之光就照耀在你身上了呢。

**案例**:听师兄师姐说,我们学校的大四毕业生找工作,经常去其他学校"踩场子",而且往往都能击败本校应聘者,让招聘单位青睐于我们。但是因为师兄师姐们太厉害,给某所大学招生就业处留下了心理阴影,这两年在找工作的时候采取了一系列针对外校应聘者的限制政策,要么在投简历时故意不投,要么在通知环节故意漏掉,再或者直接给招聘单位施加压力。知道这一切之后,我备感压力,如果过了第一轮,他们不通知我怎么办?我就与这一次签约机会擦肩而过了?我不甘心。经过我多方打听,得知我寝室一哥们的兄弟在这个学校招生就业处工作,于是通过哥们牵线搭桥,我联系上了他,他也就顺利的成为我这次面试求职过程中的卧底。在他的帮助之下,我的简历顺利投了进去,进入第二轮的我也没有像其他外校应聘者一样因为没有收到通知而错过。但是因为他再三叮嘱,让我不要告诉其他人,我也不能对其他同来的求职者透露什么,觉得挺对不起这些同学的。但是没办法,找工作拼的就是全面实力和机会。

**分析**:求职面试,往往不仅要看你的个人素质优劣,还有许多其他因素的作用。特别是这种去外校招聘"踩场子"的情况,对方学校为了照顾本校求职者的利益,采取一些措施也无可厚非。但是如果你在这种情况之下能有一个"卧底"帮你传递情报,成功的机会就会大大增加。至少你不会失去一些本该属于你的机会。

**案例**:我最后签约的是成都×中实验学校温江校区,是2014年来校招聘的成都×中实验学校眉山校区校长推荐我去的。当时眉山校区来这边时已经招了历史老师,就想再招一个团委老师,于是留下了联系方式。后来何校长打电话确定我还没有签约,随后温江校区就打电话让我去面试了,经历了大致相似的环节之后我顺利地得到了这份工作。

**分析**:每一次应聘结束,并不意味着就断绝了一切与之有联系的就业机会。人们往往会因为与工作单位在错误的时间相遇,而暂时错过。这位求职者第一次的情况就是这样,但由于用人单位认可他的能力,他也主动留下了联系方式为自己争取了又一次求职的机会,最终在眉山校区校长的推荐之下,得到了又一次面试机会并最终成功签约。这样的就业信息的获取也是值得借鉴的。

所谓"门路"绝不能和"走后门"归为一类,他是获取就业信息的另一种有效途径和渠道。而我们这里强调的"合理资源",以"三缘"为基础。

作为社会人,在走入生活之前与社会的联系不外这样三种"缘分",即"血缘""地缘""学缘"。完全没有"合理资源"的人是不存在的,发此怨言者不是没有"资源",而是没有动脑筋去找"资源"、利用"资源"。以"血缘"而论,每个人都有父母及亲人,而且父母及亲人也都有自己的朋友和熟人,以此延展下去,就会变成一个"就业资源"网。以"地缘"而论,朋友、同学及他们的朋友、同学等都属此类。以"学缘"而论,从幼儿园、小学、中学、高中直至大学,都有许多同伴、同学和师长,而他们也各自都有许多师友和同学等。

通过这些"合理资源",你所获取的信息量就会激增。在这里需要提示的是,在"合理资源"中,要特别注意利用师长和校友这一"资源"。尤其是本专业的老师,他们比一般人更了解本专业毕业生适合就业的方向和范围,在与外单位的科研协作或兼职教学中,对一些对口单位的人才需求信息了解得比较详细。而校友则大多在对口单位工作,通过他们提供的信息往往也比较具体、准确,成功率较高。

在教育单位,由于高等师范类院校适量有限,同校同专业毕业的学长、学姐回本校招聘的情况经常发生。在这个过程中,因为认知度和亲和关系,他们更多的会偏向于母校应聘者,把更多的可能性留给"自己人",也会更快、更多透露一些招聘信息。在很多时候,求职过程中能够与用人单位的"学缘"关系资源建立联系,就能获取关于用人单位信息、招聘倾向及其他诸多方面的情况,方便准备应试和自我定位。

**案例**:某高校毕业生,出身于农村家庭,家境贫困,大学毕业成绩优异,能够顺利求职成功,除了自身努力以外,很重要的一点就是充分合理的利用了身边的有效资源。该生在求职前通过本专业老师求职面试过程中的全面帮助,使他顺利完成面试考核,最终被用人单位录用。但此时,校方要求在签订用人协议的同时,为了诚信考虑,每位签约者必须缴纳上万元的诚信保证金,而且时间很紧迫。对于该生而言短时间凑齐这笔钱非常困难,在茫然之际,他拨通了本专业领导的电话,告知情况的同时,也希望得到院方的帮助解决。经过交流沟通,该生最终得到领导"你先和用人单位联系,联系不好我们学院再出面"的承诺,在领导协调之下,最终该生顺利完成签约。

**分析**:利用合理资源,可以争取和保住更多的就业机会。如果当时这个求职者,没有想起寻求"学缘"资源的帮助,这个问题解决起来可能就会很麻烦,他也极有可能错过一次绝好的就业机会。

在利用合理资源时一定要注意。①寻求帮助一定要及时。我们说过就业信息有其一定的时效性,需要更早、更全面的了解和收集信息;同时当你在求职过程中遇到问题时一定要在第一时间寻求相关的帮助,不然就极有可能因为拖沓,错过时机。②寻求帮助一定要恰当合理。身边的资源不能频繁和无节制的使用,任何事物都有保质期,不到非用不可的地步千万不要轻易动用重要资源。如果任意使用资源,容易导致资源疲劳,不仅达不到预期效果,反而会造成你与资源之间的不好影响。

利用合理资源,解决就业问题,往往可以起到事半功倍的作用,也能帮助解决很多难题,促进尽早实现就业。但是所利用的资源一定要合理,运用的时机、方式的也要合理恰当。

## 小贴士七:如何迅速找到求职信息?

一般情况下,现在找工作的渠道有现场招聘会、网络、校园招聘会、报纸等。

**1. 现场招聘会**

现在网络发展了,所以传统现场招聘会越来越不受重视了,依照笔者的经验,大部分现场招聘能提供给大学生选择的岗位虽多,但质量良莠不齐,因此,一定要提前了解,仔细甄别用人单位,切不可盲目签约。

**2. 网络招聘**

首先,很多大公司会在自己的网站上,挂上自己的招聘信息,如果你有心仪的目标,不妨经常上去浏览一下,如IBM、宝洁之类的公司。

其次,专业的招聘网站,大多数的著名外企都会在以下最权威网站(如果时间有限就看这三个就够用了,这里面全职的和面试的都有,大家可以每天查看)发布自己的招聘职位和申请流程。

(1) http://www.chinahr.com(主要是长三角地区的工作机会)

(2) http://www.51job.com(以京津地区的工作机会为主)

(3) http://www.zhaopin.com(后起的招聘网站)

下面是一些比较小的,但是也比较实用的工作网站:

(1) http://www.shixi.com.cn/中国实习网(刚刚起步,信息不多)

(2) http://www.edeng.cn/data/china/job/index.html?r=34892 易登兼职频道(兼职实习信息较多,更新快)

(3) http://job.xsup.cn/学生新势力(注册会员免费,信息更新还不错)

(4) http://www.54club.com 中国大学生就业见习网

(5) http://www.jobok.com.cn/中国兼职网

(6) http://www.conningtech.com/index.php 大学生兼职网

### 3. 校园招聘会

很多企业,尤其是大型企业(包括国企、外企、私企)每年都会到各大学去办招聘会,招聘会集中时间是每年的10月底到第二年的1月初。如果你所在的城市有比较著名的重点大学,或者想要去工作的城市有名牌大学,那么多多关注这些大学的校园招聘信息非常有用。

这些信息主要发布在学校网站的招聘板块及校园海报上。

#### 思考题

为了深化理解和巩固本章所学内容,建议你进行如下学习活动:

(1) 列出本章获取就业信息的几种途径,并尝试去亲自体验。

(2) 利用"学缘"关系访问一位师兄师姐,了解他(她)当年求职收集就业信息的体会。

(3) 制订一个收集某学校招聘信息的计划,你可以从哪些途径得到招聘信息。

# 第八章 攻略秘籍二：细节决定成败

## 第一节 教师形象的塑造

2011年，温家宝总理在北京师范大学首届免费师范生毕业典礼上明确强调，国家实施师范生免费教育政策，就是向社会发出重视师范教育的强烈信号，吸引最优秀、最有才华的学生做教师，鼓励更多的优秀人才终身做教育工作者。2015年，教师资格证实行国考。这些信息都在说明一个问题，那就是教师职业的重要性，而要成为一名教师需要经过国家的一次次考试筛选，需要披荆斩棘、过关斩将，最后进入面试环节。在面试中，教师形象是给考官的第一印象，良好的个人形象对于求职者而言非常重要。

《论语》有云："不学礼，无以立。"《荀子·修身》中有"礼者，所以正身也；师者，所以正礼也。无礼何以正身？无师，吾安知礼之为是也"？礼，是用来端正身心的；老师，是用来端正礼法的。没有礼，用什么来修正自己的行为？没有老师，怎么知道礼是这样的？教师对于"礼"的重要性，或者说礼对于教师的重要性不言而喻。而礼与仪密不可分，教师给人的第一印象最先表现出来就是你的穿着、仪表、仪态、仪容，在现代社会被称为形象。所谓个人形象，实际上是指一个人的外表或容貌，也是一个人内在品质的外部反映，它是反映一个人内在修养的窗口。以心理学的角度来看，他人通过观察、聆听、气味和接触等各种感觉形成对某个人的整体印象，但有一点必须了解：个人形象并不等于个人本身，而是他人对个人的外在感知，不同的人对同一个人的感知不会是完全相同的。社会学者普遍认为一个人的形象在人格发展及社会关系中扮演着举足轻重的角色。它包含了仪容、表情、举止、着装、谈吐、交往等几个方面。

### 一、教师的日常仪容

"学高为师，身正为范"是社会对教师的要求，也是教师的自我精神追求。特别是师范生，应该从入校时就要注重自身的形象。简单来说，就是要每天做好个人清洁。比如说，养成每天早晚洗漱的习惯、勤洗澡、勤剪指甲、勤换洗衣服及床单等。这些都是小事情，或许有的同学觉得是小题大做，然而实际上，我们的生活就是由这类琐碎的小事构成的，而习惯也是由这些小事积累的。

**案例**：有个女同学，自己从不洗衣服，衣物穿完之后全部打包寄回老家，由母亲清洗后又寄回来。该同学大学四年没有洗过一次蚊帐，后来蚊帐的颜色都发生了改变，

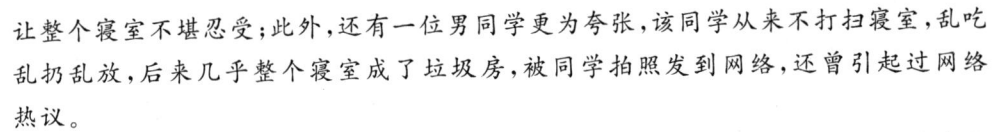

让整个寝室不堪忍受;此外,还有一位男同学更为夸张,该同学从来不打扫寝室,乱吃乱扔乱放,后来几乎整个寝室成了垃圾房,被同学拍照发到网络,还曾引起过网络热议。

**分析**:古人云:"一屋不扫,何以扫天下。"如果在大学阶段都不能养成良好的个人卫生习惯,连自身的管理都无法做到,怎么能保证进入教师队伍后获得同事和领导的认可呢? 作为人民教师,身负言传身教的责任,更应该注重细节的修饰和坚持不懈的努力。

## (一)个人清洁

以洗脸为例,早、中、晚都需要进行,此外还应该在包里随时放个小镜子和面巾纸,在合适的时机看看自己的脸部容貌,特别是眼睛的分泌物,如有不雅之处请及时清理。此外,容易被忽视的还有耳朵部位的清洁,不但要及时清除耳孔中的不洁分泌物,而且还要在洗澡、洗脸时顺便清洗下耳朵及耳朵背后,而对鼻子的清洁要注意经常检查和修剪鼻毛,不要当众挖鼻孔,随时保持鼻腔的清洁,如果感冒了,注意准备卫生纸等用品,不要让鼻涕任意流淌和吸鼻子。此外,保持发色的健康光泽及头部的清洁是必要的,作为女生而言,一定不要为了追求夸张的效果而去染色彩怪异的头发,女生的头发长度不宜长过肩部,必要时可以盘发和束发。

## (二)合理修饰

现代交际学认为,如果女生不化妆以素颜示人,这是一种不尊重人的表现,清新的淡妆不仅能遮蔽一些肤色上的缺点,而且还能更好的展现完美的精神面貌,但是作为师范生而言,对于妆容的选择,宜淡不宜浓;宜自然大方,不宜过度修饰。半寸长的假睫毛,夸张的指甲油,五颜六色的眼影,都不适合师范生,也不适合教师的职业要求。因此,我们的建议是女生可以采用薄而透明、贴合于肤色的粉底或者BB霜,营造健康自然的肤色,选用浅色贴近于自身唇色的口红来增加女性的自然美感,选用适合自己发色的眉笔调整眉型,用深色的睫毛膏让眼睛更加有神。

在化妆上,男生误认为自己可以不修边幅,对于身边喜欢打理自己的男生常常出言讽刺。

**案例**:一位男同学非常注重自身的修饰,常常到店里选择男士的护肤用品,但是当他买回护肤品后,就成了寝室的公用商品,室友们使用得理所当然,不仅如此,还常常受到同学的嘲笑。

**分析**:现代的交际学而言,男生也是需要适当修饰的,即使不需要像女生那样雕琢自己,也需要根据自己的肤质选择适合于自己的清洁类化妆品,如洗面奶、补水润肤等产品,要给人一种干净、阳光的感觉。

化妆要视时间、场合而定,一般情况下,作为面试者要提前化好妆,如果需要补妆,请不要在公共场合进行,你可以到卫生间或者化妆间私下进行。此外,不要借用他人的化妆品,每个女生都应该有自己的化妆品,即使彼此关系很好,彼此混用化妆品也是不卫生的行为。

此外,在仪容细节上,还需要注意手和指甲的清洁,特别是女生的手通常是其气质外观的一个方面。为充分显示其魅力,应保持干净,指甲应修剪好,作为教师,在日常工作和生活中,也千万不要留长长的指甲,不要涂艳丽的指甲,更不适合迎合时尚将指甲修饰成各种花纹的形状,整只手闪闪发亮。通过问卷得知,很多同学引以为傲的美丽指甲,仅仅只是个人的自我感觉,绝大部分人更喜欢清洁、干净散发出健康自然红润光泽的指甲。如果确实喜欢修饰指甲,那么也请尽量选择色泽类似于指甲本身颜色,或者能增加指甲自然光泽度的优质护甲油。

（三）角色特点

每一个生活在社会中的人,都扮演着一定的社会角色,作为教师也需要符合他人对我们的职业角色的期待。所谓的角色期待就是指社会与自我,以及他人对具有某种社会地位的人抱有的期许,而对教师的角色期待,就是对他们应具有符合自身身份特点的形象期许。第一,亲和力。能否在工作中和学生建立良好的师生关系,在很大程度上取决于自身的沟通能力。因此,教师应在实际工作中保持和蔼可亲、平易近人及关心他人的品质。第二,责任意识。在工作中应秉承高度负责的态度积极投入到工作中去,做到向学生负责。第三,专业化。某种意义上应定位于专业。因此,教师应该是具有一定学识的人群,并对自身专业有一定研究。第四,综合素养。除了具备一定学识外,还应在日常工作、学习中严格要求自己,不断提升自身多方面的修养及内涵,对外表现出服装得体、大方,举止谈吐优雅,并具有良好的工作、学习习惯,这是教师形象塑造的总体原则。

二、求职中的仪容

在求职面试中,主考官与求职者之间绝大部分情况属于第一次见面,面试官对面试者的认知是感性的,个人形象和气质是首先映入到考官眼帘的考核要素,俗称的"眼缘"。个人形象的塑造既包含了面试官对你的第一印象,同时个人气质的展现与求职者日常的修养、礼仪的研习,以及形象的塑造有关。而且这种形象不仅仅只是为了面试,它还应该具有持久性。

在面试的时候,一定要注意口腔卫生,如果牙齿的颜色较黄,可以选择洗牙,面试出门前请一定漱口,除异味。特别是对于面试的场合不要吃葱、姜、蒜、臭豆腐等刺鼻的东西。在发型上,许多女性面试者喜欢的"清汤挂面"的头发只会使你的形象扣分;而作为男生则要忌长发和光头,以及造型夸张的发型。发型的选择可以到专业的美发店,针对自己的着装、脸型来进行设计,具体的建议是可以穿着职业装提前到美发店进行造型设计,并通过多次的设计选择一种最适宜自己的发型。而艺术学院的同学,在造型上可以稍显时尚和个性一些,但是也不能过度,因为无论是何种专业,最终从事的职业都是教师,那就必须要符合教师的职业定位和要求。

除此之外,在面试时,还需要针对服装、发型进行适当的化妆。男性面试者更需要注意自身仪容的修饰,试想在大多数男生都没有注重的情况下,如果你是一个注重自身仪容的求职者,能给面试官留下干净、阳光的印象,那么你的胜算概率将会增加。但是,让人遗憾的是,绝大部分男生还没有意识到仪容修饰的重要性。而面试的着装也一定要与应聘的职业相关联。比如,如果是教师、工程师、干部等岗位,打扮就不能过分华丽、时髦,而应该选择庄重、素雅、大方的着装,以显示出稳重、文雅、严谨的职业形象;而如果你应聘的职业是导游、公关、服务等岗位,你就可以选择华美、时髦的着装,以表现活泼、热情的职业特点。

## 第二节 教师着装技巧

### 一、教师日常着装技巧

说到着装,很多教师往往不以为意,认为衣服不就是想怎么穿就怎么穿吗？在我们多元化的社会中,确实也在极大程度上尊重和包容个性。放眼校园,同学们穿着的衣服彰显着个性,但是我们要注意的是服饰实际上是一种礼仪的表现,我们的穿着实际上反映的是我们的社会身份与地位,也体现着我们的文化修养和审美情趣。在大学校园中,总会有这样一些不合乎场合与身份的着装,比如,有的女同学身穿吊带裙"香肩小露",一条牛仔热裤几乎可见臀部,脚下一双"恨天高"走起路来"摇曳多姿";有的男同学穿着大汗衫,脚踏拖鞋大大咧咧出现在学校的各个场合。

**案例：** 在这3年里,王女士3次进入教师公招面试,但是总不能如愿考上。在最近的一次面试中,她上身穿的是土灰色的大衣还有点皱,裤子和鞋子也是浅色的,而鞋子穿的是旅游鞋,上面红蓝白相间,看上去有点刺眼。而最终在"举止仪表情感稳固性"上她被扣7分。

**分析：** "在一般的面试中,作为面试要素的满分为12分,一些差的考生能被扣掉9分。不过,考生被扣3~5分的居多。"要想在举止仪表上不失分,穿着要符合两个原则：一是要和自己报考的职位职责相吻合;二是要和考场稳重严正的氛围相适应。王女士穿浅色的裤子和鞋子,让人感到不很稳重。而稳重是教师气质中较为重要的一点。鞋子的色彩太多会给考官强烈的视觉刺激。上身穿着带有褶皱的土灰色的大衣,只能表明该考生对这次测验和7位考官不是很尊重。

看到上面的例子,你觉得面试官会真的不在意你的穿着吗？

教师日常穿着有自身的特点及要求,可以遵循以下原则：

**1. 色彩搭配原则**

从色彩上来说,色彩搭配可以根据色彩明暗度的不同来选择,把同一颜色按照深浅不同进行搭配,产生一种和谐的美感。但是要注意的是深浅色彩的衔接不能太生硬,要尽量过度的自然。而同色系的运用不是绝对的,我们在用互相排斥的对比色来搭配时,应该注意明暗度、鲜艳度上的区别,如红色与黑色、白色与黑色、蓝色与黄色等,这些都是一直以来被奉为经典的颜色对撞。

随着社会审美的改变,越来越多的服装设计师和服装公司,喜欢采用撞色、混搭的形式,一方面让我们的着装日益的色彩丰富,另一方面也考验着我们个人的审美能力。一般而言,在颜色的搭配上,起码应该选择和遵循的原则是颜色对比鲜明而不刺眼。色彩搭配是一个综合的因素,一般还要和配件、季节、年龄、场合等协调。

有些人总认为色彩堆砌越多,越"丰富多彩",集五色于一身,镶金挂银,其实效果并不好。服饰的美不美,并非在于价格高低,关键在于配饰得体,适合年龄、身份、季节及所处环境的风俗习惯,更主要是全身色调的一致性,取得和谐的整体效果。"色不在多,和谐则美。"正确的配色方法,应该是选择一两个系列的颜色,以此为主色调,占据服饰的大面积,其他少量的颜色为辅,作为对比、衬托或用来点缀装饰重点部位,如衣领、腰带、丝巾等,以取得多样统一的和谐效果。尤其记住:呈现在你身上的颜色不要超过三种,也不要应用过于跳跃的颜色搭配。

**2. 自身协调原则**

除了色彩的基本配色原则外,还需要根据自己的身高和体型选择不同的颜色和着装,如若身高较高,但很瘦,就可以选择线条流畅的服装,但不宜用垂直线条,也不宜搭配高卷的头发或过高的帽子和紧身的衣服,否则会显得更高、更瘦,还需要避免使用黑色、暗色等色彩,要使用明色或者对比色的腰带切开。

肤色白的人,穿什么颜色的衣服都可以。如果肤色黑的话,就应该尽量穿些暖色调的衣服,不应该穿正红色。如果身高较矮,则可以使用垂直线条增加身高,避免使用水平线条,否则将会使你显得更矮,最好选择鞋、袜到裤或裙为同一颜色,避免使用对比色的腰带和衣裤来分割身体的高度。

如果身材较胖,那么一定要避免使用膨胀色。比如,艳黄色、大红色等太过艳丽的颜色,也要避免穿着太过紧身的衣着暴露自己的缺点,甚至要避免选择大花类型的衣服。

**3. 环境适宜原则**

在衣着的购买和选择上,作为学生不宜过多、过杂,要根据经济条件选择适合自己的衣服。不必购买过多,但是要购买一些在不同场合下穿着均能显示出一定品质和气质的着装。而不同的场合有不同的要求,可以根据场合的不同,预算合理的购买价位,逐步养成理性的消费习惯。作为大学生更多的场合属于运动、休闲、娱乐或者自习的时间。因此,在这类场合中,服装的选择以宽松、简单、整洁、舒适为准,价位不要定得过高,尽可能选择一些棉麻质地的衣服便于穿着的舒适度。

此外,教师应该把上课、拜见老师和领导,以及参加各种需要自己上台的活动作为正式场合,注重着装的整齐、严肃,按照社交活动对着装的要求来穿着。

**4. 职业个性原则**

服装能体现内在气质,因而要注重个性原则,要穿出自己的特色,只有这样才能在今后的人际交往中给人留下深刻而美好的印象。但是个性并不是无原则的,也不是如前面所举例的标新立异、奇装异服、拖拖沓沓、吊儿郎当。就专业而言,除了一些特殊的艺术专业,如音乐、美术等,其他专业的同学如果在着装上太过奇特非但不能突出个性特点,只能显得突兀奇怪,更不能在交往中给他人留下好印象。就教师而言,对着装的职业个性要求是趋向于保守的。既然选择了这个职业,就要对这个职业尊重和认可。如果你的个性确实较为突出,那么在私下休闲的场合偶尔选择一些个性化的服饰也是可以的。但一定记住,服饰的选择要分场合。

**5. 时节搭配原则**

除了以上几点外,还需要注意的是服饰要与季节相配合。这点本来毋庸置疑,天热脱衣,天冷加衣,人之常情。但是社会的多元化,审美的多元化,以及个性化喜好,让我们的穿衣也显示出了季节间的模糊性。冬天穿短裙,夏天穿皮靴者比比皆是。追逐时尚无可厚非,但是作为教师,本身具有示范作用,因此在着装方面应该顺应季节的要求。而服饰的功能无疑在于两点:一是实用,二是审美。超越了季节的穿着不利于身体健康,同时也让你的穿着显得"鹤立鸡群",甚至突兀。

在此,特别强调的是,作为女生无论是哪个季节都不要穿着皮裙,不仅仅是皮短裙,还包括任何皮质的裙子。原因在于,皮裙在国外的社交礼仪中属于特殊服务行业的女性的穿着,这样的服饰不但不会为你的个人形象加分,反而会给你带来不必要的麻烦。此外,就季节而言,不同的时节变化,我们可以选择不同的颜色。比如,春秋季节适合穿着中浅色调的服饰;冬季服饰色调以偏深色为宜;夏装可以选择丝棉织物,凉爽吸汗,色调以淡雅清新为佳。

## 二、教师面试着装技巧——第一印象的重要性

研究发现第一印象具有持久性。第一印象所形成的认识将持久的主导人们对待另一个人或事物的看法,即便人们在后来的交往中对此人或事物具有了新的认识,第一印象所产生的看法依然难以消失。比如,你对一名同事第一印象并不好,而在一次聚会中,你发现他原来很热情,但你也只会认为他仅仅适合私下相处,而不适合共事,也就是说,你对他的第一印象依然没有改变。这是加拿大西安大略大学的首席研究员西维亚·嘉禾斯基(Bertram Gawronski)经过对第一印象的研究后得出的结论。由于第一印象来自于本能,所以其包含的信息往往也非常重要。加利福尼亚大学医

学院的心理学教授保罗·艾克曼(Paul Ekman)说:"我们甚至可以从 30 米外看到一个人的笑容。"那么第一印象中包含哪些要素?我们为什么首先强调穿着呢?

耳麦安·戴玛瑞斯(Ann Demarais)和瓦莱丽·怀特(Valerie White)在她们所写的《第一印象》(*First Impressions*)中,提出了决定第一印象的几大因素,其中包括:容貌、语言、态度、穿着和身体语言。形成第一印象的五大因素都可以改变、完善,但最容易改变,较易做到的一定是穿着。

在面试场上,面试者的穿衣搭配必须让面试官感到赏心悦目,即使做不到赏心悦目,也请不要让他不忍直视。因为你的面试只有短短的几分钟,而你需要展示全方位立体的你——4 年的专业积累、文化素养、教师技能。而这些要素看似与你的外表无关,但实际上在面试中却息息相关,用一句流行语来说,你的形象永远走在能力的前面。

如果你的面试形象属于"犀利哥"类型,那么对不起,不管你多优秀,是一块多么值得挖掘的金子,笔者相信面试官一定会对你"say no"。因为他没有那么多时间挖掘你,考官只需要在 20 分钟、10 分钟,甚至是 5 分钟就决定你是否适合这个职位。或许只是一分钟,因为当你进门开口作自我介绍前,他已经在打分了。与此相反的是,如果你以"都敏俊"君的形象出现,无论接下来的表现如何,起码面试官会有想要进一步了解你的想法。由此可见,面试时,形成良好的第一印象,对于求职成功定能事半功倍。

## 三、职业装的穿着

在求职面试的着装上,应当穿着比较正式的服装。但是对于应届毕业生来说,可以允许有一些学生气的装扮,但是衣服的选择要与自身的职业、年龄及气质相符。总体的选择方向而言,仍以职业装为主。职业装是指与自身从事的职业要求及大众审美相适应的服装,它具有职业感及简洁、明快的特点。职业装不仅仅是对面试官的尊重,同时也是对自身职业的一种尊重,而当我们身着职业装的时候,会感受到一种职业的自豪感、责任感,是敬业精神在服饰上的表现。

职业装的着装规范是整齐、清洁、挺括、大方。整齐主要是指,服装必须合身,袖长需要到手腕部,裤长要至脚面。裙长要过膝盖。尤其是内衣不能外露;衬衫的领围要以插入一指大小为宜,裤裙的腰围要以能插入五指为宜。在穿着的时候,不要把袖子挽起来,更不要卷裤子,穿着之前要仔细检查衣服的纽扣,不要出现漏扣子或者掉扣子的情况。挺括是指在我们穿职业装之前一定要熨烫平整,如果自己没有工具,那么最好到干洗店中让专业人士帮忙熨烫,在整理职业装的时候也一定要注意挂晾,要让上衣平整、裤线笔挺。而在职业装的选择上,应该充分考虑其材质和价位因素。职业装特别是用于面试的职业装应该选择含毛质地的服装,且应该是你衣柜中价值最高的衣服。因为,你将穿上它开始人生中最重要的转折点。

而职业装的穿着,男生和女生的要求是不同的,下面为大家分别阐述。男生着装,主要讲述男生的西装穿着要求和礼仪。

(一)男教师西装的穿着技巧

在求职面试时,男生根据自己的身高和体型选择一套合体的西装是非常重要的。在目前市面上,西装的种类和类型也出现了很大的变化,除了传统的英式西装,现在还出现了很多适合和贴合亚洲人身形特点的韩式西装。比起正统较显古板的英式西装而言,韩版西装的式样和剪裁更贴身。那么如何选择呢?笔者认为还是应该根据自己的身材情况来选择。如果身材较高大,或者体重较胖,那么不妨选择英式西装,它会让你看起来更加的挺括,也能有遮蔽效果;如果身材稍显矮小,那么可以选择韩版西装,但是要注意的是,韩版西装有的设计较为花哨,这类服装不适合面试场合。你可以选择在颜色和款式上较为正式的服装,而且在松紧度上一定要适宜,绝对不能太贴身、太紧致,甚至不利于抬臂起手,但无论选择哪种款式,一定要注意西装的面料品质,以毛料为好,千万不要图便宜选择化纤类服装,这类西装容易起皱,容易沾灰。而西装的穿着一定要适合自身的身材特点,并熨烫笔挺。一套好的西装有助于男生气质的展现。

此外,近10年来,国内也兴起了一些改良的中山装,如立领类男装,这类男装也可以作为选择的范围。在面试中,男生的衬衫最好穿白色的,并尽量选择颜色明亮的领带。佩戴领带时应尽可能别上领带夹。西装和皮鞋的颜色以保守为主,袜子要以深色为主,尽量配合西装本身的颜色。如果面试者戴眼镜,镜框的佩戴最好给人稳重、调和的感觉。此外,要想达到整体形象的统一,彰显出个人的气质,还需要着眼于每一个细节的处理,在我们面试过程中,一定要作好充分的准备。一句话,面试不是一个需要图便宜的场合。

选择的穿着上,首先不能捉襟见肘,是指西装的上衣长度垂下手臂要与虎口平行,衣袖垂下手臂时,袖口在手腕上1~2厘米为佳。宽松度要可以穿一件羊毛衫感到松紧适宜为佳。西裤的长度以裤角接触脚背为妥。而衬衣的选择应穿着单色衬衣,最好是白衬衣。衬衫的领口大小要合适,领头要挺括、洁净,扣子要系好。不可以把西装和衬衫的袖子卷起来。衬衫的下摆要塞进裤子里。袖长应稍长于西装袖,衣领应高于西装领,以显示出穿着的层次。在男士饰品的选择上,领带是西装的重要装饰品,对西装的美观起着至关重要的作用,领带的选择首先是长度、宽度要适中。其尖端要正好垂到皮带扣处为宜。而每个人的领带长度完全由自身身高决定。如果是冬天面试,天气较冷可以穿上一件鸡心领羊毛衫,领带应放到羊毛衫内。固定领带作用的领带夹一般夹在衬衫的从上往下数第四颗纽扣。西装上衣扣上扣子之后,领带夹应当是看不见的。

穿西装时,扣子的扣法很重要,穿双排扣西服,不管在什么场合下,一般都应该全部扣上；单排扣西装可扣可不扣，两粒扣西装扣上边一粒，三粒扣西装扣中间的一粒。此外，还要注意一些细节问题，很多男同学没有带包的习惯，喜欢将钱包、钥匙或者卫生纸、打火机之类的物品随意揣入裤袋或者口袋中。在穿着西装的时候，有的同学也会将这种习惯带到西装里。但是，需要注意的是，西装的口袋是起装饰作用的，不能用来装东西，西装上衣的胸部口袋可以装折叠好的花式手帕，其他东西不宜装入。虽然一些物品可以装到上衣内侧衣袋，但是在面试过程中，还是希望各位同学不要随便乱装东西，否则会影响西装的整体美观。同样，也不要装在西裤的口袋中，特别是两边的口袋中鼓鼓囊囊的装东西。此外，穿西装要注意整体的搭配，特别是鞋、袜子。穿西装一定要穿皮鞋，最好是黑色皮鞋，有同学说，比尔·盖茨和微软精英们就是西装搭配运动鞋的，但是请注意，他们是这个时代的成功者，当然可以标新立异引领一个时代的潮流，但是作为职场新人的我们，还是先学好规矩。一般而言，在初学穿着的时候，请记住深色西装配深色皮鞋，浅色西装配浅色皮鞋。皮鞋一定要保持干净光亮，鞋底不要有泥土，袜子要选择和西装鞋子颜色相同或者类似的深色袜子，保持袜子的清洁和质感。需要坐下的场合，一定要选择中长的袜子，避免坐下时漏出皮肤和腿毛。

总之，作为一个职场人，就需要具备职场人的心态，在任何一个细节上对自己严格要求。而更重要的是，在平时养成一种社交的习惯和礼仪，只有平时多训练，到了求职面试的时候才会显得从容自信。最后，笔者建议，请每位男同学都准备一套适合自己着装的西服，而不是临时去借用他人的，除非经济条件不允许，一般不提倡租借面试衣物。

### (二)女教师职业装穿着技巧

女士着装以整洁美观、稳重大方、协调高雅为总原则，服饰色彩、款式、大小应与自身的年龄、气质、肤色、体态、发型和拟聘职业相协调、相一致。

最通用、最稳妥的不论年龄的着装还是一套剪裁合体的西装、套裙和一件配色的衬衣或罩衫外加相配的小饰物，这些都会使你看起来显得优雅而自信，会给对方留下良好的印象。但是切忌，由于职业的要求，一定不要穿着太紧、太透和太露的衣服。袒胸露背一般是西方女士参加社交活动的传统着装，但在我国却不一定适合，加之求职的场合更不允许，所以建议不要为了显得活泼可爱，而选择穿超短裙(裤)，而且不要穿领口过低的衣服；夏天，内衣(裤)颜色应与外套协调一致，避免透出颜色和轮廓，否则，会让人感到不庄重、不雅致，也给人轻佻之感，这是求职之大忌。大量的求职实践表明，不论是应聘何种职业，保守的穿着会被视为有潜力的候选人，会比穿着开放的求职者更容易被录用。

在教师求职服装的选择上，求职服装一般也以西装、套裙为宜，在套裙的选择上，面料非常重要，我们需要选择质地上乘、纯天然的面料。上衣、裙子和背心等必须是

## 第八章 攻略秘籍二：细节决定成败

同一种面料，面料需要尽量选择不起皱、不起毛、不起球、不沾灰的匀称平整、柔软丰厚，挂起来有垂性，摸起来手感较好的面料。因此，最好选择一些品质好的丝、麻、毛，不要选择棉和纯化纤面料。

在色彩上，要以冷色调为主，一套套裙的颜色不能太乱，一般不要超过两种，否则会显得杂乱无章。许多人有这样的误区，认为职业装就是黑白搭配，黑白色当然是服装搭配中的经典配色，但是黑白配职业装的重复率较高，而且较为古板，这种穿法虽然十分稳重，却难以显示出作为应届毕业生的朝气。现在社会已能接受一些较鲜艳的颜色，女性求职者服装的颜色可以有多种选择，因此，笔者的建议是除了经典的黑白配外，不妨选择一些颜色较为亮丽的职业套装。比如，谋求公关、秘书职位的女性穿黄色服装就容易被主试人接受，因为黄色通常表现出丰富的幻想力和追求自我满足的心理。红色能显示人的个性好动而外向，主观意识较为强烈而且有较强的表现欲望，这种颜色感染力强，容易打动主试人，令他振奋，使他印象深刻。

不过，女性应该避开粉红色，这种颜色往往给人以轻浮、圆滑、虚荣的印象。而作为师范生而言，重要的是要凸显出为人师表及干练的气质。套裙的穿着上要注意整体造型的变化，它的长短与宽窄两个方面都要充分考虑。而套裙的穿着要求是上衣不宜太长，下裙不宜太短，上衣最短可以齐腰，裙装的长度应在膝盖左右或者以下，最长可以达到小腿中部。裙子下摆恰好可以位于着装者的小腿肚子的最丰满处，此乃是最为标准、最为理想的裙长。如果裙子太短有失庄重，在西方礼仪上，如果裙子的长度较短，到了大腿左右，则非常失礼，且具有诱惑之意，在正式场合，皮质类裙装是特殊服务行业的一种象征，需要绝对避免。

此外，以宽窄肥瘦而论，套裙之中的上衣分为紧身式与松身式两种，一般认为，紧身式上衣显得较为传统，松身式上衣则更加时髦。但个人认为，在选择上衣时应根据自己的体型特点来选择。身材适中的可以选择紧身式，身材较单薄及较胖的，尽量选择松身式，可以弥补身材缺陷。上衣的袖长以恰恰能盖住着装者的手腕为宜，上衣或裙子均不可以肥大或包身。而在穿着时，要切记上衣的纽扣需要全部系上，不要将其部分或全部解开，更不要当着别人的面随便将上衣脱下。上衣的领子要完全翻好。不要将上衣披在身上，或者搭在身上。裙子要熨烫整齐穿得端端正正，上下对齐。应将衬衫的下摆放入裙子内。搭配上衣的衬衫应轻薄柔软，色彩与外套和谐，内衣的轮廓最好不要从外面显露出来。

对套裙的选择只需要注意肤色及体型的搭配。较胖一点的女生可以选择一般款式，颜色可以略微深一些，而肤色较深的女生不适合穿蓝、绿或黑色。而一些艺术学院的同学可以选择适当加一些流行元素和装饰性的饰物，其他的学院尽量选择一些较为正规的职业服装。

此外，还要注意在求职中，不论你的腿有多漂亮，都不应在面试时露着光腿。就西方礼仪而言，认为袜子是内衣的一部分，因此如果穿裙子不穿丝袜，那就相当于出门没有穿裤子,但是在中国由于气候的差异和习惯的不同,大多数时候,女生在夏季没有穿丝袜的习惯,个人觉得也情有可原,但是在面试的正式场合,请一定注意袜子的穿着。袜子绝不可露出袜边。在选择丝袜的长度上,要么穿长到大腿的长筒袜,要么索性不穿袜子,但绝不能穿半长不短的丝袜。就丝袜的颜色而言,市场上为了迎合大家对色彩的需要,出现了各种颜色、各种类型的丝袜,比较鲜艳的颜色有蓝色、粉红色、棕榈色,甚至玫红色,而类别更是五花八门,什么渔网袜、破洞袜,还有各类打底裤袜,在材质上我们可以选择尼龙丝袜或羊毛袜,但千万不要穿健美裤,把九分裤等裤装当成袜子。但是就面试场合而言,肉色丝袜是面试及商界着装中最适合的。但是再高档的丝袜,都会面临可能被钩挂抽丝的问题,因此为保险起见,除了选择品质好的丝袜外,你还应在包里放一双备用丝袜,以免脱丝能及时更换,请记住如果有了破洞的丝袜一定要及时扔掉或做他用,绝对不能反复穿。

除了套裙,还可以选择套装,基本的配色原则如上所述,但要注意的是服装必须合身,袖长至手腕,裤子的长度至脚面,裙长过膝盖,尤其内衣不能外露。衬衫的领围以插入一指大小为宜,裤裙的腰围以插入五指为宜,不挽袖,不卷裤子,不漏扣子,不掉扣子。作为女生更需要注意个人卫生,衣裤无污垢、无油渍、无异味,领口和袖口处保持干净,这些都是基本要求。此外,穿着套装一定要注意挺括的要求,穿之前一定要熨烫,不能起皱,穿之后要挂好,做到上衣平整,裤线笔挺。同样,如果没有熨烫工具或者不会熨烫,可以拿到干洗店熨烫。

作为教师在求职中穿鞋也有学问,求职时,应选择穿着与套裙配套的鞋子,宜为皮鞋,并以棕色或黑色牛皮鞋为上品。总的原则是应和整体相协调,在颜色和款式上与服装相配。面试时,不要穿长而尖的高跟鞋,中跟鞋是最佳选择,既结实又能体现职业女性的尊严。设计新颖的靴子也会显得自信而得体。如果是冬天面试,需要穿靴子,应该注意裙子的下摆要长于靴端。但无论是夏天还是冬天,一定谨记鞋跟的高度不宜太高,选择中粗跟,有的同学为了弥补身高的缺点,可以稍微偏高一点点,但是也不宜超过7厘米,更不能达到10厘米以上。由于面试教室一般空间不会很大,所以选择鞋的时候,尽量不要选择走起路来会"笃笃笃"或者"哒哒哒"响的鞋子。曾经有位面试官在忙完面试后,说过这样的话:"今天来参加面试同学的高跟鞋,响得我脑袋都痛了。"可见,任何一个不讨好的细节,都会造成面试的失败。

而高跟鞋的穿着也是有技巧和方法的,很多同学平时图方便,习惯穿旅游鞋、板鞋等休闲鞋子,很少穿高跟鞋,因此仓促穿上后,连走路都成问题,有弯着脚走路的,有小心翼翼、忐忐忑忑走路的,有的甚至站立的时候都是东歪西倒的,再加之面试时的紧张心情,一双不舒适和不习惯的鞋子往往也会给我们带来心理负担,有的同学甚至发生过跌倒的情况。为了避免这种情况出现,需要女同学们最迟在大三的时候就要练习穿着高跟鞋,学会走路的方法,而穿高跟鞋走路的方法是当我们站立和走动时,重心向后,膝盖伸直,不弯腿,挺胸抬头,平视前方,然后从容自信的迈步。千万不要给面试官带来一种别扭和战战兢兢的感觉。如果你现在还不会穿高跟鞋,请尽快练习。

女生大多喜欢佩戴饰物,但是饰物的佩戴原则是少而精。我们面试的时候,可以提一个较为正式的公文包,可以把一些重要的资料放入包内,但是不要把包塞得满满的。包的选择也要根据你的着装及身高作整体要求,如果你个子较矮小,包则不宜过大,否则会极不协调,至于首饰的佩戴一定要尽量少戴,特别是戒指的佩戴,要遵循佩戴戒指的礼仪,不能随意佩戴于无名指、拇指。而耳环的佩戴应当小巧且不引人注目,戴的耳环不要过长,以免发出叮当的声响或者触及脖颈,甚至挂到衣服上。在这里,重点讲下佩戴胸花的礼仪,胸针可以别在胸前,也可以别在领口、襟头等位置。胸针式样要注意与脸型协调。长脸型宜佩戴圆形的胸针,圆脸型应佩戴长方形的胸针,如果是方形脸适宜用圆形胸针。胸花的佩戴是有讲究的,可以根据服装的色彩、面料、款式来选用,白色衣裙配天蓝色或翠绿色胸花,形成冷调的协调美;红色衣裙配以黄色、本色胸花,形成暖调。但首饰的选择依赖于个人的审美和自身的特点,如果不会搭配,可以避免佩戴,减小适得其反的概率。总之,戴首饰的重要原则是:少则美。

此外,眼镜也属于装饰品,眼镜配戴的建议是,如果可以选择隐形眼镜,尽量选择隐形眼镜,这样可以让你更容易和面试官进行目光的交流,如果无法佩戴隐形眼镜,请尽量选择适合自己的镜框,式样宜新为好。另外,千万不可戴太阳镜(护目镜)去面试,当然更不能戴反光镜。

## 四、教师面试如何化妆

教师面试的时候,可以在以下几个部位进行一些适当的装扮。首先是嘴唇,嘴唇是脸部最富色彩、最生动的地方,也是最吸引人的部分,所以无论如何要使嘴唇显得有润泽感。面试避免用大红或橙红,过于刺目的嘴唇会给人以血盆大口的印象,使主试人唯恐避之不及。唇线不可画得太深,那样会使你的嘴显得突出和虚假。其次,眼睛。眼睛是心灵的窗户。因此,眼睛在面试时的作用是举足轻重的。为了使眼睛在面试时能动人而传神,面试之前就应稍加修饰,可以描一描睫毛,显得更灵动。眼睛小的,可以在眼睛四周轻轻地描上眼线,但不能描得太黑、太深,不要露出修饰的痕迹。如果你有近视、斜视和眨眼之类的毛病,就有必要戴上一副眼镜去面试,不要让眼睛的毛病贻误了你取胜的机会。再次,鼻子。我们说修饰鼻子,并不是要你去整容。你在鼻梁上略施淡粉,可以抑制出汗。面试时如果灯光太亮,会使鼻子出油发亮,如果天气太热,鼻梁上也容易出汗。有粉刺鼻、酒糟鼻和鼻炎者,最好提前到医院去诊治,以免妨碍面谈的效果。平常鼻毛长的人,面试前要格外注意修剪,如果鼻毛横行,主试人见了一定会感到恶心。另外,鼻端上或眼角里不要留有污秽积物。最后,作为教师,简单自然的妆容更适合职业需求,所以像眼影、腮红,大家可以不给予太多关注。最重要的就是得体大方,不能浓妆艳抹。

## 第三节 教师求职礼仪

有这样一句话：细节决定成败。在我们看来，与其说是细节决定成败，不如说是习惯决定成败。礼仪习惯的养成不仅仅是临时的训练，还在于日常的坚持。在求职面试中，逐步养成和形成注重细节的习惯，就显得尤为重要和必要了。那么在师范生的求职面试中，我们需要注重哪些细节呢？通过长期的实践与总结，我们为大家总结出了求职礼仪七步骤，下面就让我们一起学习。

### 一、求职礼仪七步法

**1. 步骤一：门外的礼仪**

用人单位的招聘，或到高校进行，或者在本地进行，都会布置一些招聘场所，而这些场所也是求职信息的发布之处，为了更快、更多的获得就业信息，每天到面试场所询问及关注就业信息的同学是很多的，用人山人海来形容也并不为过。作为人群密集的地方，作为求职面试者更应该注重自己的礼仪修养，展现出准教师的精神面貌。对此，我们应该注意这样一些方面。第一，不要在公众场合，大声喧哗。有的同学看到自己心仪的学校，不顾场合开始激动惊呼，甚至口出狂言，好像对方单位非君不可；如果看到一些比较苛刻的应聘条件，又习惯呼朋引伴。第二，不要随便发表见解，诋毁用人单位。虽然出发点可能只是为了缓解紧张的情绪，抒发自己的郁闷心情。但是这样做的后果就是，既导致了悲观和愤怒情绪的传播，同时很有可能被用人单位的老师或者领导听到，其恶果是显而易见的。

**案例1：** 一位同学到另外一所学校去应聘，到了这个学校之后，遇到自己的校友，马上大呼小叫引起了对方学校的关注，在岗位竞争如此激烈的情况下，离开本校到外校求职本来已经是无奈之举，而到外校求职无疑是跟外校学生形成了竞争，因此，他的行为不但引起了对方学校同学的反感，而且还"成功"地吸引了对方领导的干涉，最后铩羽而归。但是可惜的是当该同学回校后，讲起这件事情他并没有认识到问题的所在，而是将全部责任归结给排外、本土保护主义等外因上。

**案例2：** 刚踏进候考室，就看到王同学热情地跟我打招呼，我坐到了她的前面，然后我们悄悄聊起天来。7点半，我们候考室的两位女老师让所有考生上交了各自的物品。点名时我才知道，我们候考室实到25位考生，缺考的5位中，历史就占了3名，其中有初中历史组的最后一名，地理还缺了2名。意外的是，报考政治的考生全来了，他们只能用叽叽喳喳来缓解激烈竞争前的紧张。抽号时，王同学抽到18号，我抽到25号，在抱怨没有抽到上午的同时，我俩又放松起来，毕竟离下午还早着呢！因为没有手机，老师人又很好，所以我们号数靠后的人都像打开了话匣子，热火朝天地聊了起来,谁也没心情再看看书……面试真的安排得好紧凑啊,吃完饭,21号马上进入了备考室,紧接着23号和24号也过去了。结果,我还没完整地顺一遍讲课内容就被叫去面试室面试了,我一下就有点懵,真是没见过世面啊,脑子好乱,我甚至忘记了整理一下衣服,结果一开口就错了!(某考生面试总结节选)

**分析**:试想,第一位考生如果能保持克制,表现得有礼有节,何至于产生如此后果。而第二位考生如果在等待面试的过程中,自己静下心来看书,认真回忆自己准备的内容,而不是在等待面试的过程中,跟周围的同学说话、打闹分散了精力,何至于最后遗憾而归?!第二位考生在失败之后深刻的总结了自己的不足有五点,分别是:①紧张,说漏了一部分,不流畅;②衣服稍不正式;③站姿没站中间;④没在黑板板书,按原计划行事;⑤出门不从容,绊脚了。但是却没有总结到为什么会出现这样的原因。在笔者看来,最重要的原因在于她忘记了面试的礼仪,面试的礼仪不仅仅是保持进门前的那种微笑和鞠躬,而是心态上的重视与准备。实际上,从进入面试场的那一刻开始,面试者的言行就完全暴露在了考官的面前,任何一个行为都有可能决定你的职场人生。

**案例**:曾经有一位同学,在面试过程的答问环节,与其他同学相比显示出了敏捷和活跃,面试官较为满意,可以说已经取得了一定优势,但是当他离开面试场后,就在教室外面,大肆宣扬考官的问题,自己的回答,大肆评价考官的提问方式,甚至还贬低考官的提问水平不高,而这些言论都被考官清楚地听到,当场就非常气愤地宣布取消他的复试资格。

**分析**:可以说这位同学受到了一次非常深刻的教训。面试无小事,在面试过程中,一定要全身心的投入,把自己当作一个真正的职业人,而不是抱着一种试试看的心态。

**2. 步骤二:学会敲门**

在教师面试过程中,会有很多种的方式,有的是群体面试,是一大群同学或者3~5人,同时进入考场进行面试;而有的则是单独面试,单个进入考场。因此,面对不同的面试方式要有不同的应对措施,如果是集体面试,那么就不存在敲门的问题,只需要和同学们一起进入就可以了,但最后一位同学一定记得关上考场的门。如果是单独面试,无论门是虚掩或者关着的,都必须敲门。而敲门的要求是手掌微握,用食指和中指轻轻叩门,叩门的时候要注意频率和缓急,以三声为一组,要显得清晰不急躁,平时可以利用寝室门进行训练。有时门是开着的,这种情况,很多同学就会直接进入,或者认为没有必要多此一举。但从礼仪原则来说,虽然此时的门,不具备"敲"的外在意义,但是却具有"敲"的内在涵义,它既是面试者的一种礼仪的展示,同时也是面试者提醒考官注意的一种提醒方式。敲门时要配合站姿,一定要挺拔自信,不要倚靠在门框上。当获得考官认可后,方可进入到面试考场。还有在求职面试中有这样一句话:"大多数人录用的是有礼节的人,而不是最能干的人。"在敲门的那一刻,我们已经在比拼自己的礼仪了,谁能成为最有礼貌的人,谁就能最先赢得就业先机。

### 3. 步骤三:站立和入座

作为教师面试而言,绝大多数情况是站着接受考察和面试的,因此,良好的站姿非常重要。古语有云:"站如松,坐如钟。"良好站姿是需要长期坚持和训练的。由于平时没有训练过如何正确站立,面试过程中,常出现一些不良姿态。比如,有的同学习惯两手背后,"首长式"站姿,有的同学两手放到小腹,僵硬的互相交叠,显得尤其紧张;有的腿脚不知道怎么放,呈高低状;或者习惯性抖腿,摸头发,叉腰。总之,这些姿态都是不符合面试要求的。面试需要展示出挺拔向上的精神面貌,以及自信满满的神情状态。良好的姿势不但能给考官留下深刻印象,同时,也是自身素质的展示。那么,什么样的姿势是适合面试的呢?具体来说,要分为男生和女生的姿势演示。

以男生为例,结合上面所讲过的穿着要求,男生在站立过程中应该两腿与肩同宽,两手自然下垂,挺胸抬头,避免抖腿等小动作,如果要配合动作,手一定要提到腰部以上,而且手的动作不能太多,幅度不能过大,不能出现"游泳式"的姿势,更不能出现"指指点点""兰花指"等动作。就女生而言,要求两腿并拢,如果腿型不是很直,可以采取穿着西裤,或者采用前后式的站立方式,进行遮蔽。两手或自然下垂,或轻握放于腹部,同样需要挺胸抬头,避免抖腿,前后摇晃,以及过多的手部动作,同样,要做动作也要把手拿到腰部以上。如果站立得较久,可以轻微换下步伐,在一定情况下,如穿着的裙装,不利于遮蔽腿部缺点,也可以将腿分开3~5厘米,但幅度不能超过这个范围,否则显得非常不礼貌。

### 4. 步骤四:离场的礼仪

当考官发布指令,"好的,你可以出去了"或者"回去等通知吧"就意味着面试的暂时结束。面试结束之后,绝大多数面试者会在一瞬间感到轻松,面试成功者会兴奋不已,甚至忘记基本的礼仪而"得意忘形";而面试失败者则心情沮丧,无心关注面试场合的变化,更有甚者出现负面情绪"原形毕露"。因此,越是最后的关头,越是要把持住自己的各种形态,面试绝不仅仅只是进门和答问,只要没有远离面试场所,你的任何一个差错都可能会变得无法挽回。所以,请记住当我们和面试官的谈话结束后,一定要记住应当向面试官道谢,男生可以握手以表示感谢。如果考官为面试者倒了茶水,请一定记住把喝茶的纸杯拿走,如果写了板书,请一定记住把黑板擦干净,并轻轻地关上门。除了考官外,还应该主动跟其他一并参与到面试环节的工作人员道别,他们要么是用人单位的工作人员,要么就是学校的工作人员,因此他们之中也许有人会成为你今后的同事,也许会因为某人的一句话而给你的印象加分,所以不要忽略这些细节。

练习:

| 女士站姿口诀 | 男士站姿口诀 |
|---|---|
| 双脚并拢,身站直; | 两脚分开,一拳距; |
| 抬头收腹,手放松; | 身体站直,如青松; |
| 两肩打开,目前视; | 两肩平行,显气概; |
| 面带微笑,站如松。 | 面带微笑,魅力增。 |

| 女士站立手势 | 男士站立手势 |
|---|---|
| 右手在上拇指藏; | 右手在上左在下; |
| 虎口相交双手叠; | 握住指根显帅气; |
| 脐下脐上脐中位; | 两肩自然往下垂; |
| 从容自然显优雅。 | 面带微笑显亲和。 |

## 二、求职试讲礼仪

教师是一个专业性比较高的职业,在教师求职及工作考核中,专业技能的考核是必要的方面,只有极少数的非教师岗位不要求专业技能考核,无论是教师资格证的获取,还是公立、私立或是培训机构选聘教师,专业技能都是考核中的重中之重。而在专业技能的考核中,说课与讲课则是必考的项目。如何在说课与讲课中脱颖而出,显示出与众不同的教师素养?或许我们可以从考官的一些评判标准中得到结论,而这些标准是游离于纸质标准之外的,完全与考官个人的喜好有关。

**案例**:一位主持教师资格证面试考核的考官说过,"凡是走进教室,衣着不整奇装异服的,站没站相吊儿郎当的直接一票否决"。另外,一位中学的校长看到一位应聘的学生坐姿不雅,直接说道"连坐都不会坐,这样的老师怎么能教好学生"。

**分析**:从考官的言辞中,我们可以了解到除了平时要练好基本功,掌握好教学方法之外,临场"为人师表"的礼仪展示也是考官考核的重要方面。

(一)说课礼仪

说课是指教师在备课的基础上,在授课之前,对领导、同行或评委,用口头语言讲解某一课题的教学设想及其依据的教研活动。它是教师将教材理解、教法及学法设计转化为教学活动的一种课前预演,因而很受招聘学校的欢迎,成为组织考核和竞赛比较惯用的做法,也是每位师范生在教学法课程中教师教授的重要内容。除了掌握说课的方法外,求职者在面试过程中可以从以下几个步骤展现个人教学风貌。

**步骤一:遵循礼貌先行原则**

进入考室之后,先跟评委老师打招呼,并完整告知说课的课题。

例如:尊敬的评委老师大家(上午、下午)好,我是今天的第(X)号应聘者,面试的岗位是中学(X)学科教师。我今天抽到的说课题目是××版本××××课。请问,我可以开始说课了吗?

**步骤二:说课需要板书**

面试中的说课与竞赛中的说课是完全不一样的,在竞赛中的说课都是有精美PPT进行的辅助,教育信息技术也是新时代教师必须掌握的教学技能。而在面试的场合依然只有一块黑板、一支粉笔和一个粉笔刷,考核的是一个教师的教学基本功。因此,在面试中的说课,如果面试者仅仅只是通过声音,将很难在众多的求职者中给考官留下深刻的印象。破解这一难题其实只需要加入板书的辅助,边说边写,写的时候注意先写后说,不能对着黑板说,一定要转身面对评委辅以教学手势从容不迫的表述。通过这一礼仪细节的处理,你的说课面试将会糅合声音、文字、姿态、板书设计、粉笔字等诸多师范技能,将全方位多角度的展现你的风采,而更重要的是你还可以趁着写板书的瞬间整理思路,给自己一点缓冲的空间,可谓是事半功倍。

**步骤三:永远不要忘记擦黑板**

说课结束之后,记得跟评委老师致谢并离场。但是,在离场的瞬间请一定要擦干净黑板。不要小看这一细节的动作,它却是很多考官考核求职者的一个重要方面。

**案例:** 一个考官直接说道:"凡是不擦黑板的求职者将不予录用。"考官的理由是如果教师不注重细节,那很可能会在今后入职后给工作带来重大的失误。

**分析:** 作为求职者,你可能会认为是否有点小题大做了,但是考官就是这么任性。小小的一个动作,会让你变得更完美也会给后面的竞争者带来方便,这是个人素养的体现。

## (二)讲课礼仪

说课与讲课相比,说课是一种课前行为;讲课是一种课堂行为,属于课堂教学范畴。讲课是通过现场课堂教学实践来体现教学设计、分析与教学技能,是教学的设计及其分析的实施,教授的对象是学生。懂得了讲课与说课的基本区别后,会帮助我们理解面试中讲课的竞技方式和考核。我们认为要在面试中通过讲课赢得考官的青睐,除了以上讲到的需要共同遵循的三个礼仪步骤外,还需要懂得一些教学面试技巧。一般而言,以招聘为目的的讲课时间会为10~20分钟,这10~20分钟的讲课很重要,是决定你能否制胜的关键,因此,就要研究 10~20 分钟的讲课技巧。这涉及流畅自信的语言表述、合理的教学设计、清晰明了的板书,三者需要有机结合。

(1)在语言表达上,需要洪亮、有激情,语言精确,语调抑扬顿挫,注意高、低、快、慢、轻、重、缓、急。要体会语调的变化,平时可以听一些朗诵作品,如《致橡树》。

(2)在教学设计上,麻雀虽小,五脏俱全。意思就是说即使是在 10~20 分钟的讲课时间中也需要体现一堂完整的课,而构成一堂课的必要环节导入、过程和结课都必须完整。就导入而言,这是一节课的开端,好的开端意味着成功了一半。因此,一定要结合学科特色选择最适合本学科的导入方法,在已经具有了一定教学能力的基础上,力求能先声夺人。一段优秀的导入能使考官集中注意力,产生好奇心,能调动考官想要进一步了解课程内容的积极性。而在教学过程的设计上,需要贴合教学内容的特点,如果面试没有指定教学内容,考生一定要选择自己熟悉的教学内容。因此,在选择内容时要注意:内容的完整性,有一定的知识深度;说理性强,有严密的逻辑系统性;便于运用学思结合的教学方法。如果面试时指定了教学内容,一定要注意围绕核心、合理选取、大胆取舍。不要为了追求形式上的面面俱到而泛泛而谈。没有一定深度的仅仅只是念书、照背教材的讲课肯定不会被青睐。选定教学内容后,要依据授课内容整理知识层次,注意循序渐进、由浅入深、层次分明,具有严密逻辑系统性的讲课思路,形成自己的教学特色。在教学过程中,还要注意教具的使用,如果有充足的时间准备,可以带上与教学内容相关的教具,如地理学科带上地球仪、历史学科带上历史地图等,当然如果你有一手过硬的书法,有现场画图的能力,当然会令你脱颖而出,在暂时缺乏这些能力的时候,请不要小觑教具的作用,它会让你的讲课增加生动性,让你在众多的求职者中令考官印象深刻。

(3)在结课环节上,结课部分最容易犯的问题就是虎头蛇尾,绝大部分求职者在导入和教学过程做得不错,却不注重结课的完成。有的心理素质差的同学,只要一旦被评委喊停,就目光闪烁,茫然不知所措,根本就忘记了还有结课这回事,所以,才会造成诸如忘记擦黑板、忘记离场礼仪之类的情况出现。

在结课的问题上,我们的建议是"虎头仍需虎尾"。如果有充足的时间结课,可以采用最常用的总结知识点的方式结课;如果中途被打断一定要沉着,可能有些同学会问这个时候能不能坚持把课讲完。我们的意见是"NO!"一定要尊重考官的意见,赶快停止。但是,你可以继续展现自己,你可以这样说:"好的,同学们,这节课我们就上到这里,如果大家有不明白的地方,可以随时到办公室来问老师。同学们,下课!"为什么要这样说,已经不必我们多作解释了吧。如果属于可以透露个人信息的面试,你还可以继续大胆的写下你的电话号码,然后告诉"同学们,老师的手机随时为你们待机"。如果有这样的工作态度,还有什么样的考官不被这种职业精神所征服呢?

（4）在授课风格上，每位老师都有各自的特点，将特点最大化就能形成自己的风格，在教师求职的竞争中，如果你是男生，当你走上讲台，一定要展现出自信、胸有成竹的教态。如果你是女生，穿着一定要美丽大方，气质高雅而又不失质朴。如果你属于激情型教师，那么讲课时一定要激情满怀，语言精确，激昂豪放，时高时低，时急时缓，抑扬顿挫，调动考官的思维；如果你属于娓娓道来型，不妨不急不缓，沉着应战。如果你的特点是板书字迹工整、翔实得当，那么请一定设计一个完整而规范的板书。以上的建议如果你能长期实践并坚持下去，那么恭喜你，你一定会成功！

## 小贴士八：面试服装搭配

得体大方的衣着在面试时总会为你增加自信，加分不少，现在我们就来学习在面试时我们应该怎么穿。一般来说，面试时的穿着以职业装为主，职业装分为男装、女装，女性职业装又分为裙装、裤装、连体装，不同季节的职业装材质也是千差万别的，它们款式不一，颜色各异，但其效果都是使人穿着起来端正、大方、有礼仪。怎么选择适合自己的职业装呢？我们不妨先认识一下基本款的职业装（图8-1）。

(a)　　　　　　　　(b)

图 8-1　女性职业装

图8-1是基本款的女装，包括裤装和裙装，上身均是衬衣搭配黑色小外套，衣服材料厚度一般，适合春秋季节穿着。也就是说，春秋季节的面试，选择裤装和裙装都可以。颜色上，黑白是经典色，比较保险，也较为正式。这就是基本款，是大学生在面试时的基本穿着。那么根据衣服的特点和自身特点，如何选择适合自己的衣服也有小技巧。

## 第八章 攻略秘籍二：细节决定成败

首先，到底选裤装还是裙装呢？别急，这就要根据你的身材来挑选了。如果你的身材是较瘦或者适中，那么，裙装、裤装都没问题，但建议穿裙装，搭配一双高跟鞋，更显气质。如果你是较胖的，特别是屁股和大腿肉多的，建议穿裙装。当然如果你是那种身材匀称，但腿部肌肉特别发达的话，穿裤装能够稍微遮一下哦。

需要注意的是，图 8-1 的女装也要根据不同的身材、脸型来搭配。比如，图 8-1 中，有些细微的差别。第一，衬衣款式不同；第二，西装纽扣数量和位置不同。这些细微的差别也会影响我们的整体气质。因此，我们要根据自己的身材和脸型来进行选择。

首先，在衬衣的选择上，上身较胖的人不建议选图 8-1(a)较为复杂的衬衣，而应该选图 8-1(b)简单的，带有较多花纹的衬衣会让上身更加膨胀；上身较瘦的人图 8-1 中均可选取。

在选择职业装时，也不要忽略了自己的脸型，怎样搭配职业装能修饰自己的脸型呢？人的脸型主要有圆脸、方脸、方圆脸、瓜子脸、鹅蛋脸、长脸等，这时，你就要根据自己的脸型来挑选不同的职业装。例如，圆脸、方圆脸一类的女生，在选择衬衣时可以选择图 8-1(b)中的 V 领，小外套也应选择线条明显的 V 字外套，这样一来，脸型会在视觉上拉长，小圆脸就会变成鹅蛋脸。长脸女生在衣服选择上建议选择带花边的圆领或 V 领衬衣，或者普通衬衣加上带花边的小外套，都会在视觉上缩短脸型。瓜子脸和鹅蛋脸的脸型在衣服的选择上基本不挑，所以都可以。

近年来，黑白搭配的职业装虽然最标准，但色彩的加入让职业装有了靓丽活泼的感觉，职业装的款式也有更灵动的一面。如果你面试的职业比较轻松活泼或是自己想展现更加青春向上的不同的气质，你可以选择带有一定色彩的职业装（图 8-2）。

图 8-2 职业装(1)

除此之外,面试时,也可以穿上下连体的套裙或者连衣裙外搭小西装(图 8-3)。

图 8-3　职业装(2)

夏季面试时只需要将外套脱掉,换上短袖的衬衣或将长袖衬衣挽起即可,也可以穿短袖连体套装。冬季则可穿大衣或者加厚型的职业装(图 8-4)。

图 8-4　职业装(3)

男生面试时穿着的服装相对女生来说,选择面要少一些。主要颜色是黑色、灰色、银色或蓝黑色,西装的款式要么有条纹,要么全部一个色系,要么口袋袖口领口带有其他颜色(图 8-5)。

图 8-5　西装

## 第八章　攻略秘籍二：细节决定成败

如图8-5所示的西装较为成熟，领口的大小不一，左边开口较大纽扣只有一颗，右边领口较窄，三颗纽扣。一般来说，右边更加成熟一些，所以男生在选择时，保险起见，还是建议选左边的西装。

对于教师面试来说，除了西装之外，还可以根据季节选择一些较为正式的风衣，或者具有中国传统服装特点的立领服装，如图8-6所示。

图8-6　男式风衣

总的来说，面试时的穿着会在第一时间给面试官留下稳重、干练的印象，所以在服装的选择上一定要选适合自己的。

注意不要穿过紧、过松、过长、过短的服装，尽量选择中等的尺码和中性颜色。最好能够量身定制，服装选好后，女生尽量把头发扎起，化上淡妆，穿上一双高跟或中跟鞋，带上笑容，自信地走进面试场地。男生也不能马虎，做好脸部和头发的清洁，绅士的回答面试官的问题。

### 思考题

为了深化理解和巩固本章所学内容，建议你进行如下学习活动：
（1）列出本章男士、女士面试着装技巧，并在日常生活中尝试进行设计搭配。
（2）按照本章所讲的"教师求职礼仪七步法"，与同学互相练习。
（3）模拟一次面试场景，扮演求职者角色。

# 第九章 教师求职第六关：技巧的运用

## 第一节 训练口才，积极准备

2015年4月，我校组织了一次大型招聘会，参加招聘的单位近2000家，但签约人数却只有不到700人。排除各种主观和客观原因外，通过观察发现很多教育类的招聘岗位明确提出应聘者要有语言表达能力、较强的沟通能力，甚至有的学校直接开设条件"有写作演讲专长者不限专业"，由此可见语言表达能力对于教师求职的重要性。

在教师求职面试中，私立学校及培训机构一般仿照结构化面试的方法，再配合教师的专业要求，一般会采取笔试+面试的方式。笔试以破解高考题为主，面试分为说课或讲课再加现场提问的环节，签约方式一般为现场签约。而公立学校绝大部分是通过公招笔试后，以1∶3的比例组织面试，面试的方式是讲课或说课，有的学校会有提问环节，有的学校不要求回答问题。但是无论采用哪种方式对考生口才的要求都是必不可少的。

在教师口才训练上，笔者将其分为长期和短期两种方式。长期的训练需要在职业生涯规划时就作出计划，并坚定不移地执行。短期训练具有实战性和暂时性的特点，它是在长期训练的基础上的一个战略性的提升，通过一定的方法在短期内达到运用的目的和效果，如我们的面试口才就是属于其中的一个方面。

### 一、教师口才训练途径

对于教师口语训练，目前市场上已经出现了多本教材及参考书。比如，由北京师范大学出版社出版，国家教育委员会师范教育司主编的《教师口语训练手册》、暨南大学出版社出版的《教师口才艺术》等，这些书籍对教师口才的理论成因、风格特点及训练方式进行了探讨，很多的内容值得学习和参考。同学们可以作为课外的重要读物进行阅读和实践。笔者认为，在口才学习过程中，除了对理论的学习，更重要的是要找到语言学习的方法和规律，并持之以恒的坚持。在语言表达过程中，最基础的训练是锻炼表达者的逻辑性与条理性。

**1. 叙事的逻辑训练**

叙事是口语表达中的一项重要能力，它的使用范围非常广泛。作为一件完整事情，它本身是由多种要素构成的，一旦缺乏这些要素，则会给我们的语言交流带来不便。比如，曾经流行这样一个网络段子：

甲:今天我想请你吃饭?

乙:哦,谢谢!

甲:你想吃什么?

乙:都可以。

甲:那我们吃牛排吧。我已经订餐了。

乙:也行。

甲:那我们下午见。

乙:哦,晚上我要加班,来不了。

甲:……

乙:……

为什么会产生这种让双方都不知所措的效果?其原因在于甲在约乙的时候,缺乏了必要时间前提,导致了他们最后的交流无效。而这种表述习惯在课堂教学中及面试中也屡见不鲜。在教学中,无论是人文学科还是自然学科都需要大量使用讲授法来表达教学意图,实现教学目标,缺乏必要的叙事要素会导致学生听不懂,教师疲于应付。在求职中,让评委听明白求职者的意图其重要程度不言而喻。

叙事的方法可以用"七何公式"和"五何公式"来练习,所谓"七何公式"是指叙事中的七大要素:何时、何地、何人、何事、何因、何果、何观。比如,我们常听到的交通报道就是运用这七大要素构成的,它能在简短的语言表达中清晰明了的讲清楚事情的来龙去脉,蕴含较大的信息量,其优点在于叙事严密,逻辑清晰。

**案例1**:2013年2月1日早上8点,北京四环太阳宫至望京桥附近,一辆大客车追尾水泥罐装车相撞。据统计,因冻雨导致路面湿滑共发生交通事故12起,涉及40多辆车,共造成4人受轻微伤。事故全部采用简易程序处理,至上午10点,道路恢复通行。在此提醒各位司机朋友,小心驾驶注意安全。

**案例2**:2010年2月1日11时40分,江口县闵孝镇新岭村305省道85号桩处发生一起交通事故,事故的原因是一辆大货车和一辆本田小轿车相撞,造成2人受伤。事故发生后,江口县及石阡县两地人民政府即率相关部门赶赴现场开展先期救援处置等工作。在此提醒广大司机朋友,一定要小心驾驶,尊重他人生命。

**分析**:我们可以发现在这两则交通报道中,紧扣了七大叙事要素,因此表述清晰明了,用语简洁,实现了最大限度的用简短语言蕴含最大信息量的目的。在实际运用中,实际上可以省掉其中的何因、何果成为"五何公式",即何时、何地、何人、何事、何观。掌握了这五大要素,我们可以用于组织各种叙事材料,可用于教师描述事情,总结提炼中心。

**案例**:烽火戏诸侯(可用于历史或语文的课堂导入)

西周末年,周宣王死后,其子宫涅在镐京即位,是为周幽王。当时的西周多地发生了灾难,老百姓饥寒交迫,四处流亡,社会动荡不安,但是周幽王却是一个荒淫无道的君主,他好美色,下令广征天下美女入宫,其中一位叫褒姒的美丽女子受到周幽王的喜爱,虽然褒姒生得十分美丽但是却从未笑过,为了博得褒姒一笑,周幽王竟然点燃了报警用的烽火,引得不知缘由的诸侯纷纷派兵前来救驾,褒姒见千军万马召之即来,挥之即去,觉得非常有趣,竟嫣然一笑,周幽王大喜。此后,为博褒姒一笑常常如此,最终导致了犬戎的入侵,西周灭亡。这个故事给了我们很多的启示,请同学们发表一下见解。

**案例**:牛顿的故事(可用于物理的课堂导入)

1666年的夏末,在英格兰林肯州乌尔斯索普,一个腋下夹着一本书的年轻人走进了他母亲家的花园,他坐在一棵树下,开始埋头读书,当他翻动书页时,头顶上的树枝晃动了起来,一个苹果正好砸到了他的头上,而当时这位年轻人正在苦苦思索着这样一些问题:是什么力量使月球保持在环绕地球的轨道上?看到地上的苹果,他又不禁想到为什么这只苹果会坠落到地上?通过不断地思考,这位年轻人找到了答案:那就是万有引力。而这位善于思考的年轻人就是牛顿。从牛顿的故事中,我们可以感受到在科学探索的道路上观察和思考的重要性,让我们一起进入到万有引力的学习中。

**分析**:从以上的例子中,我们可以通过拆分发现叙事要素的完整性,只有完整的叙事才能逻辑清晰的组织语言,简洁明了的表达讲述内容。形式为内容服务,方法为教学服务。

**课后练习**:请运用"七何"与"五何"公式进行与教学内容相关的叙事训练。

**2. 叙事条理性训练**

在日常闲聊或者和熟悉的朋友交流中,绝大部分人能口若悬河,滔滔不绝;但是许多同学到了正式场合要么声音很小,要么反复重复,时断时续。下台后感觉头脑一片空白,无法回忆自己的表述,更有甚者出现全身冒汗、嘴唇发青发紫。出现这种情况,一方面是因为缺乏自信心;另一方面是因为没有掌握表达的技巧。就条理而言,实际上只需要掌握条理表述的方式——数字+标题+内容,以及掌握几种逻辑关系——总分、分总、总分总,持之以恒加强训练就可以达成。在日常教学中,可以用这个方法总结课堂教学内容。

**案例**:这节课我们一共学习了三个方面的内容,第一个方面是西周的发展脉络,主要通过时间轴的方式来呈现;第二个方面是西周灭亡的原因,从政治、经济等角度作了详细的分析;第三个方面是对西周灭亡的评价。通过运用不同的史观,我们可以得出不同的结论。以上就是我们这节课主要的学习内容。

这段表述简洁明了,层次清晰,是日常教学中最常用到的结课方式,此外在教学过程中,也可以边教学边总结,它们共同运用的是条理表达的方式,语言表达的条理性是教师在教学活动中的基本素养。

## 二、求职口才训练方法

教师的求职口才与日常的练习是分不开的,此外,教师在求职口才的训练中,除了说之外,听的训练同等重要。有这样一个段子:

甲:请问,你有没有×××的电话号码?

乙:(五分钟后)有啊。

甲:那么,请告诉我好吗?

乙:(五分钟后)好啊。

甲:……

这个令人忍俊不禁的网络笑话,实际上它常常以各种方式出现在我们的身边,造成这种情况的原因在于听者没有领会到说话者的意图。如果放到求职场合,那就是面试者没有领会到考官的提问意图,答非所问,其危害性可见一斑。如何做到听懂考官的问题呢?这就需要面试者具有一定倾听的能力。

所谓倾听是指用我们的听觉器官来接受言语信息,进而通过思维活动达到对信息认知理解的过程。简言之,就是用耳朵接收信息,用大脑分析提炼有效信息,然后再通过组织相对应的语言回答问题。怎样应对考官的提问,听懂考官的问题呢?在此,笔者有如下的一些建议和方法可供大家选择和训练。

**1. 虚拟情境,角色扮演**

在面试前,可以虚拟面试情境,进行角色扮演,一部分同学充当考官,然后轮流担任不同角色进行模拟面试。或者设置多个考生,集体面试(图9-1)。

```
              考生

考官1   考官2   考官3   考官4   考官5
```

图9-1 面试情境

**2. 控制情绪,耐心专注**

模拟面试过程中,要保持面试的严肃性,努力融入面试情境认真扮演角色,同时要努力控制紧张情绪,认真聆听考官的每一个提问。在听到问题之后,不要马上开口作答,运用前面所学语言表述的逻辑性与条理性的方法迅速组织语言。

**3. 逻辑清晰,从容作答**

在初步分析了考官的提问之后,迅速提炼考官所提问题中的核心信息,围绕问题的中心合理组织语言,并从容的回答。在答问过程中注意控制时间,一般而言回答问题不要超过两分钟。其理论根据在于一旦超过2分10秒容易让听者产生疲惫的感觉,不利于最后的得分。因此一定要合理控制答问时间。

### 4. 总结归纳,换位反思

模拟面试结束后,参与的同学一定要及时总结归纳,并从考生和考官的角度来分析面试心理。首先,从考官的心理层面思考,考官希望听到什么?最后形成文字分析材料。在模拟面试之后,一位被考官淘汰了的同学曾经这样质疑道:"老师,我觉得很不公平!面试官才给我5分钟的时间就判我出局,他们有看到我在大学四年期间付出的努力吗?他们凭什么就认为我不如留下的同学,其他同学究竟哪里比我强?"实际上,有这样的疑问是值得认可的,这是我们在面试过程中进行反思的开始,面试是残酷的,正如这位同学所说的那样,面试官凭什么就在5分钟之内就决定了我们的去留?看似毫无道理,而实际上每一位面试官都有自己判定人才的一套标准,他们究竟从哪些方面在短时间内进行取舍呢?我们不妨从同学们亲身参与的模拟面试中得到一些启示:

活动方式:模拟面试

活动地点:教室

参与者:××师范大学大三物电学院同学

活动规则:

面试者:自我介绍+答问(每人5分钟)

考官:自由发问+投票

求职者、考官,进行角色互换

示例一:

面试结束后,不同角色的面试感受:

A. 作为面试官

(1)面试官一开始都对每位面试者充满了期待,所以,第一感觉和开口的第一句话对面试官很重要。

(2)作为面试官,当然喜欢经常关注他的人,所以,经常看我的人我也会多关注他几眼。所以,要想引起面试官的兴趣,你就得先对他产生兴趣。

(3)最重要的就是说话。不仅自我介绍要语言条理性强,而且内容非常重要,一定要对其胃口,说清楚你为什么能胜任这份工作,给出你的论据。另外,回答面试官提出的问题时,必须要清楚面试官到底在问什么,千万不要答非所问。

B. 作为面试者(求职者)

(1)作为面试者,避免紧张是首要的。不论怎样,形象、气质、微笑都必须尽量的展现出来。

(2)在面试中,要自信大胆地说出自己所想,对任何事情有些主见更好,而且一定要说出为什么。

(3)在面试前,一定要对该学校做到真正的了解,在回答稍后的提问过程中,一定要巧妙,灵活的以礼貌、大气的方式回答。

(4)在必要的时候学会用感情来感染面试官,显示出你的情感优势。

2012级物电学院甘同学

示例二:

A.作为面试者

(1)准备不充分。虽然想好了答案但是口头表述的永远跟自己想的不一样,有的时候背道而驰。

(2)面对考官提的同一个答案,容易受其他面试者的影响,有的时候会自乱阵脚。

(3)一直处于被动状态,被考官牵着鼻子走,不知道考官的出题意图。

应对方法总结

(1)在面试前做大量的练习,想到所有会出现的状况,并做模拟面试的练习。

(2)试着揣摩考官的心态。

(3)不能表现得过于优秀,注重礼仪,眼神交流。

B.面试官

(1)讨厌一样的答案,希望得到新颖的答案,但是讨厌骄傲和自以为是。

(2)喜欢有礼貌的人。

(3)很怪诞的心理:不希望出现一位对任何问题都对答如流的人,希望能在自己的引导下得出自己想要的答案。

2012级物电学院张同学

## 第二节 围绕优势,展现特长

《孙子兵法》有云"知己知彼,百战不殆"。在求职中,或许你会忽然发现,平时在身边表现得并不是那么出色的同学,在面试场上竟然完全变了样,他们或者成为整个面试场的焦点,早早签约;或者成为用人单位争夺的宠儿。他们成功的秘诀在哪里呢?下面就让我们来破解。

### 一、关键的自我介绍——自我介绍的方法及重要性

自我介绍是向别人展示自己的一个重要方面,自我介绍好不好直接关系到你给别人的第一印象的好坏及以后交往的顺利与否。自我介绍是每一个进入职场或者职场中人都必然要经历的事情,更是求职中为自己赢得完美第一印象的关键环节。因此精心准备自我介绍,既是对考官的尊重同时也是对面试机会的珍惜。

#### (一)巧解名字赢得先机

介绍名字是面试场合中开口的第一句话,更是除了穿着、举止等形象之外,给人的第一印象。名字既是我们的社会符号,也是父母给予我们的第一份人生礼物,所以

名字值得每个人珍惜与重视,但是,在实际面试中,却常常出现对名字的介绍,要么用力过猛,要么囫囵吞枣,一闪而过,没有被听众记住的名字,实际上是一个失败的自我介绍。据统计,一个人能记住另外一个人的名字实际上只需要0.5秒。因此作好名字介绍不但可以赢得人际交往中的第一份好感,而且还能为我们今后在职场中的成功打开第一道大门。而掌握名字介绍的规律、方法和技巧显得非常重要。在介绍名字中较常用的方法有重音介绍法和拆字介绍法,这两种方法可以综合运用。比如,"大家好!我叫张强(重音,略停顿),弓长张,强大的强(坚强的强)"。该方法的运用较为普遍简单易学,但缺点是缺乏鲜明的特点。因此为了加深印象,我们还可以根据名字的不同特点及不同场合增加名字的特色,迅速让别人记住自己。具体来讲分为以下五种方法:

第一类,简洁类名字。这类名字的特点是简单、明了。一般而言,此类名字重复率较高,介绍的难度不大,但是如果不能巧妙把握,将给他人的印象不够深刻,如王勇、王强、周丽、王艳、张芳、赵钢之类。这类名字的介绍方法,一般可以采用重音+拆字介绍法即可。比如,大家好!我叫王勇,三横王,勇敢的勇。赵钢:大家好,我叫赵刚,走肖赵,钢铁的钢。这类名字优势在于简单明了,但是由于重复率较高,所以要特别注意停顿和重音的把握,一定要清晰明了。

第二类,意境式名字。这类名字的特点是容易根据字面的组合,形成一幅有意义的画面。针对这类名字我们可以采用图画介绍法,如江明菊、徐意嘉、杨紫薇、何旭东、申招霞等。具体的介绍方法,我们可以采用重音+拆字+画面的方法。比如,江明菊这个名字,在应聘或者演讲等正式的场合我们可以这样来介绍自己:"大家好!我叫江明菊,长江的江,明亮的明,菊花的菊。我就是来自长江边上的一朵明亮的菊花。"又比如,杨紫薇:"大家好!我叫杨紫薇,木易杨,紫薇花的紫薇,我是来自扬子江畔的一朵小小的紫薇花。希望大家能够喜欢我。"又如何旭东,"大家好!我叫何旭东,何处旭日在东升?这就是我,我叫何旭东"。又如申招霞,"大家好!我叫申招霞,伸手招一招美丽晚霞,我就是申招霞"。以上就是图画介绍法的具体运用,人类对文字和图画的记忆规律中,对于图片的理解和记忆要明显强于文字。因此,将自己的名字化作一幅图片,是非常容易让人记忆的。

第三类,谐音类名字。这类名字的特点是名字本身就是一组谐音词,此类名字虽然很难形成画面,但是由于有谐音的特点,只要寻找到其谐音规律,找到运用的原则,也非常容易让人记忆,如肖丽华、熊丽梅、刘人铭、刘艺、刘起立、陶学易、石宝洪等。具体方式可以参考以下范例。肖丽华:"大家好,我叫肖丽华,各位也可以叫我小梨花。"熊丽梅:"大家好!我叫熊丽梅,倒过来念就是美丽熊,非常高兴认识大家。"刘人铭:"各位朋友,大家好!我叫刘人铭,为了跟各位成为好朋友,我首先留下自己名字,我叫刘人铭。"刘艺:"大家好,我叫刘艺,金刀刘,艺术的艺,请大家多多留意我,我叫刘艺。"以此类推,只要寻找到自己名字的谐音特点,都可以尝试。

第四类,典故类名字。这类名字的特点是名字本身有出处,要么出自经典文献,要么出自古典诗词。因此,这类名字本身就有一定的内涵,一般而言,不用再特意拆解破坏其结构。比如,"大家好!我叫张琪文,古语有云:奇文共赏之。我愿意与大家共赏天下奇文。我叫张琪文"。再如,"大家好!我叫周嘉木,《茶经》有云:南方有嘉木,我就是来自南方的周嘉木"。此外,对于一些虽然无特殊含义,但是却能与典故结合的名字,在不同的场合可以有不同的介绍方法。比如,一位叫毛冯的女孩子,其名字是父母姓氏的组合,为了让名字更加的响亮,在求职的场合,她是这样介绍的:"大家好!我叫毛冯,古有毛遂自荐,得出使机会,成就奇功;后有冯唐易老,感慨英雄迟暮。希望各位老师能给我一个自荐的机会,我一定会认真把握。"这样的一番介绍,不但结合了历史上有名的典故,而且还切合了该名同学中文专业的特点,有力地展示了自己的学科优势与文学特长。但一定要切记的是要根据名字的特点,不要生搬硬套。

第五类,生僻字类。这类名字,由于采用了汉字中不常使用的生僻字,优势在于避免了重复率,但是由于普识度不高,所以会造成认读困难,因此,在介绍中如何化繁为简就显得尤为重要了,如张垚、周淼等,对于此类名字,要么采用拆分法,要么直接谐音化。先让听众记住其名字的发音,然后再及时纠正字型。

在名字介绍中也有一些需要遵循的共同原则,如不要在介绍名字时出现负面信息。比如,"大家好!我叫秦倩,秦侩的秦,倩女幽魂的倩"。这样的介绍可能会博大众一笑,但是很有可能会留下负面的暗示信息,反而得不偿失。以此类推,姓陈的,不要用陈世美,姓汪的,不要用汪精卫。此外,介绍名字,男女有别。男生在拆字的时候尽量用具有男子汉特色的要素。比如,姓杨,不要用杨玉环,姓李,不要用李清照等女性名字;反之,女生在介绍名字时,也尽量不要用男性特色较强的要素。比如,如果女生的名字中有强、勇等字,在解构时就要注意,不要给人带来僵硬、强势之感。

(二)突出优势决胜职场

除了巧妙的介绍自己的名字,接下来就是要让面试官在1~3分钟了解自己。很多同学认为,不就是说说自己是谁,来自哪里,有些什么荣誉,兴趣爱好是什么……实际上,这是非常仓促和浅层次的想法。自我介绍的准备可以说是一个长期的过程,从宏观上讲,从同学们进入大学的那刻起就在为四年后的自我介绍作准备,从微观上讲,自我介绍是由一定科学的方法构成的。

先讲宏观,自我介绍是对大学生活和经验的一个浓缩,在短短时间内对自己大学生活进行总结和回顾,从这个意义上讲,有什么样大学生活就有什么样的自我介绍;微观来说,自我介绍包含三个方面,分别是经历、经验和作用。这三方面是由逻辑线索联系的。比如,大学四年的主要经历是什么,通过这些经历给我们带来了什么样的经验,而这些经验又有什么作用。在这三个要素中,经验和作用较为重要,特别是作用更为重要。

理解了这些原则，同学们在面试前一定要提前准备一篇自我介绍并且烂熟于心，随时随地都可以清晰明了的叙述。只有这样，在面试的高压过程中，才会应用自如。

**案例：**××师范大学2010级×××学院毕业生赵同学，该同学在大学期间没有获得过任何奖学金证书，也没有担任过任何的班委职务，是一名普通的甚至没有什么特色的大学毕业生，但是这位同学的特点是有很多参加教学实践的经历，口头表达能力强，她的面试目标是家乡的一所私立中学。在初期的面试中屡屡碰壁，通过分析交流后，笔者要求她按照教授方法写一份自我介绍，原文如下：

各位领导大家好！

首先，很荣幸今天能在这里参加贵校的面试，有机会向各位领导请教和学习。同时，也希望能通过这次面试将自己展示给大家，赢得一个成为贵校一分子的宝贵机会！

我是来自××大学××学院××师范专业的2014届应届毕业生，我的名字叫赵×××，"赵"是赵钱孙李的"赵"，"×"是发现的"×"，"×"是"投我以木桃，报之以琼瑶"的"×"。就如我的名字所寓意的那样，我总是善于发现生活中的美好，而励志成为一名教师的我，也总是时刻提醒自己要善于发现每一个学生的优点和美好品质，并帮助他们发扬和充分利用这些优点和品质。

从进入大学起，我就十分重视培养自己的师范技能，夯实自己的专业基础。我积极参加学校组织的试讲活动，并在学校的试讲验收中取得了优异的成绩；同时，我也在平时参加了许多与教学相关的社会实践，先后在×××、×××等地开办寒暑假培训班并担任培训教师，并于今年的9~10月底在××市第二中学进行了为期两个月的教育实习，期间担任高二年级文科三个班和初二年级两个班的××教师，并帮助他们在该校的第一次月考中取得了不错的成绩，特别是高二年级的一个艺体班，进步十分明显，得到了学校领导的肯定。这些为自己正式走向教师岗位打下了坚实的基础，我相信自己已经初步具备了成为一名合格的中学××老师的基本要求。

但我深知学无止境的道理和终身学习的重要性，因此我从不曾放弃学习和自我提高，不仅在平时广泛阅读各种优秀书籍，注意培养和提高自己的综合知识和综合技能，目前也正在努力考取汉语言专业的第二学位。

最后，我相信成功来自于您的选择和我的努力，我真诚地希望各位能给我一个成为贵校一分子的机会，我会用自己的行动向您证明，也许我不是最令您满意的，但是我会成为最合适的！也许我不是最优秀的，但是我会成为最有潜力的！

谢谢！

**分析：**从以上这些文字叙述我们可以看到，该同学的求职目标非常明确，那就是回到本地任教。在求职中，确定目标非常重要但细读其自我介绍，出现了这样的几个问题：第一，文字太多，如口头表达会占用很长时间。第二，语言的表述上有些地方较为空洞。比如,"我总是善于发现生活中的美好,而励志成为一名教师的我,也总是时刻提醒自己要善于发现每一个学生的优点和美好品质,并帮助他们发扬和充分利用这些优点和品质"。此类语言,在面试中仅仅只能起到对语言的美化作用,没有实质价值,更不是用人单位想要了解的信息。第三,一些重要经历的介绍不具体,没有具体数据支撑,显得虚浮。比如,"两个月的教育实习,期间担任高二年级文科三个班和初二年级两个班的××教师,并帮助他们在该校的第一次月考中取得了不错的成绩,特别是高二年级的一个艺体班,进步十分明显,得到了学校领导的肯定"。实习阶段是用人单位重点考察的方面,也是我们成为一个合格老师的必由之路,因此,在这个部分应该具体说出取得的成绩具体是什么,而不是用一些概述性的语言,如"不错""十分明显""肯定"等。第四,慎用豪言壮语。有很多同学误以为用豪言壮语能够增强自己的气势和获得用人单位的好感,实际上这是一个误区。试想一下,如果你是阅历丰富、社会经验丰富的主考官,有应聘者在你面前大谈特谈机会、理想、梦想,大呼要改变世界,你又会有什么样的感受?!因此,虽然对理想和梦想的树立和追求是必不可少的,但是一定要恰如其分。

在此基础上,作了修改,下面是修改后的自我介绍。

**案例:**

尊敬的各位领导大家好!(鞠躬)

首先,真诚的感谢贵校给了我面试的机会。

我是来自××大学××学院××师范专业的2014届应届毕业生,我的名字叫赵××,走肖赵,×的×。就如我的名字所寓意的那样,我不但善于发现生活中的美好,而且更促使我去发现每个学生的优点和美好的品质。

从进入大学起,除了夯实专业知识外,我十分重视培养自己的师范技能,四年来,我从未松懈过自己,即使在寒暑假,我也先后在××、××等地开办寒暑假培训班或担任培训教师,锻炼自己的实际授课能力。这些努力并没有白费。在刚结束的教学实习中,我在××二中,担任了高二文科三个班和初二两个班的教学,完成了跨年级的教学,学生成绩和教学能力得到了学校的认可。而最让我感到自豪的是,在我的努力下,我将高二年级曾经成绩排名年级倒数第二的艺体班,提高到了年级排名正数第二名。我的这一成绩,得到了校领导的肯定和鼓励,也给了我在将来成为一名合格教师的莫大的信心。就目前我对高考的关注来看,最近几年来,高考更多的偏向对材料解析题的考试,为了更好的帮助学生分析和理解史料,我不但广泛阅读各种专业书籍,拓展自己的知识面,而且我还在努力考取汉语言专业作为我的第二学位,在将来的教学中,辅助我的××教学。

各位领导、老师,请你们相信我,为了做一名合格的教师,达到贵校的要求,我已经整整努力四年了。请贵校给我一个机会。我会用我的实际行动和成绩来感谢老师们的信任。我一定会像我的前辈们那样,继续发扬踏实、勤奋的优良传统,为我们学校的发展作出毕生的努力!

谢谢!(鞠躬)

**分析:**通过对比,可以发现后一稿在字数上更加简略,在用语上更加质朴。配合赵同学较强的口语表达能力,起到了如虎添翼的效果。因此,这位在大学期间没有获得过任何荣誉的同学,凭借自己准确的定位、出色的口才及较强的教育实践能力征服了考官,迅速签约了自己心仪的学校。这个事例告诉我们,只要用心准备,努力挖掘自己的优势,投其所好,过去看上去或许毫不起眼的你,也一定会折射出耀眼的光芒。或许,大家会质疑这篇自我介绍是否字数依然太多,在此,笔者要告诉同学们一个小秘密,那就是我们在准备的过程中不妨准备得稍微多一点点,因为在面试的时候,由于紧张的原因,我们通常都会忘掉其中的一些部分,所以多给自己一点选择是一个明智的决定。

不同学科、不同岗位的自我介绍,有不同的特点和方法。下面再举一位2010级教育学院的王同学的例子。这位同学是教育学院小教专业的学生,专业素质好,成绩优秀,参加了很多实践活动,非常注重自身的能力的提高,但是她却有一个求职的"硬伤",那就是身高,该同学身高不到一米五,长得小巧单薄,在人才济济的师范院校确实不占外貌上的优势,也因为这个原因多次被用人单位拒绝。我们先来看她的第一稿自我介绍。

**案例:**

## 自我介绍

尊敬的老师:

您好!王者之风,志在千里,新星之光,我是来自教育学院2010级小学教育3班的王××。首先,感谢领导和老师能给我这次面试机会。在上大学之前,我的班主任告诉我,一定要苦练教师技能。我一直谨记着这句话,为了提高教师技能,大学期间我努力学习小学教育专业知识,获得了国家励志奖学金、特等奖学金、一等奖学金、二等奖学金若干次。为了提高自己的口语和写作能力,通过多次参加大学的演讲赛,提高了自己的表达能力。工作上,担任班级团支书3年,和其他班委一起为班级、同学、老师服务,并领导其他班委一同成功申请到优秀团支部、优秀文明班集体荣誉称号,受到领导、老师、同学的一致好评,并被评为"××师范大学优秀团干部",这些都提高了我的人际交往和沟通能力。在综合素质方面,我积极参加各种活动,获得多项先进个人。尤其在演讲赛方面,我获得校级"青年与国防"演讲赛一等奖、校级"第十六届非英语专业英语演讲赛"二等奖,此外,在校征文活动中也有不错的成绩。我相信机会垂青准备好了的人,我已经准备好了,希望贵校能给我一个机会,我深信,我不会让您失望,我能做得更好! 同样,我也深信,选择我,贵校也将是最明智的伯乐。最后,不管贵校是否选择我,请接受我最真诚的谢意,祝贵校事业蒸蒸日上,谢谢!

**分析**：这篇自我介绍中可以看到，王同学非常优秀，而且也很努力。但是依然有一些问题是需要进一步改善的：第一，开篇虽然看上去霸气外露，但是显得较为空洞，自我介绍不是单纯的演讲，更讲求信息的有效性；第二，经历的介绍较多，但是从经历中获得经验的表现不够；第三，自我介绍的结束语，不要使用"不管贵校是否选择我"此类过度谦虚，显示自信心不够的语言，在求职中一定要注意不能自我否定。任何一个机会都值得百分之两百的付出和争取。下面是通过修改后的自我介绍：

**案例**：

尊敬的领导，老师：你们好！（鞠躬）

我叫王××，三横王，××××，来自教育学院小学教育专业。首先，感谢领导和老师能给我这次面试的机会。我来自农村，从上大学的第一天起，我就立志努力学习，不辜负父母和老师的期望，而且立志要做一名合格的人民教师。通过努力，在大学四年里，我多次获得国家励志奖学金、特等奖学金、一等奖学金、二等奖学金等，来自国家和学校的肯定与帮助，不但减轻了父母的负担，而且让我学会了感恩。我希望能将我的所学，最大限度的反馈给我的学生。

为了训练自己的师范技能，提高口头表达能力，我加入了校演讲与口才学会，并多次被选派参加演讲比赛，我获得校级"青年与国防"演讲赛一等奖、校级"第十六届非英语专业英语演讲赛"二等奖。我的英语成绩优秀，如果贵校需要，我可以为贵校的学生开设英语课程，或者尝试开设双语教学。

此外，为了训练自己的管理和协调能力，我担任了团支书，并带领同学获得了"优秀团支部"、"优秀文明班集体"等荣誉称号，我的努力工作得到了学校的肯定，被评为"××师范大学优秀团干部"，虽然，在大学期间我获得了不少的荣誉，但是我深知，我还有许多的不足，还需要继续学习和进步。

我是一个乐观积极、乐于奉献的人，我有爱心，有亲和力，而且非常有耐心。我相信这样的一句话："我们无法延长生命的长度，却可以把握它的宽度；无法预知生命的外延，却可以丰富它的内涵；无法把握生命的量，却可以提升它的质。"虽然，我还有很多不足，但是教师对于我来说不是一种职业，而是我想要用生命从事的事业。请各位领导相信我，给我一次为贵校工作和服务的机会。谢谢！

**分析**：通过修改，可以发现在这篇自我介绍中最大程度地展现了王同学学业的努力和优秀，学生工作的擅长与能力，而且还从侧面烘托了王同学的个人品质及对教育事业的热爱。很快王同学凭借自己的优秀战胜了身高的缺点，获得了用人单位的青睐，签入了一所公立学校，并在工作后实践着自己对教育的理念。

就目前的就业形势和同学们的就业选择方向而言，已经有很多同学根据自己的爱好和性格，以及自己的人生目标开始选择非教师的岗位，这是一种值得鼓励的现象。针对不同的岗位面试，自我介绍也应该形成不同的风格。下面以一位愿意从事销售行业的学生为例，看一看不同工作岗位的自我介绍有些什么样的不同特点。

**案例：**

各位尊敬的考官，下午好！

作为国内住宅地产经纪、金融按揭服务和商业地产服务方面领跑者的××房产公司，能给我这样一次面试的机会，我觉得非常荣幸。那么，我希望接下来的自我推销，不会让你们失望。

我是钟××，××师范大学××学院2014届毕业生，应聘职位——销售。首先谈谈我对销售的理解。我认为销售就是把"骗"字圆润化、诚实化。为什么这么说，圆润就是让客户钻不到你语言的空子。诚实化就是说我们推销内容的真实性，但是要把真实性的强度拉大，让人一听，就是那么一回事，俗称"神乎其神"。另外，还讲究心理战术，这心理战术就是要让客户觉得你是他那一边的，始终在为他考虑。

接下来，我谈谈在大学期间关于销售这块的经历。

做康师傅兼职促销员两个月便升任促销督导。另外，办了两年的暑寒假培训班及周末辅导班，规模达到二十几个点位，虽然具体到每一个点位不大，但同样也是一种销售。在校担任学生分会主席期间，我牵头组织策划××市五所高校历史剧展演大赛、模拟公招、励志成才颁奖晚会等大型活动，此类活动需要的不仅是组织能力，更需要宣传鼓动能力。

当今时代，不仅需要知识，更需要能力。在学生工作中，曾任学院学生分会主席、礼仪队队长、办公室委员、文娱部干事、舞蹈队队员，班里的班长、组织委员等职位，有较强的管理能力、策划能力，交际能力和表达能力。

希望贵单位能提供一个让我发挥专长的平台，我定会竭尽全力地在工作中取得好成绩，以报答贵单位对我的信任，谢谢！

**分析：**在这篇自我介绍中，面对他要应聘的单位，我认为有以下几个问题需要进行改进。第一，开篇不良的心理暗示。"我希望接下来的自我推销，不会让你们失望。"面试中，尽量不要出现负面信息，特别是对于销售行业而言，更应该注重用语的激情和正能量。第二，对销售内涵的解读错误。"销售的理解，我认为销售就是把'骗'字圆润化、诚实化。"即使销售存在一定的骗的味道，那么也不能在面试的场合将其点破，如果此前提成立，那么销售就是一个"骗子的行业"，招聘销售员的公司，那就是"骗子公司"，如果带着这样的认识去面试，后果可想而知。第三，篇幅过大，耗时过长，不利于公司的面试要求。这篇自我介绍的修改稿如下：

**案例：**

各位尊敬的考官，下午好？

我叫钟××，来自××师范大学××学院，是一名应届毕业生。首先感谢××房产公司能给我面试机会，我感到非常的荣幸。我非常喜欢销售工作，在大学期间，我非常注重对自身销售能力的训练，我曾在某市的家乐福超市的"康师傅"专柜兼职做过两个月的促销员，由于工作能力突出，两个月后便升任促销督导。为了获得更多的工作经历,积累经验,我还创办了中小学生暑假培训班,在两年的时间里,通过努力,现在已经将我的寒暑假培训班及周末辅导班的规模发展到了二十几个点位,在办培训班的过程中,我展示了自己的销售能力,同时,也感受到了销售的乐趣,并愿意从事销售工作,从而树立了我想成为一名优秀销售员的目标。除此之外,我在校还曾担任过学生分会主席、礼仪队队长、办公室委员、文娱部干事、舞蹈队队员,班里的班长、组织委员等职位,我是一个综合能力较强的人,我和同学们一起,曾牵头组织策划××市五所高校历史剧展演大赛、模拟公招、励志成才颁奖晚会等大型活动,这些活动的承办与策划,不仅锻炼了我的组织能力、合作能力,而且还让我从中感受到了团队协作的重要性。我个人认为作为当代大学生,我们不仅需要知识,更需要能力。因此,希望贵单位能提供一个让我发挥专长的平台,我定会竭尽全力地在工作中取得好成绩,以报答贵单位对我的信任,谢谢!

**分析:**讲到这里,让我们来总结一下三位同学从屡屡碰壁到成功签约的过程,赵同学修改自我介绍后一次性面试成功,签约了自己心仪的××外国语学校,并且很快成为该所中学重点培养的青年教师;第二位王同学,最后有三次选择工作的机会,最后她签约到了一所公立的特殊学校,实践了自己对教育和爱的解读。第三位钟同学,最后签约到了一家人寿保险公司,从事了自己喜欢的销售工作,并不断创造业绩得到公司的认可,很快获得"销售之星"的称号。

这些成功的案例告诉我们,求职过程是一个科学的准备过程,在这个过程中,既是对人生的挑战,同时也让我们的人生充满了无数的机遇。我们要做的就是积极准备,然后勇敢自信的去面对。

## 第三节　妙答疑难,突破困境

在求职中,除了自我介绍之外,还有一个重要的环节那就是回答问题,答问能力无论对于参加公立、私立还是培训机构面试都很重要,因此作为师范生不仅要在日常训练中训练授课能力、口语表达能力,交流和答问技巧也是必不可少的。

### 一、答问技巧的培养

①答问能力与现实生活中的交谈能力密不可分。②交谈是一个综合而科学的技艺。在生活中,有的同学虽然长相平平,语言表达并不见得丰富,但是却能受到大家的喜欢;反之,有的同学虽然仪表堂堂,容貌出众,能吹会说,但是却难以得到大家的认可。这一方面是综合素质的体现,另一个方面则关乎交谈的技巧,在交谈中,我们首先通过视觉来观察和感知对方,因此个人形象显得尤为重要,关于师范生个人形象的设计本书在第八章有专门章节论述,在此不再重复。而除了衣着和外表之外,从心理学上说,如果我们在讲话的过程中毫无表情,那么对方只能接受你的信息的 25%;

如果我们能配合生动的描述,再配以恰当的手势、动作,其信息的接受率会高达75%以上。面试就是一个自我推销的过程,如果你的语言信息不被认可和接受,其实也就是意味着面试的失败。因此面部表情是交流中的第一要素。

表情是一种无声的语言,但是它又是最丰富、最具有表现力的表达方式,人们通过面部表情的变化来表达内心的真实感受,它能生动充分的展现人类的各种情感。而面试的过程也是人与人之间情感交流的过程,有的时候,我们不但要以理服人,以成绩、能力服人,我们也可以以情动人,达到情感交流并彼此愉悦的目的。因此,注重面试中的表情训练,把握表情表达的技巧和要点,为我们的面试成功增加胜算是非常有用的。

**1. 交谈第一步:微笑的魅力**

微笑是眼睛、眉毛、嘴和面部动作的集合,是最美好的形象。在深受广大同学喜欢的韩剧中,许多男女主角都是用他们动人的微笑来博取好感,获得观众喜欢的。微笑可以缩短人与人之间的心理距离,闻名全球的希尔顿酒店凭借的就是用微笑服务来打动每一个顾客,获得了战后发展的黄金时期。而真正能打动人心的微笑也需要注重两个方面:首先,必须发自内心,需要真诚;其次,需要不断的锻炼,练就完美的微笑。缺乏第一个条件会给人带来"假"的感觉,缺乏第二个条件,没有掌握练习微笑的技巧,随意为之,则会弄巧成拙,带来相反效果。曾经有一位表情非常"严肃"的老师收到过学生的一封信,在信中学生是这样说的:

萧老师:

我有点抑制不住自己的激动。我想了好久,想给您提个意见。开学两周了,我发现您上历史课似乎很严肃,一直板着脸讲话,没有欢声笑语。好些同学都感到一种重压,原以为很愉快的历史课,而今却使人透不过气来,也许您是位严肃的老师,也许各种社会活动和家务使您劳累。但不管怎样,我们还是要说:"老师,请您多一点微笑。"微笑的春风会吹开我们这些晚开的花朵!再说,笑会使您驱走烦闷,增进健康。而您的健康更是我们坚持学习的基础和保证。萧老师,为了您的健康,为了您的工作,为了我们——您的学生,请您面带微笑,让微笑滋润我们求知的心田……

由此可见,微笑对于教师这个职业的重要性,在我们面试过程中,微笑更是不二的法宝。

如何练习微笑呢?首先,你得准备一面镜子,对着镜子告诉自己,我是最棒的,我充满了自信。其次,向左右两边舒缓双眉,舒缓面颊,舒缓嘴角。最后,嘴角向上轻轻外翘,可以对着镜子说"颖",请记住一定是上声练习。在练习中,不要机械地认为一定要露出八颗牙,只要觉得是自己最好的笑容就OK!也不要受到误导认为一定要咬着筷子练习,如果那样尝试的话,你会发现你的口水止不住的往外流。找到了正确的方法之后,请每天坚持练习。只要坚持,笔者相信微笑不但会形成一种生活习惯,而且也能让我们不断的成长和坚强起来,更能为我们赢得一种和谐的人际交往环境。

同时微笑也能在面试场合中发挥出巨大的作用。请一定记住微笑的原则:真诚,自信!

**2. 交谈第二步:表达的流畅**

教师在求职中,有自身的交谈特点。首先,要注意谈吐的文雅、清晰,显示知识分子的个人素养,展现自己学科的专业特色。具体来说与面试官的交流要使用标准的普通话,普通话是每位师范生都需要重点训练掌握的语言技巧,也是作为教师应该严格要求的一个方面。练习普通话,不仅仅只是为了考试拿证书,而是要从内心深处将它作为我们所依赖的职业技能进行坚持不懈的练习。而普通话的学习,各个地区的同学有不同的特点。比如,西昌地区的 i/ü 不分,南充地区的 h、f 不分,攀西地区二、四声不分等,但是这些困难都是可以通过不断的强化练习进行纠正的。在此跟同学们分享一些练习口语发音和普通话的方法:

早读,每天练习普通话。普通话教材:半个小时或一个小时。

听,中央电视台新闻、诗歌朗诵。

说,解放自己,敢于说话,敢于表现自己。

想,学会思考,善于总结。

另外,同学之间互相帮助,真诚以待。

这些方法都是在实践过程中经过不断总结得到的,但是所有的方法都需要不断的坚持和实践才能有进步。除了掌握语言工具外,还需要掌握交流技巧和谈话方式。在进行谈话前,首先要确定彼此的身份,对方是面试官,是前辈长者,是专家,是未来的同事,因此需要注意保持谦虚和真诚的内在交流态度,而外在则需要表现出礼貌与谦逊。

**3. 交谈第三步:尊重的魔力**

在与考官交谈过程中,我们的面部表情除了微笑之外,还可以作出一些沉思状,表示在认真思考问题,这些都可以让你得到很好的关注,取得考官的好感。这样做的原因在于世界上的每个人都希望得到他人的尊重,认真倾听则是对考官最好的尊重。

此外,还需要特别注意目光语的使用,即眼神的运用。眼睛是心灵的窗户,在与人交谈时,目光应该注视着对方。但是注视不代表直视,更不是许多同学曲解的那样"直勾勾"的眼神。在西周时代,我们的祖先就已经发现了目光的作用,并在周礼中规定了不可直视他人的礼仪。在西方礼仪进入我国的初期阶段,出现了这样的一些误解,如要求我们在交流时,直视别人的眼睛,而且有的礼仪书中还要求一直盯着看。而这些无疑都是一种误解。在古代,只有法官审案的时候,才会直视罪犯的眼睛,因为直视一个人的眼睛,会让他产生一种自我怀疑或否定,便于判案者察言观色尽快破案。在现代礼仪中一定要避免长时间的凝视对方,否则容易给人一种咄咄逼人之感,给人留下太多凶蛮的印象。

目光语的使用是有角度、有技巧的，最好是考官的鼻眼三角区，具体来说可以上至对方额头，下至对方衬衣的第二粒纽扣的位置，左右的目光以两肩为准的方框中，在交谈中，如果要显示出对面试官所谈论的某个话题，或者某个点的关注及兴趣，或者希望面试官多注意自己，那么可以用友善的目光正视对方的眼区，但是切记一定不能直视或者猛盯对方的眼睛，更不能将目光长时间的集中到对方的脸上或者身体的某一部位，特别是男同学面对女考官的时候。有的面试官会给面试者介绍其他的副考官，这个时候一定要注意眼睛要看对方的脸部，但是不能将对方上下的打量。当我们面试结束后，想要多了解面试的信息时，可以在询问过程中，耐心的等待对方的回答，并且眼睛朝下看，表示谦恭和恳请。当我们面对多位面试官时，注意目光要环视四周，表示对每位面试官的尊重，最忌讳只盯着一位考官，忽略其他考官，以及目光闪烁不定，给人眉来眼去和满不在乎的感觉。

　　此外，在使用目光语的时候还要注意控制眉毛的动作，有个成语叫作眉飞色舞，讲的是谈得很尽兴，眉毛都动了起来，显得生动活泼。但是在教师求职的场合，需要体现我们良好的形象和修养，在日常交往中，双眉就要注意保持自然平直的状态，不要养成随便皱眉、挑眉、动眉毛的习惯。一般而言，有经验的面试官非常会察言观色，他会根据我们的一些细微表现感受面试者的心理状态。比如，如果眉毛很自然平直，会给人一种内心平和之感，而皱眉头，则表示不满、为难，或者是在思索、考虑。挑动眉毛显得不够端庄，或者表示询问和怀疑。如果耷拉个眉毛，则显示出没有兴趣，或者无所谓的态度。此外，在面试场合中，也不是我们能随便耍脾气、玩态度的地方，不要把平时生活中、家庭中的种种强势带到面试场中，面试官是为自己学校或者公司单位今后的发展来挑选人才的，绝对不会照顾个别同学的小脾气。因此，即使遭遇到不公，或者有什么不满，也不要摆出噘嘴、撇嘴、努嘴的动作。

　　在与考官的交流中可以配合一定的手势语，如果确实特别紧张，可以选择不做动作，手臂自然放到身体的两侧即可。如果要做动作，请拿到腰部以上做动作，手势一定宜少不宜多，多余的手势会给人以装腔作势、缺乏涵养的感觉。许多同学一旦紧张，就无法控制自己的手势和肢体动作，其中最大的忌讳就是反复抖腿。对于抖腿南怀瑾先生曾这样说道:"脚不要抖，这个习气要戒掉……一个人千万不要抖脚，这是一个相，威仪庄重，庄严很重要……"据调查，抖腿是在交流活动中最让人讨厌的肢体动作，它会给人一种心不在焉、毫不在意的心理暗示，在面试中，更会让考官产生不良印象。除此之外，还有的面试者会出现各种手上的动作，如反复晃动胳膊，反复敲动手指头、捏手指、搓手等，之所以出现这些动作，从心理学上来讲就是人们通过进行某一动作来舒缓紧张的情绪。在平时，我们可以有意识地通过控制来改进直到让它们全部消失，控制这些动作一方面可以表示对面试和考官的尊重，另一方面也可以在考官面前展示自信大方的自我，获得工作的机会。

## 二、答问技巧的破解

问是面试中的重要环节,是考官选择人才的重要考量方式,通过彼此的问题,考官可以在短时间内测评出面试者的语言表达能力、临场应变能力、心理素质,以及推断面试者的综合素质是否符合用人单位的需求,因此掌握答问的技巧显得最为关键。

**1. 答问第一步:答题礼仪**

当考官提问后,首先应该表示感谢。"谢谢老师""谢谢老师您的提问""谢谢老师您的关心",回答问题结束后,也要说"谢谢",一方面表示感谢,另一方面表示答题结束。在对一些需要演讲体或者能触动感情的问题回答结束后,不妨鞠躬,表露自己的心情。但是鞠躬太多、太频繁,太过频繁会引起过度之感,也不利于考官对你的评价,因此所有方法的运用都要具体情况具体处理。

**2. 答问第二步:技巧运用**

虽然面试礼仪必不可少,但是考官最关注的就是面试者回答的问题是否能让自己满意,考官的问题有的是经过精心设计的,有的则是随口问问,或者现场捕捉。因此,当我们进入面试场后说的每一句话,都是需要经过认真而快速的思索才能开口的,绝对不能冲动之下口不择言。就师范生面试而言,通过不断追踪与调查发现,以下六大类型的问题,是考官常问的方向:

(1)家庭及文化背景(个性考察)。
(2)学习情况(奖学金)。
(3)学科专业知识(常识、高考热点、与学科相关热门话题)。
(4)教育理念与教学思想。
(5)情境性问题(如处理班级实际情况的能力)。
(6)其他(恋爱问题、"闲谈")。

在实际的提问中,这六大类型的问题,考官一般会以这样的形式来呈现:

同学,你来自哪里?

你在学校实习的时候,教师这个职业给你的感觉是怎样的?

同学你看了那么多书,请你谈谈曾国藩?

你和你女朋友,我们只能选一个,你会怎么办?

如何你是一位班主任,有两位学生打架了,你要怎么处理?

甚至有的考官还提出这样的一些问题:为什么你获得的奖学金次数很少?同学你会喝酒吗?等等。

可能同学们非常不理解甚至完全寻找不到考官提问的规律,不知道为什么面试的考官要提这样一些看似无厘头的问题。实际上这些问题的绝大多数的素材都来自于同学们的自我介绍和自荐书中所显示出的信息。我们来看这样的一些案例。

比如,第一个提问"同学,你来自哪里"?这是一个非常普通的问题,任何人都能

回答,但是聪明的考官往往会进一步给你设置陷阱。我们来看这样两个案例:

**案例1:**

2010级历史文化学院学生

**面试学校:** 重庆××学校

**面试时间:** 2013.10.15

**考官:** 你的老家是哪儿的?

**面试者:** 金堂

**考官:** 金堂出了个名人,是谁?

**面试者:** (还未开口)我想了想,刚想说流沙河和贺麟,老师却说是巴金。

**考官:** 巴金(自问自答)。

**考官:** 前段时间,人们发现巴金写了一本书,提出了对"文化大革命"的一些看法,你认为巴金对"文化大革命"是一种什么态度?

**面试者:** ……

**考官:** 你的性格是温柔还是泼辣?你的大学生活是怎么过的?你认为现在的学习和经历对教学有什么帮助?你参加过什么教学比赛没有?

**案例2:**

2010级化学化工学院学生

**面试学校:** 达州××中学

**考官:** 来自哪里?

**面试者:** 泸州。

**考官:** 会喝酒吗?

**面试者:** 一般都不喝酒。

**考官:** 那酒文化就要在你这儿失传了。你在学校实习的时候,教师这个职业给你的感觉是怎样的?

**面试者:** 累。

**考官:** 没有了吗?

**面试者:** 摇头。

**考官:** 好的,你出去吧。

**分析:** 从问答中,我们可以寻找到一些规律,如考官的问题一定是环环相扣的,看似从一个简单的问题入手,实际上,每个问题之间都是有一定联系的。当考官在一个问题上无法继续的时候,往往就会转变方向,从其他侧面来提问,来多方面的了解应聘者。但是,我们绝大部分的应聘者因为没有提前准备,平时也没有受到面试方面的专业训练和准备,往往在机会面前一再错失。

案例1的同学在经过一段时间的训练及自身问题的分析之后,在2013年12月10日终于成功签约。她在成功就业的心得中写道:"当校长告诉我被录用了的时候,我很平静也很开心,因为我知道,这样的结果是意料之中的,因为有了积极的准备和良好的心态,加上整个过程中适当的微笑和眼神交流,我相信这些努力就是我成功的法宝。这次就业,我也思考了很多:首先,'千里马常有,而伯乐不常有'。在这么严峻的就业形势下,失败并不可怕,不是你不优秀,而是你的伯乐还在来的路上,所以一定要调整自己的心态,在面试前把自己最好的状态拿出来,相信总会有适合你的学校。"

其次,保持微笑,展示出你的礼仪。进出先敲门,遇到老师问声好,说话时真诚并保持微笑,注意眼神交流,这些最基本的礼仪只要做到自然大方就好了,不必拘谨和紧张。

最后,平时别偷懒。首先,基本的学科知识要花一定的时间巩固;其次,加强普通话、"三笔字"、教姿教态的练习,包括语速,语调,眼神,手势等,改变自己不好的小动作,把得体的、自然的自己表现出来。

下面,笔者将为大家分析以下六大类型问题的回答技巧和侧重点,帮助同学们破解答问的难题。

第一类问题,家庭及文化背景。这类问题实际上属于个性考察和生源考察方面的。考官提这个问题,有的是因为具有强烈的地方保护主义思想,希望能招聘到本地生源,能更加安心的在本地工作,有的是因为对自身学校及地理位置自信不够,担心师资流失。而喜欢提这类问题的学校,据数据显示,就四川而言,一般出现在凉山地区、攀西地区及部分川南地区,其中以宜宾为最。因此在双向选择的就业形势下,同学们在遭遇到这类问题的时候,就要多加思考,如果自己不是本地人,是否真的愿意签约,此外,如果自己愿意去该地就业,就要思考怎么回答能够提高对方的自信,获得对方的信任,打消对生源地的疑虑。如果是本地生源,遭遇到此类问题,那就是一大优势,一定要明确而响亮地表明自己是本地人的优势,为自己的面试加分。

此外,这类问题还会出现这种问法:同学,你是来自农村还是城市?有的同学很不理解这样问的原因,实际上,这样问目的是为了了解你的教育背景,以及家庭情况。而所有问题都有两面性,有的同学认为是不是说来自于农村就不好,是不是用人单位有歧视的含义,实际上,完全不必有这种想法和担心。因为,来自于哪里或者什么样的家庭背景并不能代表今后我们的人生发展道路,反而,有的考官会认为来自农村的同学更能吃苦,更勤快,而且较为踏实。当然,来自城市的同学也不必觉得不公平,你们可以向用人单位展现你们的积极乐观及较为开阔的眼界。所以任何问题的背后,都包含了用人单位的选拔标准,也透露出了考官的面试目的和倾向。我们要做的就是准备好然后最大程度的展现自己的优点。

第二类问题,就是在校期间的学习情况、年级排名等。有的考官会直接问奖学金。这类问题对于成绩较好的同学是非常有利的。但是,对于没有奖学金和排名较为靠后的同学,却是觉得是最难回答和最尴尬的问题。如果要避免出现此种感受,一方面要求同学们在平时就要努力学习,另一方面如果确实错过了学习的机会,那么也是有技巧可以进行一定补救的。比如,问到排名情况,可以先报一个比较靠前拿得出手的名次,如班级排名进行概念的模糊。然后如果对方继续追问,再报后一点的排名或者运用小战术直接推说目前只知道班级排名并不清楚年级排名。但是即使可以使用一些小技巧也不能去造假和随意乱说。在求职中,最让考官无法忍受的就是欺骗,特别是作为一个师范生一定要讲求诚信。当然,也有许多很凌厉的考官,越是担心什么他们越会追着提问。比如,奖学金问题,对于没有获得过奖学金的同学而言,此类问题属于硬伤。因此,一方面在平时学习中要努力刻苦,增强自己的综合实力,另一方面如果通过努力也没有获得,那么就要思考要怎么回答才能让对方满意呢?笔者认为,回答的原则是既要真诚,也要讲求技巧。

**案例**:考官问:"同学,你其他能力都不错,就是成绩差了点,连一张奖学金证书都没有。"该同学灵机一动这样回答道:"谢谢老师的关心,确实到目前为止,我没有得到奖学金,但是我个人认为我们的能力不仅仅是表现在学习方面,特别是大学生更应该注重自己综合素质的提高,而我的优势就在于我的综合能力很强,这些方面在自荐书和我的自我介绍中我已经作了情况的说明,相信各位考官也是认可的。至于奖学金,在接下来一年的时间里,我一定会更加认真踏实的在学习上努力,力争在离校前拿到奖学金。到时,我一定会感谢老师您的督促的。"

**分析**:他的这番回答,既展现了自己的优点,同时也表现得非常的谦虚,他没有过度回避这个问题,最后也得到了用人单位的首肯,成功签约。

第三类问题,专业知识。这类问题的回答,各个学科有各个学科的特点,最好的方法是平时多看书,多积累,甚至多记录;但是如果实在是平时没有加强这方面的学习,临时抱佛脚也是可以尝试的。笔者的建议是首先提前看一些本专业普及性较高的期刊,其次,仔细而迅速阅读一两本有代表性的著作,起码关注3年以来的本专业高考题,并追踪高考热点,准备一些与学科相关的热门话题。有的同学会问,我看的书考官不见得要问,他如果问了我没有看的书怎么办呢?其实,这个问题很好解决。你可以说,"老师您刚才举的那本书,目前我还没有看过,(或者说我在大一的时候读过,但是现在印象不是很深刻)我近期倒是看了一本××写的××书,里面的××观点,让我非常感兴趣。不知道我能不能跟老师分享一下呢?"一般而言,考官都会给同学机会让他进行表述,这样你就成功的变被动为主动了。当你讲述完毕后,你还可以说,"对于刚才老师列举的这本书,我回去后也会重新再读一次,希望能有机会跟老师有更多的交流"。作为应聘者和年轻人,或者说职场新人,用人单位也不会求全责备,更多的是在回答问题的过程中考察一种工作态度和好学的精神,而这点在任何行业中都是极为重要的。

第四类问题,教育理念与教学思想。这类问题一般范围较大,考官会提问:同学,你怎么看待老师这个行业?同学,实习之后有什么感受?同学,你如何看待教育?或者什么是教育?处理此类问题一定要化大为小,化整为零,而且一定要展现的是积极乐观向上的正能量。作为教师这个职业，担负的职责就是教书育人，而要教育出优秀的学生，除了业务能力外，还需要老师是正能量的代言人。一切负面信息，如感觉当老师累、苦、穷，没有意义之类的负面信息，在面试中无疑是自断后路。而在回答中，可以采用举例子、讲故事的方式来表述对教育和教师的理解，也可以在这类问题中增加一些耳熟能详的名言警句来抒情。此类问题，要求面试者要有较强的语言陈述能力及语言的感染力，有的时候甚至是一次微型的演讲。因此，作为师范生演讲能力也是需要训练和提高的。

第五类问题，班级管理能力。针对教师的职业特点，考官一般会假设一些与班主任工作或者学生工作有关的情境。如班级中的突发事件，家长与学校的纠纷之类的问题，通过预设情境来考察面试者的应变能力。对于还没有走出学校的师范生而言，这类问题难度较大，只能作一些假设和尝试，没有实践性。因此这类问题虽然很难，但实际上用人单位对面试者回答内容的要求不高。笔者认为只需要保持的是逻辑清晰，步骤清楚，同时保持谦虚，积极请教，表露出自己的青涩并无不可。

此外，如果要在这类问题上有极大的突破，最快的捷径就是加强实践的能力。那么这就要求同学们在实习过程中多观察、多记录，看一看、听一听。在真实的班级情况中那些经验丰富的班主任是怎么处理的，做个实习期间的有心人。一旦在面试场上遇到这类问题，可以这样回答："谢谢老师您的提问，您所讲到的这种情况，我在实习的时候还真的遇到过，我所实习班级的班主任老师他是这样处理的……"。

此外，在回答的最末还可以加上"作为一名新老师，一定要多多向有经验的老师请教，相信在座的各位老师一定会给我更好的建议。谢谢大家。"这种回答方式展现的是条理清晰，思维敏捷，同时也不失谦逊，也会受到用人单位的认可。

第六类问题，就是各种"闲谈"似的问题。同学们感到最敏感和棘手的就是恋爱问题了，在求职阶段，由于就业的压力，平时的很多校园情侣不但没有感觉到恋爱的甜蜜，甚至还视对方为一个阻碍。笔者想说的是，如果存有这种心态，那么建议大家在大学谈恋爱的时候一定要谨慎，要么选择工作稳定之后，再去寻找人生的伴侣；如果你确定了要进行一段恋爱，就一定要为对方负责任。女生应该寻找有担当、有责任感的男生，而男生更应该肩负起自己的职责。其实，仅仅从技巧上来说，要破解这类问题并不难，如果处理得好，有的时候是"双双把约签"皆大欢喜。

下面我们来总结一下，一般而言，提出此类问题的考官，其关心点无疑以下几点：第一，大学期间是否认真学习；第二，如果签约之后，能否安心工作；第三，是否具有责任心。而最重要的，笔者认为是第三点。如果一个人对自己的恋爱对象都可以随意放弃，那么用人单位也肯定会质疑你做事的责任感。所以越是这种时候，越要展现出责任和担当。此外，如果涉及一方已经签约，那么这个时候可以两面回答，一方面告诉用人单位如果贵单位有需要，我的男（女）朋友也是非常优秀的，她（他）可以重新签约到贵校，将用人单位一军；如果用人单位不需要，也可以表示对方会通过公招考试，或者尽量选择同一个地区的学校或其他单位工作,通过不断努力在一起,从责任感上来打动用人单位。万不可出现的就是视对方为敝履,迫不及待的弃之。此外,如果遇到比较性问题,如考官要求面试者当场或者背地里就同校、同班、同寝室的同学进行对比。比如,"各位同学,你们都非常优秀,那么你们互相再陈述一下跟其他同学相比,你的优势在哪里"?此时最忌讳的行为就是互相诋毁、同室操戈。即使彼此成为了竞争对手,但是也不能当面或者背地贬低他人,如果在面试中出现了这样的行为,那么对自己今后的发展及在朋友圈的不良影响一定会持续很久,最终是得不偿失。以下是一个答题的具体思路,供同学们参考作答:"首先,感谢老师把最后的机会留给了我和我的同学,能够进入到贵校的最后一次面试,这也是对我们能力的一种认可。非常感谢。其次,我想说的是我的××同学非常的优秀,一直是我学习的榜样,如果实在是要与她比较,我想可能我的优点体现在以下的一些地方,1……2……3……最后我想说的是,无论贵校选择我们中的哪一位,我们都会继续认真踏实的工作和学习。非常感谢!"

总结起来,要回答好以上六大类型问题,还需要具体问题具体分析。答问的核心和最基本的原则是真诚。答问的禁忌在于要么过度自负、骄傲自满、咄咄逼人,要么畏畏缩缩、缺乏自信答非所问。笔者认为答问环节,实际上就是面试场上,考官和面试者之间、面试者与竞争者之间一场没有硝烟的战争,谁能成为最后的胜利者,取决于充分的准备和技巧的提前掌握。充足的准备是一切成功的前提。

以下是一位同学为了更好地赢得面试作的一些准备。与大家共享,或许我们可以从中学到一些技巧和取得一些经验。

**案例1:**
2010级历史文化学院学生　　签约学校:×××育才中学

各位评委,老师,大家好!(鞠躬)

老师您好!我是来自历史文化学院2014届的毕业生姜某。首先,感谢领导和老师们能给我这次面试的机会。

还记得在我上大学之前,我去拜访我的高中班主任,他对我说过这样一句话,"未来的教学是数字化教学的时代,除了要苦练传统师范技能外,还一定要好好学习现代的教学技术"。进入大学后,我一直把这句话作为我的座右铭,时刻激励着自己,并寻找着自己努力的方向。为了训练自己的师范技能,提高口语和写作能力,我加入了学校的演讲与口才学会(赶快跟着我练习),通过无数次的上台演讲,提高自己的口语表达能力;为了训练写作能力,我加入了学校的时代通讯社,并一直负责×××师大校报的编辑工作,并发表了二十几篇文章。此外,为了训练自己的现代教育技术,即多媒体课件的制作技能,服务于未来的历史教学。我进入了历史文化学院的科技部,通过专业培训与努力学习,我院2011年、2012年各项活动的多媒体课件都是我负责制作和审核的。(带去,甚至可以把笔记本电脑带去,如果问到就可以现场放给他们看。)今年更是被我们的课程论老师选取加入了全国师范院校第一个历史数字工作室——青蓝历史数字工作室。我负责制作的作品《西充八百勇士》被全部上传到中国最大的历史教学网站上,供全国历史教师点击下载。除此之外,我也深知,无论是语言、文字还是信息化技术的运用,都需要植根于过硬的专业知识和丰厚的文化素养,所以我平时最大的个人爱好就是看书。所看的书里,有专业书籍,也有其他学科的书籍,这些书籍都极大地拓宽了我的眼界,拓展着我的思想。为了将所学的理论作用于教学实践,我常常在暑假的时候,到中学及培训机构去听课,并进行了一些教学的实践,今年,我被分到×××中学实习,在实习期间,我的教学能力及班级管理能力得到了提高。走的时候,我的指导老师给我写下了鼓励的话语。而这些所有的准备,都是为了在4年后成为一名合格的历史老师。

今天,我恳请各位老师能给我一个到贵校工作与服务的机会,我一定会在今后的工作中继续保持谦虚好学的态度,除了将教学搞好外,我还可以将我的文字编辑能力和多媒体课件的制作技术,以及历史数字故事的制作技术带到贵校,为贵校的报刊编辑、教学竞赛课及利用网络平台为贵校的宣传作出我的努力和贡献。谢谢!(鞠躬)

除了作好自我介绍的准备之外,这位同学还结合自己的自我介绍预设了几个问题:

(1)同学,你参加了这么社团,又说你喜欢看书,你是怎么协调这两者的关系的?
(2)同学,你们那个青蓝历史数字工作室是做什么的?
(3)你为什么没有获得奖学金,另外还没有通过英语四级?
(4)我们招聘的是历史老师,你好像其他的能力更强一些。我们不是很需要。
(5)我们学校那里不具备多媒体的教学条件,你的这些能力可能用不上。

但是面试场是瞬息万变的,真正战场上的提问是:

(1)请说出中国封建社会的断线。
(2)说出中国封建社会的朝代顺序。
(3)说出你最敬重的一位老师及原因。

看上去一题未中,而实际上虽然没有原题出现,但是因为提前作了准备,在心理层面的感受是完全不一样的。此外,如果有幸能命中考题,你的面试之路将会与众不同,这种心理感受和我们在笔试考场上遇到现题时的那种从容与自信是一样的。我们来看下这位同学的面试心得,或许同学们就会明白笔者所提的一些建议了。

**案例2:**

2010级历史文化学院学生    签约学校:×××东辰中学

## 面 试 心 得

我于10月16号在招生就业处参加了东辰的初选,当时是第一次参加面试,我在投简历的前两天把简历赶好,借鉴了上一届×××师姐的自荐信,当时我在写自己的自荐信的时候是在网上搜的,一点专业气息都没有,看了师姐的简历,才明白什么是高端的自荐信,于是我就借鉴了很大一部分她的自荐信,以至于后来和有的同学借鉴同一个自荐信而不敢一起投简历。所以自荐信还是得自己写。我在初选的时候比较顺利,当时是每个人自己拿着简历一个一个进去面试的,就作一个简短的两三分钟的自我介绍,我是第一次面试,就凭着自己对东辰的一点了解比较顺利地完成了自我介绍,之后还让我们把自己的名字写在黑板上,我自认为黑板字写得最差的就是我的名字,结果还得到了面试官的肯定,所以要练黑板字,特别是自己的名字,那天的面试里面我也没有做什么有失礼仪的事,再加上我自己是绵阳人,最后顺利地进入下一轮。

第一轮和第二轮之间差了一个半月,当时我得知院上有很多实力很强的人进入到第二轮。不过这些人在这一个半月之内等不及了,纷纷签了其他的学校。这让我安心不少。不过在面试之前我还是特别担心,因为严同学也要去,我一直害怕她。我相对于她来说,只有一个优势就是我自己是绵阳的。我是在26号接到第二轮面试通知的,说是28号就要到绵阳报到,因为离面试时间很近了,自己连一个系统的自我介绍都没有,虽然之前面试了一些学校,基本是比较顺利的进入下一轮,但我还是害怕万一专家面试的时候面对校长,自己就不能临场发挥了。于是26号当天我就给陈老师打电话,陈老师也是很耐心地给我补课,从最基本的开始,包括怎么叙事、礼仪,还帮我改了自我介绍,在去面试之前还帮我指导了一堂试讲课。我一直跟她说我害怕严同学,她在我就紧张、害怕之类的。陈老师都细心的给我开导、引导我,我当时就想一切都还没定,万一我的缘分就在那里呢,所以我还是抱着信心去了。

我们去了之后,第一天上午只是一个签到。到了下午两点半的时候先开了一个简短的宣讲会,把签约后的一些事宜告知了一下。3点开始笔试。我之前在笔试成都××的时候觉得试题很简单,但是这次的题很难,而且做到同一道题,就是评述梁启超的国民观。不过我平时每天都要做一套左右的高考题,还把专业知识过了一遍,我知道我历来被寝室封为考霸,因此我拿着试卷不太害怕,就不紧不慢的做完了。参考的一共有12个人,大概在职教师和应届本科毕业生各占6个。第二天接到通知说去参加试讲,说实话,这是我比较害怕的一环节。不过我镇定下来想想陈老师跟我说的话,慢慢回顾她说的一节课该怎么去讲,我抽到的题目是八年级下册《走向世界的中国》,讲的是改革开放的中国经济特区的设立。我们是要求两分钟的说课,七八分钟的讲课。我在说课的时候就简短的按照说课的流程说了,因为对教材不熟悉,课讲的很浅显,但是没有失误,把基本功展示出来了。面试官一直都没有抬头看我,只要他不盯着我看我就不害怕,我还是讲完了。自己觉得没有平时讲得好,对于教材很不熟,从来没有接触到这一课,我当时就没抱希望了。

中午在吃午饭的时候接到通知说去参加下午的专家面试,我心里很激动但也还是很担心下午的面试,因为我们所有人基本都害怕面试官问及专业知识。下午3点开始面试,一共5个人,我和严同学,还有3个在职教师,是我们的师兄。比较庆幸,我们的学科是在后面的。前面的学科问了一些专业知识,所以时间占用了很多。到

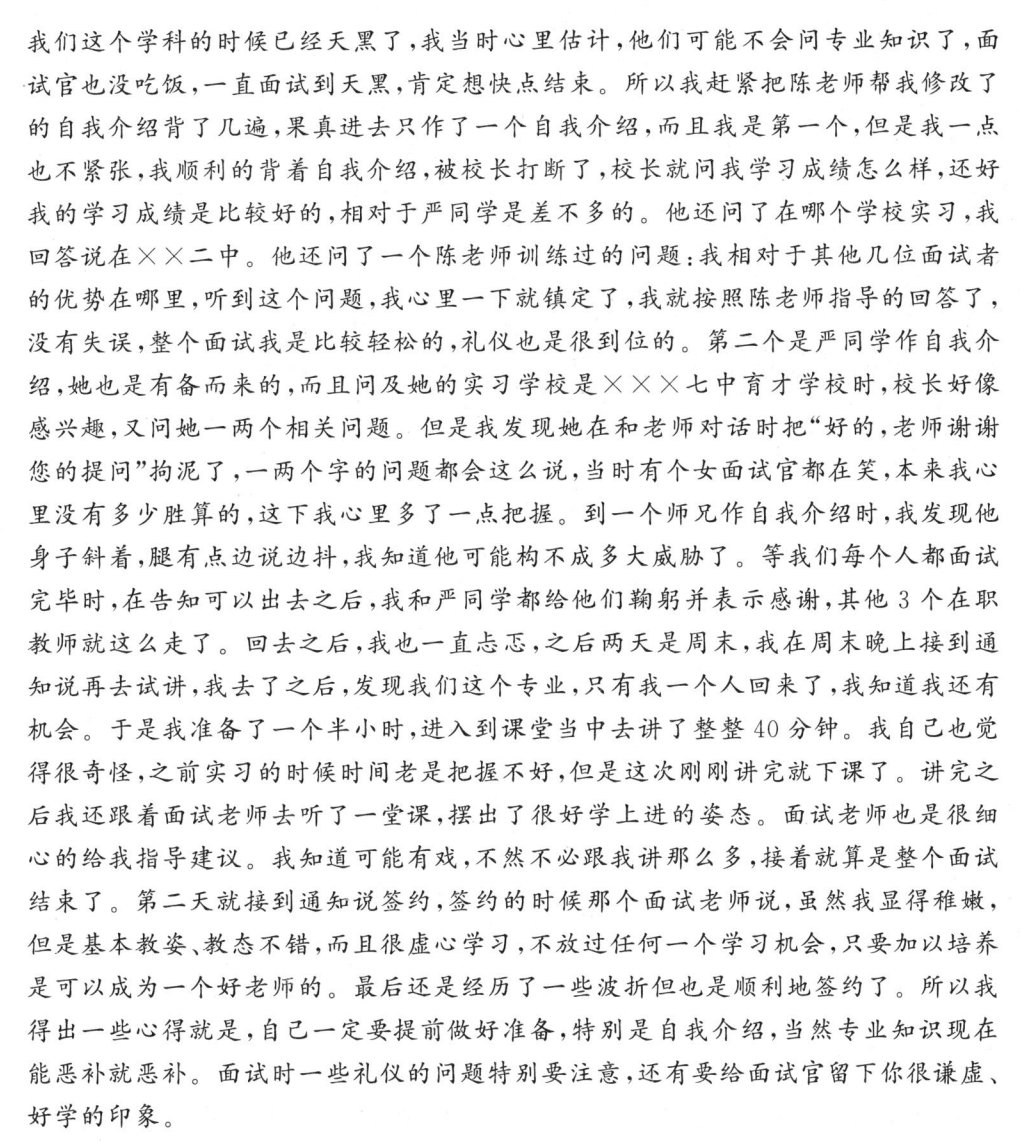

我们这个学科的时候已经天黑了,我当时心里估计,他们可能不会问专业知识了,面试官也没吃饭,一直面试到天黑,肯定想快点结束。所以我赶紧把陈老师帮我修改了的自我介绍背了几遍,果真进去只作了一个自我介绍,而且我是第一个,但是我一点也不紧张,我顺利的背着自我介绍,被校长打断了,校长就问我学习成绩怎么样,还好我的学习成绩是比较好的,相对于严同学是差不多的。他还问了在哪个学校实习,我回答说在××二中。他还问了一个陈老师训练过的问题:我相对于其他几位面试者的优势在哪里,听到这个问题,我心里一下就镇定了,我就按照陈老师指导的回答了,没有失误,整个面试我是比较轻松的,礼仪也是很到位的。第二个是严同学作自我介绍,她也是有备而来的,而且问及她的实习学校是×××七中育才学校时,校长好像感兴趣,又问她一两个相关问题。但是我发现她在和老师对话时把"好的,老师谢谢您的提问"拘泥了,一两个字的问题都会这么说,当时有个女面试官都在笑,本来我心里没有多少胜算的,这下我心里多了一点把握。到一个师兄作自我介绍时,我发现他身子斜着,腿有点边说边抖,我知道他可能构不成多大威胁了。等我们每个人都面试完毕时,在告知可以出去之后,我和严同学都给他们鞠躬并表示感谢,其他3个在职教师就这么走了。回去之后,我也一直忐忑,之后两天是周末,我在周末晚上接到通知说再去试讲,我去了之后,发现我们这个专业,只有我一个人回来了,我知道我还有机会。于是我准备了一个半小时,进入到课堂当中去讲了整整40分钟。我自己也觉得很奇怪,之前实习的时候时间老是把握不好,但是这次刚刚讲完就下课了。讲完之后我还跟着面试老师去听了一堂课,摆出了很好学上进的姿态。面试老师也是很细心的给我指导建议。我知道可能有戏,不然不必跟我讲那么多,接着就算是整个面试结束了。第二天就接到通知说签约,签约的时候那个面试老师说,虽然我显得稚嫩,但是基本教姿、教态不错,而且很虚心学习,不放过任何一个学习机会,只要加以培养是可以成为一个好老师的。最后还是经历了一些波折但也是顺利地签约了。所以我得出一些心得就是,自己一定要提前做好准备,特别是自我介绍,当然专业知识现在能恶补就恶补。面试时一些礼仪的问题特别要注意,还有要给面试官留下你很谦虚、好学的印象。

从这位同学的面试经历中我们可以看到,从最开始的仓促、胆怯到最后的从容自信,并战胜了自己最强大的对手,最后成功签约到自己满意的学校。而这些变化都来自于对于面试的科学认识和对面试技巧的掌握。因此,面试是一种方法,面试更是一门需要学习和训练的科学。

## 三、面试询问的技巧

### (一)电话询问的技巧

面试之后,许多用人单位,仅仅只是留下一句"回去等通知",但是作为应聘者而言,这句话太过空洞,等待的过程让人很是煎熬。所以常常有同学咨询,要不要问问用人单位结果是什么?如果不签约那就另找东家,如果要签约,就给一个准信。这些心态是能够理解的,一般情况下,面试结束后用人单位都要进行集体讨论,然后再报送领导批示,最后才通知面试者,这个过程可能要等3~5天,因此,求职者在这段时间内一定要耐心等候消息,不要过早打听面试的结果,以免让用人单位产生不好的印象。

在等待的过程中,保持通信畅通是必要的。此外,你可以做这样一些事情,如打电话给主考官表示感谢,这种感谢可以在面试结束后的一两天内,电话感谢要简短,如果对方没有交流的愿望,记得不要超过两分钟,而且电话中不要过于急迫的询问面试结果,一定要放平心态,这个电话只是为了表现你的礼貌和让对方加深对你的印象。如果用人单位在学校的面试只是初试,下一步是需要到对方学校去试讲,那么在3天之后,如果没有收到任何信息,求职者也可以及时打电话追踪反馈,但要讲究语言的艺术。很多同学会直接问:老师,我被选上了吗?或者说:老师,我还有没有机会?这种问法太过直接,因此很容易被拒绝,且被拒绝之后,连回旋的余地都没有。所以,笔者的建议是,你不妨换个方法问:"老师,您好!我是××师范大学××学院的××,几月几号参加了贵校的面试,进入了决赛,想问下,我什么时候能到贵校去试讲啊?我最近一直都在准备。"这样的问法,令面试单位不能一下子拒绝你,对方可能会说,目前还没有确定下来,等确定下来再通知你。此时,你就可以继续询问你想知道的问题了。比如,"老师,可以问下大概还需要几天吗?我非常愿意到贵校工作,希望能给我这个机会",并继续为自己争取机会。如果对方没有签约你的意思,那么他也会委婉的拒绝,彼此也能保持良好的沟通。

求职需要低姿态,但是低姿态并不代表我们没有尊严和底线。如果能够得到对方进一步确定的反馈,或者没有得到想要的结果,也不要沮丧,放平心态,不妨写一封电子版的感谢信,在写信的时候,一定要注意的就是,信件的格式一定要规范,处处展现出师范生的个人素质和文字功底。如果得到反馈,感谢对方给予机会,表示自己继续努力的决心;如果被拒绝,也真诚的感谢对方当时的认可与肯定,但同时不要忘记询问被拒绝的原因,态度一定要谦虚,希望老师给予一些指导,有利于你的下一步求职。这样的信件,不必寄希望对方是否回复。因为说不定这封信也会给你带来另外一个机会。笔者曾经指导过的一个学生,就是在案例二中出现过的严同学被东辰中学拒绝后,大四的暑假期间,由于她写过一封感谢信,该中学又向她伸出了橄榄枝,正如严同学所说,所有美好的结果都是源自于平时的努力训练与勤奋,更加上科学的方法与全面的准备。

(二)及时总结与反馈

求职失败了,请不要沮丧要及时调整心态。很少有人能一次性成功,要学会安慰自己,失败是成功之母,及时总结经验,寻找问题,以期下次面试的时候不再出现失误。在众多的求职案例中,有一位同学很让我感动。这位同学自身条件很不错,也很优秀,但是在求职的道路上一直不顺。但是她毫不气馁,反而越挫越勇,不但反复总结面试失败的原因,而且反复修改和完善自我介绍,力求做到完美任何一个细节。在2014年开学后不久,最终签约了一所国家级重点中学。现在,笔者将她的求职历程与大家分享如下:对自我介绍的多次修改。

一稿:

各位老师:

你们好!

我是第××号,黄××。

是大学里的一直坚持和努力让我有了勇气来到这里,3年前我就为了今天而开始准备。不错的成绩、师范技能,丰富的团队工作经验,多样的社会实践经历,我可以说我的大学我没有荒废,是充实的,我的青春没有荒废,是多彩的。有一句话是这样说的:生命是一个过程,优秀是一种习惯,坚持是一种智慧,缺陷是一种恩赐! 正是如此,是一种不甘堕落的上进心、一种就算委屈也要坚持的责任心、不辜负父母老师的感恩之心让我努力成长,同样,这三颗心一样会激励着我在以后的工作中也做到优秀,把优秀养成一种习惯。

二稿:

各位老师:

你们好!我是来自××师范大学2014届的应届毕业生,我叫黄娟,黄河的黄,千里共婵娟的娟。是大学里的一直坚持和努力让我有了勇气来到这里,3年前我就为了今天而开始准备。下面我就介绍一下我的情况。

首先是学习方面:进入大学后我并没有放松自己的学业,而是努力夯实专业知识,加深对历史学科的认识,同时也致力于扩大自己的知识面,自己的努力也得到了肯定,我曾获得国家励志奖学金一次,学校一等奖学金一次、二等奖学金三次、三等奖学金一次。

我知道成绩并不能代表一切,所以我在师范技能方面也下了很多功夫。普通话、"三笔字"、计算机从大一开始练起,并顺利通过相关考试获得了证书。从大三开始的试讲,我珍惜每一次上台的机会,详细备案,教案写完了3个本子,我的努力和表现得到指导老师的夸赞。我利用在××中学集中实习的机会,跟一线的老师学习经验,与学生交流探讨问题,承担了5个班的历史教学工作,实习成绩等级为优秀。经过两个月的实战演练,最终形成了自己上课节节必有亮点、把历史知识趣味化、让知识与兴趣结合的教学特点。

最后是综合素质方面:在学习之余,我在大学里也担任了学生干部,曾是学院青年志愿者协会会长,在我担任会长期间,我院志愿服务工作获得优秀分会的称号,每次的各项排名都名列前茅。除此之外我还是学校勤工助学中心总负责人,全面协助老师负责全校的勤工助学工作。我带的仅有6个人的团队是老师的得力助手,是家庭经济困难学生的好帮手。在上学期我获得了省大学生综合素质A级证书,本年级仅有5人获得,同时也被党组织吸收成为一名预备党员。

我常常以"生命是一个过程,优秀是一种习惯,坚持是一种智慧,缺陷是一种恩赐"来不断地鼓励自己、鞭策自己,让自己不断进步!我的介绍完毕,谢谢!

三稿:

尊敬的各位领导、老师:

大家好!我是来自××师范大学2014届的应届毕业生,我叫黄娟,黄山的黄,婵娟的娟,感谢各位老师给我了一个面试的机会。

大学四年以来,在学习方面我从未放松,努力夯实专业知识,加深对历史学科的认识,我的努力也得到了一些肯定,我曾获得国家励志奖学金及多次获得学校一等、二等奖学金。而且,我也通过课外的阅读,拓展了知识面。这些努力都为我的教学实践,打下了一定基础。

从大一开始,我就找机会站上讲台,我做过家教,到过培训机构上课,也回到过我的母校跟老师学习。在大三一年的试讲中,我每次按时交教案,及时演练,我写完了三个教案本。在岳池中学实习期间,我坚持写详案,我的踏实努力得到指导老师的认可与信任,让我承担了高一5个班的历史教学工作。在实习即将结束之际,我作为代表完成了历史学科的汇报课,得到了在场老师的好评,同时我也用心的记下他们提出的建议。这些都成为我在教学实践中积累的一笔财富。

此外,作为一名中学老师,不但要学会怎么教,还要学会管理学生。在大学期间我也担任过学生干部,曾是学院青年志愿者协会会长、学校勤工助学中心总负责人,我带的团队内部团结、战斗力强,是老师的好帮手。同时,在与贫困同学的接触中,我意识到了父母的艰辛与生活的不易,我深深地懂得了感恩与分享。这段工作结束的时候,我获得了省大学生综合素质A级证书,更重要的是,这段经历为我今后做好班主任工作打下了一定基础。

我是一个用心做事的人,在实习期间,为了尽快熟悉和融入学生,我用3天的时间浏览他们的学生档案,记住了班上所有学生的名字。有了这样的基础之后,在班上顺利开展了旨在破除坚冰、构建和谐温馨班级的活动,如小组文化建设、我们一起过生日等。一个多月过后,班上不仅纪律优秀,而且成绩也得到了提高。在我离开的时候,我收到了班上所有同学为我准备的有形或者无形的礼物,得到了无限的幸福感和满足感,这更加坚定了我要选择教师这个职业的决心和信心。

我深知,在教学的路上,我才刚刚起步,还有很多不足的地方,但是在我的心里,教师,不仅仅是一种职业,更是一种值得我终生坚持的事业。希望贵校能给我一个机会,让我加入你们的团队,成为你们中的一员。我愿意为我们的学校贡献我所有的力量。非常感谢!

四稿:

尊敬的各位领导、老师:

大家好!我是来自××师范大学2014届的应届毕业生,我叫××,感谢各位老师给了我一个面试的机会。

大学四年以来,在学习方面我从未放松,我努力夯实专业知识,加深对历史学科的认识,我的努力也得到了一些肯定,曾获得国家励志奖学金,以及多次获得学校一等、二等奖学金。而且,我也通过课外的阅读,拓展了知识面。这些努力都为我的教学实践,打下了一定基础。

从大三开始,我就找机会站上讲台,我做过家教,到过培训机构上课,也回到过我的母校跟老师学习。在岳池中学实习期间,我坚持写详案,我的踏实努力,得到指导老师的认可与信任,让我承担了高一5个班的历史教学工作。在实习即将结束之际,我作为代表完成了历史学科的汇报课,得到历史组老师的一致好评,同时我也虚心的接受他们提出的建议。这些都成为我以后工作的一笔财富。

此外,作为一名中学老师,管理学生的能力也非常重要。在大学里较为丰富的团队管理经验带给了我信心,我曾是学院青年志愿者协会会长、学校勤工助学中心总负责人,由于我的处事公平、善于团结,在工作期间,我得到了同学们的认可和支持。同时,在与贫困同学的接触中,我意识到了父母的辛勤与生活的不易,我深深地懂得了感恩与分享。这段工作结束的时候,我获得了省大学生综合素质A级证书,更重要的是,这段经历为我今后做好班主任工作打下了一定基础。在××实习结束的时候,由我负责担任班主任的班级不但纪律优秀,而且考试的成绩得到了提高。当我离开的时候,很多孩子流下了不舍的泪水。

我深知,在教学的路上,我才刚刚起步,还有很多不足的地方,但是在我的心里,教师,不仅仅只是一种职业,而是一种值得我终生坚持的事业。希望贵校能给我一个机会,让我加入你们的团队,成为你们中的一员。我愿意为我们的学校贡献我所有的力量。非常感谢!

五稿:

尊敬的各位领导、老师:

大家好!我是来自××师范大学2014届的应届毕业生,我叫黄娟,黄山的黄,婵娟的娟。感谢各位老师给了我一个面试的机会,大学4年以来,在学习方面我从未放松,通过自己的努力,我不但在专业知识上受到学校的肯定,多次获得过国家励志奖学金及校一等、二等奖学金。而且,通过课外的阅读,我还拓展了我的知识面。这些努力都为我在教学实践中打下了一定基础。从大三开始,我就找机会站上讲台,我做过家教,到过培训机构上课,也回到过我的母校跟老师学习,在××中学实习期间,我坚持写详案,我的踏实努力,得到指导老师的认可与信任,让我承担了5个班的教学工作,在实习结束时,我写完了3个教案本,这些都成为我教学实践中得到的一笔财富。此外,作为一名中学老师,不但要学会怎么教,还要学会管理学生,在大学期间我也担任过学生干部,曾是学院青年志愿者协会会长、学校大勤工助学中心总负责人,由于我的处事公平、善于团结,在工作期间,我获得了同学们的认可和支持。同时,通过与贫困同学的接触,也让我意识到了父母的辛勤与生活的不易,让我学会了感恩与分享。这段工作结算的时候,我获得了省大学生综合素质A级证书,更重要的是,这段经历为我今后做好班主任工作打下了一定基础。在××实习结束的时候,由我负责担任班主任的班级,不但纪律优秀,而且学生的考试成绩得到了提高。当我离开的时候,很多孩子们都哭着来为我送别(这里可以有感情)。

我深知,在教学的路上,才刚刚起步,还有很多不足的地方,但是在我的心里,教师,不仅仅只是一种职业,而是一种值得我终生坚持的事业。希望贵校能给我一个机会,让我加入你们的团队,成为你们中的一员。我愿意为我们的学校贡献我所有的力量。非常感谢!

在这位同学的不懈努力之下,她最终求职成功,由此可见,求职面试是一个科学而又满载变数的过程。我们作为求职者,既不要被求职困住脚步,同时也不能随意任性为之,一定要作好充足的准备。在求职的过程中,机会永远只会眷顾有准备的人。

## 小贴士九:来自师姐的面试心得

### 一、面试前我的心态

其实,此次面试,我是真的抱着很平和的心态去的,因为从一开始,我也跟老师说过,我是独生子女,我真的很想回宜宾,所以面试宜宾的学校我就很激动,但是,面试了两所私立都没有结果。眼看大家都找到工作了,我也有点慌:如果宜宾的公招我没考过,那该怎么办?所以,这次一中来招聘,看到大家都去,我也去了,毕竟它的地理位置好,比起其他地方,离宜宾也不算太远。就这样,抱着打酱油的心态,开始了我的面试。

### 二、面试的流程

此次面试一共分为四个流程:筛选简历(自己拿着简历进去,面试官会问你几个问题)、笔试、讲课(初一、初二的内容,随便抽一课)、面试。

在这四个过程中,我的心得分别是:

筛选简历时,进门的时候,我也采用了面试礼仪,坐定后,老师让我从获得的奖项、担任的职务、在哪实习的、有什么收获这四个方面介绍自己。完了之后,他会根据自我介绍的内容跟你提问题。整个过程,我都非常的放松,一点也不紧张,他问什么,我就看着他的眼睛,仔细听(其实有时候他还没问完,你就大概知道他要问你什么了,就可以边听边思考你的答案),然后用平缓的语速来回答他提的问题,一定不要表现的慌乱,就算他提的问题你不知道,镇静是必需的。因为,这个环节就是看你的语言组织能力与应变能力。当然,它的环节有4个,所以,这个环节几乎没有淘汰面试者。笔试安排在10天后。

  笔试之前的10天里,因为一中的老师说就考高考题,所以我就做了很多高考题,并且把初一、初二的课本看了,初一上册的比较熟悉,但是其他三本不可能在几天内把课都备好,我就挑选了我认为重要的备了好几课,八年级的一些我认为有点儿重要就只列了个板书在书上。结果笔试那天,根本没有高考题,是南充一中老师自己出的题,24个选择题,3个大题,几乎全是近现代方面的,大题也全是近现代方面的,并且以经济史居多。除了几个选择题确实不知道,其他的还是答的比较顺利。

  讲课就安排在笔试那天的下午,所有人先抽顺序,再按顺序抽课题。我抽到的是一号,当时抽到一号还是有点紧张的,心想怎么这么倒霉。所以,我是第一个抽课题的,一直默念不要抽八年级下册(最不熟悉),结果就抽到了八年级下册的《伟大的历史转折》。当时我看到这个课题就懵了,晕晕乎乎的来到备课室,只有近20分钟的备课时间。这次是自带课本的,我翻开书,幸好上面有我写的板书(背景、内容、意义),虽然很简单,但是起码给我提供了一个思路。现在的问题就在于,我只列了板书,连这节课的内容都没认真看过。所以,我快速浏览了课本,再把这课的前面一课看了看,以便讲的时候能更好地组织语言,做到承上。然后再想导入,导入我就是以课题为导入的,把重点放在"转折"二字上。再把自己能想到的,怎样能让这堂课贯通的语言简洁的写了写,加了些自己在这关键时候冒出来的想法,理了理思路,时间也就差不多了。站在讲台上,我依然先按陈老师教的试讲时的礼仪,既让老师觉得我有礼貌,也缓解了我紧张的情绪。整个讲课过程还是挺顺利的,没有出现卡壳的情况,看得出来老师也在认真地听我讲课,其实我也很意外自己可以讲得这么顺利,讲到意义的时候时间就到了。

  面试是在讲课的第二天,这个是最简单的,只问了你在哪儿读的高中、在哪实习的、班级名次、为什么选择教初中,两分钟就面试完了。只需要他问一个你答一个,不需要自己组织太多语言。

## 三、此次面试的体会

  此次面试,可以说是目前为止我遇到的最完整的面试了。关于这次面试的心得体会其实很简单:

  第一,一定要相信自己很棒,要有信心,不要还没上场就先被自己打垮,不要告诉自己:×××很厉害,我应该没希望了。为什么你宁愿去相信别人,也不相信自己呢?

  第二,要冷静,不要慌张。回答问题的时候要自信(但不要表现的太强势,掌握一个度)的看着评委老师,让他看到你在认真的思考、认真的回答他的问题。遇到不知道怎么回答的问题时,不要慌张,如果你表现的手足无措,评委老师会觉得你是一个不懂得控制情绪、不懂得应变的人。

第三,机会是留给有准备的人的,以前我不认同,现在觉得这句话说的真的很正确。不要抱着投机取巧的心态,不要认为你永远会是那个幸运儿,脚踏实地,认真准备,真的非常重要。

第四,一定要表现出你的礼貌。让评委老师一开始就觉得你不一样,多关注你两眼,印象稍微深点,总是好的。

## 四、目前我的打算

希望先签一个学校,等自己积累了教学经验再通过国家的选拔考试进入到更好的平台深造。

虽然面试是一个科学而复杂的过程,但是它也有一些需要普遍遵守的原则,梳理一下,在进入面试场开口时,一定要先跟面试官问好,在面试官提问时,要多听,听懂中心,然后先致谢再回答,回答完毕后再次致谢。在一些较为轻松的话题的表达上,也要遵循多听少说的原则,切不可随意发挥,不注重逻辑,通篇散打。在面试场上并不是说得越多越有机会,有的时候不在多而在精。此外,要善于寻找话题,当双方陷入冷场时,要及时转移和寻找到话题,而话题最好是贴近自己熟悉的专业,或者自己了解较多的领域。在面试的场合可以多谈职业态度、工作设想、专业知识等方面,尽量不要显示出悲观失落的情绪,以及找一些不愉快的话题。

### 思考题

为了深化理解和巩固本章所学内容,建议你进行如下学习活动:
(1)请选择其中一个面试心得,尝试进行成功经验或失败原因的分析。
(2)请运用"条理公式"进行与教学内容相关的训练。
(3)认真分析名字特点,结合所学尝试介绍自己的名字,并对着镜子配合礼仪姿势反复练习。
(4)请尝试修改下列自我介绍。

范例一:

各位老师好,我叫李×,来自×××师范大学,文学院。我的求职意向是初中或高中历史老师。得过一次三等奖学金、学习优胜奖和精神文明奖,获得"积极分子"荣誉称号,曾参加院级和校级的礼仪服务工作,参加了×××市第三届"读史年华"历史剧大赛,获得二等奖,在×××市第二届嘉陵江合唱艺术节礼仪服务。暑期做过培训班招生工作,做过一对一家教。2014年9~11月在×××高中实习,在讲课方面有了很大的提高。我很希望成为贵校的一员,希望贵校能给我一个机会。谢谢。

范例二:

大家好!我是×××师范大学2014届应届研究生,我的专业是学科教学(历史),之所以选择这个专业是因为我对历史有着很大的兴趣,并且从小就向往能成为一名优秀的教师。

在研究生期间中,我勤奋学习,在完成必修科目的同时,阅读与历史教学有关的理论书籍,收集了很多中学历史优质课件的视频,并通过这些优质课件的视频自学,领会新课改下以学生为主的课堂。在教学实习期间,注重理论与实践的结合,注重调动学生的学习兴趣,俗话说"兴趣是做好的老师",学生在这样的氛围下,轻松的记住了历史知识。

今年的暑假我在×××师范学院民间文化研究中心实习,担任出版书籍、管理的助理的工作。在工作期间,我做事细心严谨,没有出现资料整理、统计的误差,并且在导师的影响下,懂得了如何与人协作高效地完成任务,提高了人际沟通、交往的能力。

教师这个职业是神圣而伟大的,他要求教师不仅要有丰富的知识,还要有高尚的情操。因此,在读师范时,我就十分注重自身的全面发展,广泛地培养自己的兴趣爱好,我喜好读书、书法、篆刻。关于书法、篆刻方面,我临摹中国历代书法名帖(楷书、隶书、行书、草书、篆书),并能进行书法、篆刻创作。曾在临清新雅书苑任教,担任书法教师,教授的内容为书法楷书(硬笔、软笔)临摹,教授的对象是中小学生。我每个星期至少读一本书来扩充自己的知识面,并且写下读书笔记。

假如我通过了面试,若被贵单位录用,我将会在自己的岗位上踏实工作、勤奋学习,为实现自己的人生价值而奋斗,为贵公司的发展贡献力量。

范例三:

老师您好!我是来自×××师大数学与信息学院2014届的毕业生,蒋×,很高兴今天可以在这里介绍自己。

大学三年,在专业知识方面,我努力学习专业知识并与苦练师范技能结合,以求有一天可以实践于教学工作;实践能力方面,我加入学生组织和社团锻炼自己的综合能力,提升了自己在写作、PPT制作、Word文字排列等方面的技巧。比如,2011~2012年我们学院主要的PPT都是我负责制作审核的,同时我还学会了和不同的人打交道及一定的组织管理能力。

今天前来面试,我明白自己不是最优秀的,但倘若贵校能够接纳我,我不但会在以后的教育教学中努力工作,还可以在学校的大型活动或者贵校的自身宣传中贡献力量。最后,所谓兴趣是最好的老师,数学是我喜欢的学科,教师也是我向往的职业,所以我相信自己可以胜任贵校的工作,希望老师给我一个机会。我的自荐完毕,谢谢老师!

# 第十章 攻略秘籍三:如何度过试用期

曾经在无意之间,听过几位大四学生的一次闲聊,同学甲说:"真想早点签约,签约了就可以轻松了。"同学乙说:"就是,签约了就可以想怎么玩就怎么玩。"同学丙说:"是啊,找到工作就什么都不用管了,要天天打游戏。"找工作确实是一件不容易的事情,能够过五关斩六将最后签约确实值得肯定。但是,是不是签约之后,就要彻底放松自己,过上"猪"一般的生活呢?答案是否定的。事实上,在竞争日益激烈的就业市场,在与用人单位签约之后,绝大多数的学校都需要毕业生在入职前到签约的学校进行一段时间的见习教学,也就是试用期,如果在试用期内表现得不好,依然有被辞退的风险。那么,如何在实习期内继续成长、成熟则是我们接下来要探讨的话题。

## 一、熟悉环境,尽快融入

不可否认的是,每个人在入职前都有很多美好的想象和愿望,但是现实的情况往往与此背道而驰。比如,工作环境、工资待遇、人文环境,还有和其他地区同类职业收入的对比差距。正如人们常说的那样"梦想很丰满,现实很骨感",面对这些不尽如人意的地方,如何调试心态,是用抱怨和追悔来寻求解脱,还是沉静下来适应这里?

**案例:**有这样两位新老师,他们同时被录入一所县级中学任教,但是其中一位老师由于没有提前了解学校各方面的情况,所以入校后对工作现状极为不满,要么整天抱怨待遇差、和别人相比差距大,要么就抱怨学校的硬件设施差、领导办事不力。带着这样的负面情绪,他在工作上积极性不足、懈怠,甚至出现了较大的教学事故,教学成绩也不见提升,在领导心目中留下极差的印象,自己也更加懊恼。而另外一位教师张某,在签约之后,并没有停滞不前,一边在学校进行充电学习,一边时常与签约学校联系沟通,而且假期还到学校进行见习任教。进入学校后不抱怨、不懈怠,认真踏实的工作,入校后不久就获得了参加市级教学比赛的机会,通过努力最终获得该学科一等奖,其工作能力和态度受到了校方的认可,逐渐成长为一名骨干教师。

**分析:**从这两位老师的例子中,我们可以看到处于同一起跑线上的两个人,由于不同的工作态度及入职前的不同准备方式,最后达到的效果大相径庭。面对客观环境,我们无法马上改变,就只能先去适应这里,尽快熟悉这里,并在这里找到自己的价值,也找到这个地方于我的价值。任何时候、任何地方,只有踏踏实实、认认真真做事的人才能取得一番成就。所以进入新单位的新环境,必须先去了解它、适应它,并找到在这里工作的乐趣,这样才能及时调整心态,积极地投入到工作中去,并争取优异的成果。

## 二、积极争取,敢为人先

进入新单位后大家又处于同一起跑线上。在这样的情况之下,你如何迅速的脱颖而出成为合格教师,就需要有一种敢为人先的精神,积极争取机会、把握机会,充分展示自我。在教学工作上,从初学者进化成为合格的中学教师,除了踏实、认真地做好教学工作、积累教学经验之外,最好的方法就是积极参与各类竞赛活动和各级部门组织的教研活动。在这些活动中积极主动运用学校提倡推广的教学模式,开展教学,吸收他人评价。

**案例**:某新老师在初入学校,参加由学校主办的新教师技能展示暨新教师赛课比赛时,对学校提倡的"活动元教学法"不够了解,在实际应用中也不敢大胆尝试,用了自己比较擅长的教学方法,注重了学生感知知识、感悟知识,最后也实现了情感升华,结束之后赢得了其他老师和同学的掌声。该老师心里稍感自满之时,学校教务领导对他的评价却是"知识结构清楚,情感升华到位。但是学生活动参与不足,知识框架间未能有效组织教学活动元,活动元教学法应用不足"。所以,此次赛课比赛该新老师仅仅获得教学二等奖、教案设计一等奖。后来他更多、更细致的了解了学校倡导的"活动元教学法",并总结了一些在本学科开展活动元教学的方法,加以实践。为了展示自己的转变,在下半学年该市教科所组织的市级联合教研活动中,他积极争取到讲公开课的机会,运用"活动元教学法"完成了教学任务,在全市同行面前展现了该校教学法校本研修成果,同时也让同校前辈看到了自己的成长,获得一致好评。该老师在一学年的时间里,主动承担各类献课和公开课教学任务,同时也积极争取参加其他教研活动,在教学方面做到快速提升,稳步实现向合格教师转变。

**分析**:这位新老师最开始校内赛课的结局表明:在领导心目中,他还不能算作一个符合学校教学要求的合格教师。但是赛课结束之后,他并未就此作罢,而是更多、更细致的了解了学校倡导的"活动元教学法",更是不放过各级的教研活动和公开课展示,为自己积极争取机会。其实,对于新老师而言,公开课、赛课等教学活动,是展示自我、提升自我的最好机会。在此过程中不论好坏,都可以受到其他优秀老师的评价和建议,而这些评价和建议对于新教师成长来说也有很大裨益。在展示过程中暴露自己的不足,吸收别人的建议和批评、进一步改善教学,最终在展示中展现自己的成长,获得认可,努力成为合格教师。这些活动相对而言是有限的,机会都是争取来的,机会也总是留给有准备的人。即使暂时无法作为竞赛的参赛者、公开教研活动的主讲人,在平常教学中也要积极的作好准备,以便随时都能顺利完成此类任务,更有利于帮自己快速成长为合格教师。

## 三、行为表率,塑德为重

面对市场经济负面效应的冲击,学校在开放环境和多元文化氛围中,不仅培养学生在知识上成为国家的合格人才,还需要在精神上促进学生形成健全人格,这就对从教者的职业道德修养提出了更高的要求。而教师是人类灵魂的工程师,一言一行,堪为师表,一举一动,当为示范;作为教师当坚持"身正为范"的原则,加强自身道德修养。何为"身正"?简言之,就是"三正",即品正、心正、行正。所谓品正就是要将个人的理想与事业发展相融合,自觉加强师德修养,崇教厚德、诲人不倦、甘做人梯;心正就是要心有大爱,师爱应该是每个教师应有的职业特质,有师爱,才会有尊重和爱戴。行正,君子有所为有所不为,作为教师一定要守得住底线,特别是法律和道德底线。刚刚初入社会的新教师,往往会因为待遇、生活等因素,对教学工作有懈怠之心,或者不满现有收入情况,借机会搞有偿家教、推销资料,追求高收入。这样做,不仅不能在学生心中保持尊严,更会葬送自己的教育事业的前途。为人师,当先塑己德,教之、导之,方能化人于无形。

**案例:** 2014 年《现代快报》报道了一则泰州市姜堰区一教师因有偿家教被处分,所在学校校长等 3 人也被"连带"处分的新闻。据查,2008 年至今,姜堰区梅垛中心小学教务主任阙某及其妻子赵某在学校附近租用三处办学点,开办"赵老师家教",涉及 196 名学生。近日,姜堰区决定给予阙某降低岗位等级处分,收缴违规所得 6 万元,撤销其梅垛中心小学教务主任和校级后备干部资格。梅垛小学校长张某及分管副校长王某、刘某 3 人负有领导和管理之责,对阙某的行为没有进行有效制止,构成工作失职,分别被给予警告处分。

**分析:** 这个案例虽说的是在职很久的老师了,非刚刚入职的新老师,但是也是一个警示。在当今物欲横流、拜金主义盛行的年代,如果没有高尚的道德情操和职业操守、心志不坚,即使当了教师,也不可能守其心。教师行业应该是一个最讲求奉献精神的行业,只有塑造自我高尚的道德情操,才能找到教书育人的快乐和持久的动力。

### 四、坚持学习,永不松懈

在信息化时代,随时随地都可以进行学习。而对于教师而言,所谓继续教育,包含的内容很多,如听课、评课、市区教育局联合教研、公开课、网络教育远程培训、新教师课改培训、班主任工作培训等都属于继续教育范畴。上述内容,仅仅是有上级相关部门统一安排的继续教育内容。除此之外,各位老师还应该结合自身实际情况,自我学习、自我提高,积极学习相关学科知识,提升专业能力和新教法理解运用能力。在学习过程中,一定要注意及时的总结反思,针对自己的问题进行相应的弥补和完善。努力自我学习,掌握新的教育理念、观点。在教学实践中不断总结反思,建立完善的自己的教学体系。

**案例:**

3 年里,我听过的大学教授和中学教师的专题讲座共有 76 场。印象中,大学和杂志社:清华大学教授秦晖、北京大学教授罗志田教授、华东师大教授钟启泉、华东师大教授杨奎松、华东师大教授聂幼犁、首都师范大学教授赵亚夫、首都师范大学教授叶小兵、上海师大教授李稚勇、西北师大教授姬秉新、华南师大教授黄牧航、西南大学教授吴建华、东北师大教授周巩固、重庆师大教授赵昆生、四川师大教授王川、陈辉、潘树林等,《中学历史教学参考》主编任鹏杰,原《历史教学》主编任世江等。中学：陕西西安中学特级教师郭福斌、江苏镇江特级教师束鹏芳、江苏扬州中学特级教师王雄、浙江嘉兴特级教师戴加平、广东东莞教研夏辉辉、全国特级教师魏书生、四川省教研员黄勇、泸州教科所贾学枫、绵阳南山中学黄子华、成都七中特级教师王开元、树德中学郭子其、成都教研赖蓉辉、武侯教研张明星、青羊教研李正平、树德光华高建文、师大附中刘松柏、玉林中学邓兴国等。在这些优秀的老师身上,他们对专业的理解和造诣,都使我深深折服。总之,听这些讲座我学到了很多,受益匪浅。有人疑问,为什么你喜欢跑去听讲座呢？我认为讲座往往是老师们学识的精华,多听多受益。每位老师都有自己独到的地方,能够学到他们的几点或者一点,都是受益终生的。

3年里,我听过的中学历史课总计有284节,这里面除了本校老师的课,还有很多外校老师的课。其中记忆犹新的有：扬州中学王雄《抗日战争的胜利》、山东实验中学钟红军《抗日战争》、深圳红岭中学吴磊《鸦片战争》、北师大第二附属中学纪连海《从清明上河图看北宋经济的发展》、七中育才叶德元《开放的中国走向世界》、川大附中杨培江《建筑奇观》、石室中学伍陵《近代物质生活和社会习俗的变迁》、七中嘉祥外国语何俊《宋明理学》、树德实验周雪《工业革命》、树德实验曾庆沙《美国南北战争》、师大附中牟晓平《卓越的工程》、七中万达杨福星《欧洲宗教改革》、西北中学李敏《成吉思汗与忽必烈》、师大一中高增平《火药、指南针与印刷术》、七中高新丁海山《十年"文化大革命"的内乱》、成都新世纪外国语汪霞《十年"文化大革命"的内乱》、成都外国语胡晓涵《伟大的历史转折》、七中万达曾丽娟《明清专制集权的加强》等。在这些课里,可以看到每一位老师精心的准备和娴熟的教学技能。听课,渐渐成了一种享受。去年,我专门搜集了很多关于课堂观察与微格教学的资料,再回过头来,运用其中的方法对很多课进行二度观察,发现很多课里有许多自己可以借鉴而且又能实践操作的方法和技能。我感到非常庆幸,正因为有如此多优秀老师的课例,我才会有如此多的动力去学习。正所谓："知不足而足。"

3年里,我去过的中小学及教师培训中心总计有47处,至今还印象深刻的学校有：江苏南京第十二中学、甘孜州康定中学、成都七中、七中育才学校、七中育才三圣分校、七中育才汇源校区、七中育才学道分校、树德中学、树德实验中学、树德中学光华校区、石室中学、师大附中高中部、师大附中初中部、盐道街中学高中部、盐道街中学初中部、田家炳中学、七中嘉祥外国语学校、玉林中学、中和中学、西北中学、成都铁中、成都17中、武侯实验中学、成都市教科院、锦江区教师进修校等。自己骑车最远的一个学校就是武侯实验,那天骑了一个多小时的车,左拐右拐才找到,虽然路途很遥远，但那天听课收获却很大，感受到做一名教师需要有耐心和信心。还有一次，印象比较深，在回学校的路上，我被一架电瓶车撞倒了，幸亏我跑得快，要不然腿就被压着了。纵有千难万险，也不能阻止自己学习的热情。每次到学校，总有一种说不出的亲切和喜悦。每个学校的文化和风气，我都是每次闲暇时关注的。很多学校的文化，都有励志、催人前进的意味，很值得玩味。

**分析：** 这是一个优秀老师成长的案例。作为刚毕业的新教师，在学校中我们就是小字辈。初出茅庐，有许多东西需要我们去学习、去加强。首先要了解这个学校的各方面的情况，还有与你切身相关的利益问题，最直接快速的方法途径就是老教师。他们在这个岗位上有一定的工作经验，对于工作环境的了解程度也比较深入。多和他们交流，有助于我们快速了解单位情况、知晓学校的各类情况，能帮助自己快速融入教学工作中。另外，老教师在工作岗位上有丰富的工作经验，也有许多适合完成高中教学任务、实现教学目标独到的教学方法，而这些正是我们急缺的。多与老教师交流、多向他们取经学习，对于快速提高教学能力、成长成合格教师，帮助是巨大的。

### 五、主动与前辈学习沟通

要想有较好的发展，必须要有和谐的人际关系。在任何地方都是一样的，如果你自己不主动和别人交流，就很容易导致被孤立、被异化，以后再要交流，吸收经验就比较困难了。我们并不能保证，所有老教师都是乐于帮助别人的，是愿意将自己的教学方法告诉别人的。但是，这些老师经验丰富之余，教学成绩也是显著的，所以不能因为老教师的保留，就放弃让他人学习。有些老教师不仅不愿意把自己的教学经验拿来和年轻人分享，而且对于被听课也显得极不情愿，而多听课恰恰就是了解吸收对方经验技巧最直接的方法。这种情况，就必须要自己"脸皮厚"了——他不愿意多说，你就要主动去了解、去感知。先去抄好这些老师的课表，在上课之前提前赶到教室，安静地坐在最后一排，像个学生一样去听老师讲课，这种情况老教师再怎样也说不了什么的。当然，在听课时，我们和学生的注重点也不一样。我们应该更注重该教师在章节知识的详略安排、重点安排、难点突破，以及教学方式等方面的特点。记下这些，再慢慢感受、理解，并找出差距逐步弥补，对自己成长的帮助一定很大。多听、多学、多思、多实践，是成为合格教师的重要途径。

### 小贴士十：新手如何度过试用期——来自师兄的试用期总结

几近毕业，有幸得以找到较为满意的工作，并参加了统一培训。职场预热共两个月有余，其中心态可谓是有一定变化的，现对实习作一个简要的总结。

## 一、学科实习

来东辰之前我对初中历史教学可谓是一片空白,原有的教学经验都是高中阶段的,因此对我来讲,感受不同教学风格是非常必要的。两个月时间,我听遍了我们历史组所有老师的课,学习他们的教学智慧。娓娓道来型、史料型、知识点型、儒雅型、活动型等,不同风格在不同课题上的运用使课堂有着别样的魅力,风格与教学内容及学情本身的适应至关重要。"学、交、导、练、悟"模式下衍生出了众多适应一线教学又符合教师特色的类型。可以这样说,"学、交、导、练、悟"模式的运用是我来东辰在学科教学上最大的收获,这对我今后教学有着重大启示。四步或是五步教学大步子之下,内部教学小步子的重新整合,发挥教师个人教学特色,解放教师和学生,教师主导、学生主体,教会学生如何学习,此乃我所感受到的东辰新课改。上过几节课,课后学生表达了对我课堂的喜爱,我很高兴。教师的精神幸福最重要的来源就是学生喜欢自己的课,我想我是幸福的,而这也鞭策我进一步搞好学科教学。

平常办公室生活中和老师们有着很多关乎生活的交流,聆听他们对生活的一些看法,反思自己的一些看法,很多时候观念转变就在一瞬间,换个角度看问题,解放了自己,快乐在不经意间产生。

## 二、"班导"实习

我很希望在下学期正式上班时成为"班导",尽管知道做好"班导"工作不是一两天的事,但我仍希望在这不多的时间中能尽量多学到一些东西,以便将来独当一面时能有所联想,能真正独当一面。由于实习的是初三,所以在我到班之前,我就想着少打扰他们学习,多看、少说。但让我感动的是,第一次到班,艾老师在介绍我的时候就说我相当于班主任,让学生配合我的管理。感谢她!期间,我全力配合艾老师做好各项常规工作,学习班级管理经验及特殊问题的处理技巧,这进一步加深了我对班主任工作艺术性的思考——班主任工作是一个需要用心但不掏心的工作。初三阶段主要服务于中考,事务性的东西较少,这与我即将可能面对的初一"班导"工作有着较大差异。所以,在平常和艾老师的交流中,我更多的是向她请教初一的班级管理经验及特殊问题的处理方式。而她都毫无保留的给我介绍,这让我受益匪浅。心中有数,自信也就增加了不少。

## 三、统一培训

培训——教师最大的福利,培训——思想上收获最多的地方。在我来东辰之前,我就对培训充满了期待和想象,几次培训我没有一次缺席,也都认真地聆听优秀前辈的人生智慧。从青年教师职业发展,到做一个幸福的教师,再到各种经验体会的交流等,感受到的不仅是东辰的教育文化,还有各种充满温情的人生体味,这是一个极具人情味的地方。校领导的高屋建瓴，思想上的引领；老中青教师不同阶段人生体味的交流，让我对很多事情又有了新的体会。虽未能全部吸收，但我相信这些智慧必将在我需要的时候指引我前进。

"青年教师职业发展三部曲怎样实现"，"如何做一个幸福的教师"，"选择是一种责任，是一种勇气，是一种底气"，以及"教师成长时阶"，"入职第一年我们该干什么"，"青年教师如何在课堂中成长"，"做一个有风景的青年教师"，"教师仅仅是一种职业"，"尊重自己的职业，不抱怨；尊重自己的职业，站在职业的制高点；尊重自己的职业，不产生职业倦怠"等命题都引发了我无限的思考，并触动和改变着我。见贤思齐焉，努力，在路上；进步，在路上。

### 四、招办值班

在招办一周多点时间的值班中我真正见识到了东辰招生的盛况，报名之火爆。"读东辰，好前程"，充分体现了东辰的魅力所在。我有幸加入东辰，加入意味着一份责任，更意味着必须进步，因为这是一个催人进步的团队。招办的工作较为细致，多是报名、录入信息、核对信息及接受咨询等工作。需要的是细心和应变能力，有条不紊的完成。

### 五、其他临时性事务及心态的变化

例如，录入成绩，发短信、打电话通知考试，监考、组织学生活动等，每一项工作都有不同的体会，也有着不同的收获。想不如做，做必有所获！

在东辰，我觉得有这样两句话深深地影响了我。"教师仅仅是一个职业。"没错，对自己来讲人生的幸福还有很多处，不能只把自己束缚在一个地方，人应该做好多种角色，同时自身对职业不看的那么"光荣"，心理预期小一点，落差也会小很多；对社会来讲，教师仅仅是一种职业，不要对教师有过分的期待。我觉得这有必要成为当今社会的一种共识。"尊重自己的职业，不抱怨；尊重自己的职业，站在职业制高点；尊重自己的职业，不产生职业倦怠。"三句话，三重境界，做到之后应该会成为一个幸福的职业人。

大学的优秀与否已成为过去，站在新的人生起点，应该做得只有更努力。一个新的平台，不为自我"历史"所累，不断努力，努力登上职业制高点！

### 六、遗憾

事先设定了很多自己要做的事，但在实际工作中由于特殊情况总免不了有些遗憾。第一，未能完成聆听高中历史课的预设。第二，未能上初一历史新课。第三，由于值班未能全程参与班级活动。

诚然，实习没有做到我预想当中那么好，有很多的遗憾和不足。人生也总是在追求完美中遭遇不完美,而这些不完美又将促使我继续前进。通过两个多月的培训,我底气更足,相信下学期的正式工作我能够做好,而我也将继续学习、继续进步。成功来自于伯乐的选择和自己的努力,伯乐已然选择了我,我将继续努力定不负伯乐所期!遗憾不少,但来日方长,遗憾是为下一次保留最真的美!

### 思考题

为了深化理解和巩固本章所学内容,建议你进行如下学习活动:

(1)采访一个新教师,访谈他入职近一年的心得体会。

(2)就近选择一个学校的新入职老师,对其表现进行分析研讨。

# 附录一 从面试走向成功
## ——来自面试考官的建议

首先需要提出表扬的是,能够专门去了解和学习有关于"师范生面试"的各类问题,乃至于认真阅读本书到最后这章的同学,你已经拥有了走向成功的基本素质之一:不打无准备之仗!

是的,打仗,这就是一场战争。很多人应该早已意识到,无论你选择何种人生道路,也无论教育体制如何改革,我们固然不能抛开教育在理想层面的十年树木、百年树人的崇高,以及在人性层面以人为本促人成长的温情,然而同样无法回避的是功利层面的事实——那就是惨烈甚至残酷的竞争。

早些年,有人经常拿国外尤其是美国的教育来对比,证明我们的教育是呆板的、沉重的、缺乏人性化和创新意识的应试教育,要学习美国轻松快乐科学发展的素质教育,当然现在有点不一样了,现在教育跟随习近平同志的政治和思想趋向可能要去美国化,而且美国的基础教育还在反思,反过来要向中国学。我们的教育体制当然有诸多问题亟待解决,但即使在我们最向往美国教育的那些年,你相信美国孩子可以在所谓宽松的、启发式的素质教育下,个个成为人生赢家吗?想读书的,连晚自习都不上,轻轻松松就去了哈佛、麻省理工,不读书退学的,随随便便开个公司就成了比尔·盖茨和乔布斯,你信吗?当然不可能,那就不是资本主义而是共产主义了吗?不管是何种教育体制和模式,最终都逃不开考核优劣这一道坎。其实我们心里也清楚,某些人并非对教育有独到见解,而仅仅是迎合学生们希望减负的心理来鼓吹轻松和自由,各位万勿当真,钱文忠之前不是有篇博文在网上引起了广泛讨论么?叫《凭什么教育一定要是快乐的》。要轻松快乐其实也简单,中美街头都有大量悠闲晃荡的年轻人,只是风险在于,在中国街头晃悠可能会遭遇踩踏,而在美国街头可能遭遇白人警察枪击。

钱学森之问:"为什么我们的学校总是培养不出杰出人才?"已近10年,我们的教育依然解答不了这个问题,而更迫在眉睫的问题是,2014年全国高校毕业生总数将达到727万人,比2013年增加28万人,创历史新高。727万!我们师范类的毕业人数我没有查到数据,但一个很直观的事实是,我所参加的几次公招面试,平均录取比例是13:1,没有一次低于8:1的,而如果是招聘大学生到学校来面试,那录取比例更是数十比一!那么,问题来了,我们如何脱颖而出?

进入正题,要打赢这场面试的战争,首先,是我们都知道的兵法要义之首:欲百战

## 附录一　从面试走向成功——来自面试考官的建议

百胜，需知己知彼。这一点，在本书前面的内容中已为同学们一一剖析，请勿忽视。

接下来的内容，我在想，如果我们把面试当作一个需要想方设法去战胜的对手的话，高手过招，就需要注意这样一些问题。

(一)心

(1)细心：每次参加面试前应该要细心搜集整理你所参加面试的各项有效信息，包括一些要求和禁忌。比如说，公招往往是不能透露自己的名字和所在学校等身份信息的。我有一次参加在某中学进行的历史教师公招时，一名当地师范大学的同学走进来，气质挺不错，开场白一说表达也挺好，我估计她认识我，看我坐下面信心也足了起来，本来形势一片大好，结果跟着就犯了错误，说我叫×××，父母给我取这个名字是寓意什么什么，我旁边教科所一位领导当场就警告她，你没看面试要求吗？不能透露个人身份知道吗？估计那女生也被吓着了，跟着讲课就有点大失水准的感觉，结果当然也不理想。而如果是某学校直接招聘的面试，那么一般不会要求匿名，这个时候，你又反过来需要在个人简介上精心策划，争取给考官留下独一无二的深刻印象。另外，细心还代表需要注意一些细节，详情请参看第九章。

(2)耐心：这里提耐心，一是在现场要稳得住，我们应该都有过体会，每逢重要时刻，如高考、比赛之类，最怕拖，感觉伸头缩头都是一刀，恨不得马上就开始，而像抓阄、备课、应答等环节，无不需要一些等待时间，若是调整不好心态，很容易产生更多的紧张而影响发挥，所以事前要作好充分的心理准备，"每临大事有静气"。我曾经带过一个十分优秀的实习老师，他在找工作的某次面试时给我反馈了一种很值得参考的稳定情绪的方法，那就是通过事前对该次面试从入场到本人开始所需的大概时间作一预设。比如40分钟，那么对这40分钟进行进一步的分段计划，10分钟听音乐（用MP3，手机会上交）或者看一段事先准备的文字舒缓情绪，然后再用10分钟复习一次讲稿，最后的时间则可作一次彩排式的演练。这有利于最大限度地减少无谓的等待，以及由此带来的紧张情绪。

二是要耗得起。如果你真的很想得到这份工作，那么即使在形势看起来十分不妙的情况下，也应该想方设法扭转乾坤，如果你没办法可想，至少还可以等，要等到最后时刻。我们学校有个真实例子，一名研究生因为面试时不符合学校招聘的某一个硬性条件被婉拒，但他一直找机会跟我们的行政办公室主任沟通，说自己有哪些哪些优势，希望能得到机会等，我们的办公室主任也不能做主，结果就在要离开的时候，校长打电话来问招聘情况，办公室主任就顺便汇报了这个情况，校长想了下就问，你觉得这个小伙子怎么样？因为他还在旁边，办公室主任想了想说素质还是可以。校长就说，那你再考察一下，确实可以的话就录用了吧。你看，就一个简单的等，虽然可能等到花儿也谢了，但也可能等到果实掉下来了。

(3)信心：这个我想都不用多说了，如果你自己都不相信自己，别人怎么能相信你。当然,有同学们会认为,信心来源于实力,我相比竞争对手来说太普通了,怎么可能有信心?请注意,无论是现场发挥还是自我催眠,你都要牢记一条树立信心的要诀:扬长避短。你成绩优秀,当然会拥有学霸的气势;你普通话标准,那么信心就应该建立在表达上;你气质出众,自然应该突出自己的仪表形态;而写得一手好字、擅长课件制作,乃至于实习成绩优秀、能够成为学校即战力,这些都应该成为你树立信心及积极展现给面试考官的一面。

即便你暂时什么特长都没有,你可以马上专注于培养一种人见人爱、永不过时的优秀品质:踏实。它同样可以带给你坚定的自信和长久的正面影响。我曾经就读的大学有一个真实的反例:我们的一位师兄非常优秀,无论在校成绩、学生会履历、社会实践及个人能力等方面都十分出众,毕业时理所当然地去了沿海地区一所名校。然而多年以后在我们的大学同学会上,听到与这位师兄去同一所学校的同学说起,才知道他已经被解聘,不知去向。我们问起缘由时,原来这位师兄的工作特点是可以在同一时间接下很多任务,并信誓旦旦地表示没问题,但到了最后,总是会因为这样那样的原因无法完成当初的承诺,结果逐渐被单位边缘化,最终离职。反而后来去的那位同学,因为家庭条件较差,抱着绝不能失去这份好工作的决心,无论接到什么艰巨的任务,都想尽办法克服困难、不找借口、不打折扣地去完成,现在已经成为该学校的骨干。

## (二)体

我想在这个地方谈仪表和气质,当然,这在第九章中也已经有了详细讲解。我只想通过这幅图片来告诉大家仪表气质的重要性。

前面已经讲过的我不再赘述,在这里,如果用一个词来概括我对仪表方面的建议的话,就是"正常"。你必须明白,你平时认为再帅、再萌的姿势和表情,在讲台上都不如正常来得重要。

另外当然还有着装。我对女同学男同学都分别有一个字的忠告——女教师忌:露,男教师忌:怂。

## (三)技

在这里,技一方面指技能。教师的基本技能在面试中你必须得展示,如普通话、粉笔字。如果自己的普通话很特别,粉笔字很抽象怎么办?练!至少要练到对得起你那张脸嘛!当然,如果说你天生大舌头还加天生残手怎么办?呃,同学,我看你骨骼清奇,也许演艺圈和游戏界更适合你。当然,这是玩笑,结合前面说到的"扬长避短",你至少不要让自己并不擅长的技能成为面试时的焦点。

另一方面,就是指技巧。其实这也是跟细节紧密相关的。例如,有一次一名优秀毕业生参加我校的面试,抽到自己的课题后很快就准备好了。上课一来就主动交代说:"这节课的内容我比较熟悉,实习时我正好上过。"

相信你们发现了,这句话太多余了。就算你把课讲得很好,评委们也可能会认为这是反复练习的结果而并非实力使然,这样,打分时就可能会更严些。记住,这种坦白没有必要,自己偷着乐就行。

(四)势

"势"这个方面,一是要认清形势,顺势而为。比如,国家现在在教师待遇上拉近城乡差距,你在选择心仪的面试地区和单位时应该意识到,去一些条件并非那么艰苦,待遇却已与大城市相差仿佛的地方,成功率会有所提高。又如,有些地方在招聘中有个潜规则就是尽量招男生,那么很明显男生就该去找这样的地方,这就叫顺势而为。当然,顺势而为的前提就是你要审时度势,必须去了解跟自己的选择密切相关的诸多政策信息。

二是,我想把势引申为人脉,即是通过学习和社会实践,拥有一个较广的交际范围,善于去造势和借势。一个最简单的例子,假如你在面试时发现考官是自己有过电话联系的,或是曾经去请教过问题的,又或是有过书信往来、学术交流的,总之是对自己有印象的老师,甚至是实习时的指导老师,你觉得比起完全陌生来说哪个更有利?

限于篇幅,一些东西没有能够给大家更多的详解,有些遗憾。需要提醒同学们的是,对面试的准备才刚刚开始,千万不要搞成像应对期末考试那样"我本来以为会有一场轰轰烈烈的复习,现在连作业做完都是个问题……",而要精心筹备,练技塑体,蓄势如虹,自然成功。

回到开篇所提到的,如何应对面试?对感性的同学来说,你把它当相亲就好了;对理性的同学来说,你把它当打仗就行了。祝大家顺利通过面试,拥有一个成功的开始!谢谢。

# 附录二　面试提问集(100问)

## 教育教学的理解类问题

1. 你认为一堂好课的标准是什么？
2. 现在常常提的"以学生为本"或"以学生为主体"，你怎样理解？
3. 当前社会上流行着这样的一种说法："教师奴隶化，伏鞍苦挣扎；学生祖宗化，做错不惩罚。"对于上述这种社会现象，请你以一个教师的角色来谈谈你的看法。
4. 当学生问你问题，你一时解答不出来时应该怎么办？
5. 外国的一个教育家说过"要认识学生，要学习学生"，对这种说法你如何看？
6. "学生自己管理自己"的观点你赞同吗？
7. 当老师，要耐得住寂寞，守得住清贫，那你为什么还选择教师这个行业？
8. 请你描述下青春期男女学生的心理特点？
9. 对"给学生一杯水、老师要有一桶水"这句话，请谈谈你的看法。
10. 陶行知先生说过："你的教鞭下有瓦特，你的冷眼中有牛顿，你的讥笑中有爱迪生。你别忙着把他们赶跑，你可不要等到做火轮、点电灯、学微积分，才认识他们是你当年的小学生。"从上述这句话，你得到什么样的启发呢？
11. 新课标中提到学生和教师是合作者，请谈谈你的看法。
12. 你最尊敬的教育家是谁？为什么？
13. 为什么学生会偏科？
14. 做好一个教师固然离不开敬业、爱生、专业知识扎实，除了这些，你认为教师最重要的特质是什么？
15. 你赞同"教学有法，但无定法，贵在得法"这种提法吗？为什么？
16. 你同意"没有不合格的学生，只有不合格的教师"这种说法吗？
17. 教学是一门技术还是一门艺术，你倾向于哪一种看法，若两者都不同意，请谈谈你的看法？
18. 激励与批评都是一种教育手段，你倾向用哪一种？为什么？
19. 你觉得怎样上好第一节课？
20. 学生记忆有什么特点？学科教学如何提高学生的识记能力？
21. 在分数压力、学生兴趣培养与素质教育之间你怎样权衡？
22. "我们这节课讲完了"和"我们这节课学完了"有什么区别？
23. 你平常看的教育教学类的书籍和杂志有哪些？

24. 你理想中自己培养出来的学生应该是怎么样的?

## 班主任协调管理类问题

1. 如果录用了你,你将怎样开展班主任工作?班主任常规工作通常涉及哪些方面?
2. 如何组织与培养班集体?
3. 何谓"班级文化",怎样营造?
4. 学生心目中的好班主任形象有哪些方面?
5. 面对追星族的学生或者早恋生应该怎么办?
6. 当学生上学佩带手机及电子产品时应该怎么办?
7. 当遇到"学困生"时应该怎么办?
8. 当遇到学生互相攀比时,应该怎么办?
9. 当学生过生日互相宴请、送礼成风时应该怎么办?
10. 对父母离异家庭的学生应该怎么办?
11. 当遇到在班上称王称霸、脾气暴躁的学生,你怎么处理?
12. 当遇到智力偏低的学生时该怎么办?
13. 当学生经常迟到、无故旷课、逃学时应该怎么办?
14. 接手一个新班级之初,你会采取哪些措施来规范学生们的行为常规?
15. 主题班会有哪些类型?你怎样组织班会?
16. 班主任有多种类型:警察式、妈妈式、民主式。你认为哪一种类型教师更有利于学生教育?
17. 遇到你班上学生想转学时,你应该从哪些方面来做工作?
18. 作为班主任,难免会有学生家长想要通过各种方式向你表达谢意,如送礼,或者请客吃饭,这时你该怎么办?
19. 怎样看待班主任这个角色?你愿意成为一名班主任吗?
20. 有人说:"当了班主任,一下子就成为了几十个孩子的父母",你怎么看待这句话?
21. 请讲述一个最能让你感动的师生情景。
22. 作为班主任,学生安全工作是重点。你认为在学生身边主要存在哪些安全隐患?
23. 作为班主任,你认为你的工作重心应该放在班级常规规范上,还是成绩提升上?
24. 你愿意组织你班上的学生去参加户外活动(如春游、拜访敬老院等)吗?
25. 你愿意每天从孩子们起床到孩子们睡觉都时刻陪伴在她们身边吗?

## 应变能力问题

1. 请你自我介绍一下，好吗？
2. 你觉得你个性上最大的优点是什么？
3. 说说你最大的缺点？
4. 你为什么愿意到我们学校来工作？
5. 谈谈你对教师坐班的看法？
6. 如果通过这次面试我们录用了你，但工作一段时间却发现你根本不适合我们学校，你怎么办？
7. 私立学校老师流动性很大，你怎么看？
8. 你对于我们学校了解多少？
9. 最能概括你自己的三个词是什么？
10. 你的业余爱好是什么？
11. 你欣赏哪种性格的老师？
12. 你通常如何对待别人的批评？
13. 怎样对待自己的失败？
14. 你认为在山区教学和城区教学有何差别？两者你更愿意去哪里？
15. 中途忽然接手一个班的教学工作，你有哪些可预见的困难？
16. 教师是一门苦差，你做好吃苦的准备了吗？
17. 除了我们学校外，还应聘了哪些学校？
18. 你还有什么问题要问吗？
19. 你并非毕业于部属高师，又不是研究生？那以什么样的优势来胜任这份工作？
20. 你为应聘这一职位，作了哪些准备？
21. 许多学校强调学生穿校服，除了整齐，你认为还有别的意义吗？
22. 一次，你走进教室，看到学生在黑板上画了一幅关于你的漫画。同时学生们在纷纷议论："啊，真像，真像……"，你将怎么处理？
23. 你对目前国内教师的薪酬待遇满意吗？日后是否会有想转行的打算？
24. 除了教育教学本职工作外，你还具有哪方面的特长（如书法、主持等）？

## 人际处理类问题

1. 工作中难以和同事、校领导相处，你该怎么办？

2.你希望与什么样的上级共事?

3.与上级意见不一时,你将怎么办?

4.谈谈如何适应新环境?

5.你认为怎样一种家校合作方式比较好?

6.你怎样认识集体备课制?

7.当你的学生当面和你产生顶撞时怎么办?

8.通常情况下,一个班的任课教师大家风格可能会不同,当你发现你的教育理念和同班的其他任课教师产生冲突时,怎么办?

9.如果你所任教班级的某个优等生,唯独在你所教的学科成绩低下,这时你受到家长或者班主任的质疑与责问时,你怎么办?

10.很多家长,对刚毕业的大学生都不太有信心,也不信任,你有什么好办法可以迅速获得家长对你的信任?

11.老师在孩子心中也扮演着大人的角色,那么你有什么好办法可以让学生们信任你、依赖你吗?

12.很多刚毕业的大学生为了和学生搞好关系,常常会和孩子们打成一片,你赞成这种做法吗?

13.如果有学生在下面说你偏爱优等生时,你会怎么处理?

14.如果教研组内的常常让你去做一些打印、复印、交资料等跑腿的活你心里会很不愉快吗?

15.你会主动去承担一些并没有报酬的工作吗?

## 不同学科类

(1)语文
1)请你谈谈阅读在语文学习中的重要性。
2)你能为我们朗诵一首你最喜欢的诗作,好吗?
3)以前有一种观点说"语文就是听、说、读、写",你认同吗?
(2)英语
1)请你用英语作一个简单的自我介绍。
2)你能用英语形容一下在座考官给你留下的印象吗?
3)通常在英语面试中严格一点的考官会要求和你进行英语对话。
(3)政治
1)请你谈一谈对当前某一热门话题的看法。
2)在你看来政治教育的最终目的是什么?

(4) 历史

1) 作为一个历史师范生,想必在你学习历史的过程中,必然会接触到许多风云人物的。你能不能举出一个让你崇拜的历史人物?你为什么会崇拜他(她)呢?

2) 历史课改后高中历史教材由以前的编年体史改为了现在的专题史,你能谈谈你对此的看法吗?

**备注**:由于理科类的学科更注重教学技能的考察,所以在面试时考官重点看重的是教师的教学手段、方法及解题能力,所以对于提问就一般比较常规化,涉及的专业问题较少。

# 后　　记

　　本书是为了适应高师教育课程体系改革和教材建设的需要,在西华师大教务处、科研处、招生就业处等有关部门大力支持下,结合第一手资料贴合学生实际需要,从就业、面试培训、简历制作等方面教学和研究写作而成。在编写中,不仅有来自笔者所在学校的第一手材料的收集,也有联系全国各地高师院校收集整理的各种求职资讯,而本书的作者既有长期从事就业指导的高校老师,还有一批有着丰富招聘经验的公立学校、私立学校、培训学校的面试官。这些都为本书的成书提供了条件。

　　本书由陈倩、陈德运编拟写作提纲并统稿。各章节的执笔由以下人员承担:第一、二、四章:陈倩、陈德运;第三、六章:陈德运;第五、八、九、十章:陈倩;第七章:蒋郑法;附录一:陈琪文;附录二:陈倩、陈德运;另外,还请了优秀毕业生黄冬梅、蒋小龙分别撰写了小贴士一、小贴士十。

　　本书编写参考、借鉴了诸多专家、学者的论著和意见,在编写中获得北京师范大学、西南大学、华南师范大学、首都师范大学等多所师范院校的支持,在此一并表示衷心感谢。

编　者

2016 年 6 月